Strategic HRM

戦略人事

経営を強くする

加藤宏未・田崎洋・金子誠二 著

日本能率協会マネジメントセンター

はじめに　本書における「戦略人事」とは

　本書のタイトルにある「戦略人事」という言葉は、正確には「戦略的人的資源管理（Strategic Human Resource Management-SHRM）」というテーマ設定で、日本では1980年代後半に「経営戦略の実現に貢献するような人事」が求められる、という主旨から各企業で叫ばれはじめた言葉である。
　当時は全体的に景況が厳しく、利益を創出する役割を担うことに対する経営サイドの期待から、もっぱら「単なる『管理』」の部門ではない、「利益創出に貢献するような人事たれ」との文脈で「戦略人事」が語られていたように感じる。
　その後、2006年1月に、JMA（日本能率協会）グループにおいて1990年代から展開されてきた「戦略人事」の産物である成果主義人事の総括として、「成果主義の新展開」と称した調査プロジェクトを立ち上げ、ベストプラクティス企業に対する調査をもとに提言を発表した（JMAM 日本能率協会マネジメントセンター編により2006年に『成果主義の新展開』とのタイトルで刊行）。そこでわかったことは、企業理念や従業員の気持ちや考え方に根ざした、より長期的かつ持続的な成長をめざした「成果主義」のあり方や、それを実現する「戦略人事」をめざすことの重要性であった。
　「戦略人事」という言葉は、その後、企業の現場ではあまり耳にすることが少なくなってきたのではないかと感じているが、筆者らは、この「戦略人事」という言葉に再び光を当てなければならないと考えている。
　なぜなら、昨今では企業の管理部門はこれまでのスタッフ数では賄いきれないほどのステークホルダーの数と、そこから発せられる諸課題への対応を余儀なくされるようになってきており、「多様な状況への対応」という言葉が、今までになく「人事」に大きな命題として課せられてきているからである。
　そのような状況下において、「要請だから」という「その都度限りの」「受身の姿勢」で対応していては、管理のための管理システムを無数に生み出すことにつながり、自社としての意図やメッセージ性が失われることになりかねない。これは、先の2006年の調査からわかった、めざすべき「方向性」と

は逆行する展開である。

　そこで、これからは、「環境変化を主体的に察知して企業活動の競争優位性を高める経営(人事)戦略を打ち出し、社会・従業員などのステークホルダーすべての満足を創りあげる人事」という能動的な「戦略人事」の姿勢を改めて強調しなければならないと考えた。

　そして、それをつかさどる人事担当者には、今までになく「経営を強くする」、すなわち「経営資源としての人(ヒト)」を軸として、「物(モノ)を創造すること」「金(カネ)を生み出すこと」「情報を活用しきること(新たに生み出すこと)」「時間(トキ)を稼ぎ出すこと」「社会に役立つこと」ができる人材を、市場から獲得し、活用し、再び社会に輩出していく一連のプロセスを戦略的に思考し、実践することが求められている。

　このような考えから、本書では「自社なりのメッセージ性のある『人事戦略』を立案したり、実践するためのプロセス」に的を絞っている。そのため、労務管理・給与管理・勤怠管理などの日常の管理にかかわる実務の解説などを扱っていないことを、あらかじめお断りしておきたい。

　本書を、「戦略人事」を実現するための「考える」ツールとして活かしていただけたなら幸いである。

目次

はじめに ……………………………………………………………… 3

第1章　「戦略人事」の背景

1.1　統制型人事から開かれた人事への展開 …………………… 10
　1.「統制」の人事 …………………………………………………… 10
　2.「開かれた」人事へ ……………………………………………… 11
1.2　戦略人事の今日的なあり方〜戦略人事とは〜 ……………… 13
　1. 戦略人事とは〜戦略人事の機能と要件〜 …………………… 13
　2.「戦略人事」を検討する枠組み ………………………………… 14
　3. 本書におけるHRMフレームワーク …………………………… 22
1.3.　本書の活用方法 …………………………………………… 24

第2章　戦略人事のあり方 〜HRM戦略の立案と展開〜

2.1　HRM戦略の立案・展開における基本的な考え方 ………… 26
　1. HRMを俯瞰で捉える …………………………………………… 26
　2. 事業価値を起点として考える ………………………………… 27
　3. 経営やライン部門との対話や合意を大切にする ……………… 27
2.2　HRM戦略の立案 …………………………………………… 29
　1. 経営方針・経営課題を捉える ………………………………… 30
　2. 事業価値を定義する …………………………………………… 30
　3. 期待行動・人材像・ありたい働き方の洗い出し …………… 36
2.3　HRM戦略の展開 …………………………………………… 41
　1. HRM課題の展開 ………………………………………………… 42

2.4　HRMガイドラインの提示 ……… 48
　1.HRMガイドラインの作成 ……… 48
　2.HRMガイドラインの提示 ……… 64

第3章　戦略人事の実践プロセス

3.1. 人材需要を明らかにし、最適な社員をみつけて供給する～要員のマネジメント（獲得と輩出／配置と再生）～ ……… 66
　1.「要員のマネジメント」の基本的な考え方 ……… 66
　2.「要員のマネジメント」の実践 ……… 68

3.2. パフォーマンスの最大化を支援する～成果創出活動のマネジメント～ ……… 93
　1.「成果創出活動のマネジメント」における基本的な考え方 ……… 93
　2.HRMにおける「成果創出活動のマネジメント」の実践 ……… 97

3.3. 組織と個人の成長を実現する仕組みづくり～成長～ ……… 133
　1.「成長」の基本的な考え方 ……… 133
　2.能力開発の実践 ……… 137
　3.補論：「能力開発」から「成長」へ ……… 151

3.4. 従業員の働きや貢献に適切に報いる～報酬～ ……… 163
　1.「報酬」の基本的な考え方 ……… 163
　2.「報酬」の実践 ……… 168

3.5. 多様なニーズに応え、働き方改革を促進する～働く環境のマネジメント～ ……… 198
　1.「働く環境のマネジメント」の基本的な考え方 ……… 198
　2.「働く環境のマネジメント」の実践 ……… 203

3.6. HRMの支援プロセス ……… 218
　1.HRMの支援体制 ……… 218

2. HR情報のマネジメント ·· 233
3.7.　HRMの成果と検証 ·· 254
　　1.「HRMの成果と検証」の基本的な考え方 ···················· 254
　　2.「HRMの成果と検証」の実践 ······································ 258

第4章　戦略人事の実践事例

1. 個の役割と能力発揮の評価を現場参画で実現する
   部品メーカーA社 ·· 270
2. 経営課題をダイレクトに展開し、業界再編の危機を
   切り抜ける小売業B社 ·· 275
3. 国内販売体制の強化をねらって会社再編に連動した
   実力主義を実現した販売会社C社 ······································ 281
4. 経営企画主導の業績マネジメントに連動して専門職
   領域を強化したソフトウエアD社 ······································ 284

第5章　これからの戦略人事に求められるもの・こと

これからの戦略人事に求められる7箇条 ·································· 288

付録　「HRMの成果と検証」における管理項目INDEX

1. 領域別管理項目 ·· 300
2. HRMにおける役割から求められる管理項目一覧 ············ 312

おわりに ………………………………………………………………… 316

第1章
「戦略人事」の背景

1.1 統制型人事から開かれた人事への展開

　今日的に「戦略人事」ということが求められている背景として、「人事」と呼ばれている会社[1]の機能がどのように変遷してきているかについて、まず振り返っておこう。

　「『人事』という仕事からイメージすることは」と問われると、みなさんはどんなことを思い浮かべるだろうか。営業や開発、生産やサービスの現場にいる従業員[2]達からすると、「事業と関係ないことをしている」「自分達（多くの従業員）が知らない、いろいろな情報を持って自分達を観察している」「同じ組織にいるのだけれど、別の組織の人たちみたい」と思われることが多いのではないだろうか。

　「人事」とは「ひとごと（他人事）」だといわれることもあった。それほど人事の仕事は多くの従業員とは異なる種類の役目を負っている人だというイメージが強い。それは、ずっと「人事の第一の役割」として求められてきたことと無縁ではない。

　その役割とは、「統制」である。

■ 1．「統制」の人事

　組織が持つ経営資源の中で「意志」を持っているのは人（ヒト）だけである。その「人＝従業員」が好き勝手に働いてしまっては、組織として計画した成果を生み出せない。だから**人事は、経営者に代わって管理者と協力して統制する役目を負う。**

　また、一方で「統制」には**「経営者から従業員を守る」という意味もある。**経営者はその権限の大きさから、経営上の収益を優先し、経営資源としての人（ヒト）をモノのように扱ってしまうというリスクが発生する。場合によっ

---

[1] 本書では「会社」「企業」「組織」など、前後の文脈によって書き分けている。営利企業だけでなく、各種団体や非営利組織なども含みながら使用している。
[2] 1同様に「従業員」「社員」などの表現も前後の文脈に応じて書き分けている。正規か非正規かなど、記載内容に応じて状況が異なる場合には使い分けをしているところもあるが、社員と表記してあっても必ずしも非正規社員を除外しない場合もある。

ては、従業員に必要以上に無理強いをしたり、都合のいいように採用・解雇・処遇を行う可能性も生じる。こうした強引な経営意思決定から従業員を守ることも「人事」の重要な役目なのである。

このような人事の「統制」という役目は、日本的経営の特徴である「終身雇用」「年功序列」「企業別労働組合」という特徴とともに、数十年の歴史を経てもなお、依然として要請され、同時に成立しているものである。

高度成長期における「キャッチアップ」の時代には、「従業員の確保」が経営・人事の大きな命題であった。「従業員を長期に雇い入れる」という雇用慣行は、安心して働き続けられる環境づくりとセットになる。具体的には、手厚い福利厚生や年功的賃金など、「所属し続けることで給与面・制度面での利得が確実に増す」という期待予期を制度的に保証することによって実現する。

また、「生え抜きの次期経営トップ」を選抜、育成するために従業員を観察し、情報を人事や経営に集中させるという「キングメーカー」としての役割も、同時に負うことにつながっているのである。こうした数々の仕組みが長期的に成立するような「強い」統制を発していくことが、当時のさまざまな環境要件とも適合していたといえる。

一方で、バブル崩壊による景気の後退を機に、経営トップは、人件費・人事コストが企業経営を圧迫することを恐れて、仕方なく（それに乗じて？）雇用や労働条件の改定に踏み込まざる得なくなった。そういった環境変化の中にあって、人事は経営者と労働者との間に立って、何とか「企業の急激な環境変化に右往左往させられる」ことなく、また労働者の「過度の要求に屈する」ことのない、労働条件にかかわる闘争を御していく役目としての「統制」をも求められてきたのである。

■ 2．「開かれた」人事へ

景気の後退局面は、1で述べたような「人事」や「体制」のあり方に大きな疑問を投げかけることとなった。

「統制」を行うにあたっては、人事部門に大きな権限と要員を必要とする。いわば「高コスト」な人事部門となる。まずそのこと自体が批判にさらされる。また、中央から統制的に進める人事における各種のオペレーション（異動・配置・育成など）は、「市場の環境変化におけるスピードへの追随を阻む『時

代遅れ』の体制である」との批判も出てきた。さらに、特に若年層における有望な外部人材とのやりとりにおいて年功型賃金はデメリットにも働く。

このように、さまざまな形で「時代にそぐわない」といった種の批判がなされてきた。

一方で、労働政策も大きく変化してきている。「働き方改革」の号令のもと、「多様性」「ワークとノンワークとのバランス」が尊重されるようになってきた。今までのように「福利厚生」といった大きな投網のような仕組みでそれを保証するのではなく、より個別の事情を考慮した仕組みづくりが求められている。単に「強い」だけではない「しなやかな」対応を行うように、社会からの要請が強まっているのである。

上記のような環境変化、およびさまざまな要請から、1990年代からは「成果主義」「目標管理制度」「複線型の人事制度」といった、「強い統制」を改め、よりライン部門の人事機能への参加や、ラインにおける活動成果を重視した人事政策が導入されてきた。また、近年においては、「産前産後休業」「介護休業」といった社員サポートの仕組みが発達してきた。いわば**「強い統制」から「しなやかで開かれた」人事部門への機能シフトが求められている**といえるだろう。

しかし、こうした流れにあっても、個別企業がとるべき選択に唯一絶対の解があるわけではない。「成果主義ブーム」に乗って、さまざまな企業が成果重視型の人事制度を導入したものの、急な成果主義への転換に従業員の反感を買い、人事部門が信頼を失うケースも見られた。「流行を追いかけて制度を導入しても、ライン部門や従業員個々との関係性自体が変わらない限り、制度が効力を発揮することはなさそうだ」という認識も広がっている。「こうすればよい」という答えが見えない中、試行錯誤が続いているのが現状といえるだろう。

1.2　戦略人事の今日的なあり方
～戦略人事とは～

■ 1.　戦略人事とは～戦略人事の機能と要件～

　混沌とした状況、かつ「決まった形の制度を入れさえすればよい」ということが通用しない状況下で、人事として何を考え、どのように行動したらよいのだろうか。ここで、求められる「戦略人事」の条件について考えてみたい。

　第一のポイントは「状況の見極め・判断」である。唯一絶対の解がない中では、①「どのような制度や仕組みが一般的に存在するのか」をきちんと頭に入れたうえで、②経営トップ、ライン部門、従業員との関係を見極め、③検討を要する人事の課題について、「何（人・モノ・仕組み・制度）がどのように機能しうるか」という判断のポイントを論点として明示し、④衆知を集めながら当面の見通しとしての意思決定を行っていくよりほかないだろう。これら①～④の思考プロセスを着実に履行し、制度や仕組みを入れていく「構え」＝「戦略」を作り上げなければならない。

　第二のポイントは、「実行能力を高めていくこと」である。言い換えれば、「いくら『戦略』を考えて創りあげても、実行しなければ何も生まない」ということである。仕事は「企画」を「実行」して初めてそれが「結果」につながる。これを経営観点で言い換えれば、「企画≒戦略、実行≒組織（力）、結果≒財務」といえる。すなわち、戦略は組織に展開・実行されること、そして組織力を発揮することが必要条件なのであり、実行されて初めて結果としての財務につながるのである。これから議論していく戦略人事もこれと同じ考えに立っていこう。

　二つのポイントを要約すると、以下のようになる。

> 〜経営に貢献できる戦略人事の条件〜
> 第一条件:「戦略人事」の「戦略」は、「考えるための論点を明らかにするとともに、それぞれの論点の意思決定をなす」ことである。
> 第二条件:「戦略人事」は「思考することだけではなく、実行と振り返りを伴う中で成果を出す」ものである。

2．「戦略人事」を検討する枠組み

(1) パラダイムシフトに対応した検討の枠組み(フレームワーク)

「人事制度」と一口にいわれると、一般的には「資格等級制度」「評価制度」「報酬制度」「能力開発制度」と呼ばれる「ルール」の集合体を想起する。それぞれの制度は独立した制度でありながらも、密接な関係づけがなされている。また、それぞれの制度は厳密に設計されているので、簡単に変えることは難しい。

なぜなら、ある制度の一つの内容を変えることは、それ以外の制度に大なり小なり影響を与えるからである。人事部門の基本的な役割が「統制(従業員を人事制度によってしっかり管理すること、経営環境の変化などによる経営からの要請に対して従業員を守ること)」というフェーズにおいては、人事部門はそれぞれの制度の整合性を考慮しながら、経営や従業員、そして社会からの要請に基づいて必要な修正・改善を行い、運用することを主要なミッションとしてきた。言い換えれば**「制度の番人(ゲートキーパー)」のようなイメージ**である。

ところが、先述のように、ライン部門の成果創出や、従業員の個別で多様なニーズに向かって「開かれた人事」をめざそうとすると、人事部門が管理する対象も変わってくる。つまり、制度の設計・運用という「サプライ(＝人事)サイド」の観点でなく、その制度について、ライン部門や従業員個々人が「活用できているか」という利用者の観点にパラダイムを変えなくてはならない。そうなると、「人が組織で働き、生きていく」「経営が持続的な成長を果たす」といった、「つながり」や「流れ」「持続性」、ライン部門や従業員がどのような「役割」「権限」を持ってその「運用プロセス」に参画してきているか、そしてその結果、どのような「成果」が生まれているか——といった形で、見る視座を変え、かつ見る範囲を広げざるを得ないのである。

そこで、「**統制型のパラダイムを変更し、『開かれた』すなわちライン部門や従業員個々も参画しながら全体を作り上げる**」という観点での「**人事管理**」**に対応する言葉として「HRM（Human Resource Management：人的資源管理）」を使うことにする。**今後断りのない限り、「HRM」とはこのような文脈で使われているとご理解いただきたい。

図表1-1は、上で説明した流れを図示したものである。つまり、左側の「制度の集合体を維持、管理する」フレームワークから、右側の「従業員が参画し、活用する『プロセス』」フレームワークに基づいてHRMとして状況を見立てる形に移行していかなければならないということである。

図表1-1　人事管理からHRMへ、パラダイムの転換

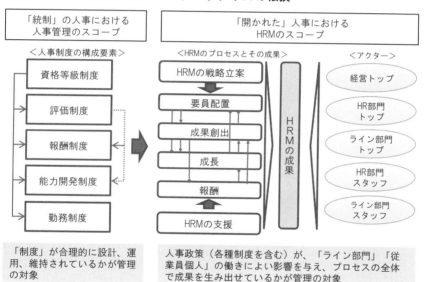

(2) ケーススタディ「夢の学習塾」

それでは、このHRMをつかさどる「プロセス的な」モデル、言い換えれば検討のフレームワークとは、どのようなものであろうか。ここからは身近な事例として、ある人物が定年後に夢の学習塾を創ろうとしているという過程に沿って、検討していきたい。

私は、長年専門分野の研究者としての会社勤めを終えて、少子化が進む社会環境の中、「主体性の高い人づくり」をめざして中学生を相手に新たに学習塾を開くことを決めた。退職金と貯蓄を元手に自宅近くのスペースを確保して、法人としての登記を済ませた。
　地元の街は私と同世代が多いものの、新しい家族も増えているホームタウンである。私は自分らしい学習塾を創ろうと、私と同じように会社勤めを終えた人たちを講師に集め、また子供達は、学校の成績の良し悪しに関わらず「主体性を育む」ことを望むことを前面に押し出そうと考えた。
　自分一人ではすべての教科を扱うことはできないので、まず講師の募集をしようと考え、町内会の公民館とホームページに「講師募集」の案内を掲示した。町内会に住んでいる人を対象として、会社勤めが終わり、収入よりも地域貢献意欲の高い人に、最低限の処遇条件で「助け合って学習塾を運営しましょう」という考え方で募集を行った。
　2週間ほど経ったある日、一人の若者が講師の募集について問い合わせてきた。応募要項と異なる条件のため、お断りしようとその旨を伝えたが、若者は「先生の考え方に共感しました。是非雇ってほしい」という。聞けば大学院に通っていて教育学を研究しているという。私は応募条件とは異なるが、若者の想いを尊重し、雇うことにした。処遇条件は応募条件のままでよいということだった。もう一人講師が欲しいところだったが、一週間前から生徒の募集を始めており、5人ほどの中学1年生から入塾の申し込みがあったので、学習塾をスタートさせることにした。
　学習塾を開始して2か月ほど経ち、中学1年生8名、中学2年生6名の塾生を抱え落ち着き始めた頃に、新しい講師の応募があった。ホームページも公民館の掲示もそのままだったことを思い出し、面接することにした。応募に来た人は応募条件にピタリと合った会社勤めを終えて半年経った人だったが、少しだけ報酬を高くしてほしいとのことだった。とはいえ、応募条件に沿った人だったので、要望の条件を受けて採用することにした。
　そんな中で、一つ困ったことが起きた。これまで自分の力だけで処理してきた伝票の整理などの管理業務に手が回らなくなってきたのである。家族に相談して手伝ってもらうこともできないではなかったが、それぞれ仕事や用事もあることなので、新たに事務担当を雇うことにした。処遇条件は講師に

比べて少し低く設定し、町内会に募集掲示を行った。

　すぐに5名ほど応募があった。当初は1名だけを採用しようと考えたが、事務管理にどんな仕事があるのかを説明している中で、5名の誰もがすべての業務を全うすることが難しいことがわかった。そこで、伝票などの金銭管理と施設管理を頼める人を1名雇い、学習管理や生徒募集は私が今のまま行うことにした。

　新たな事務担当と講師2名と私の4名の体制で6か月が過ぎたある日、大学院生の講師が後輩を連れてきて、同じように講師として雇ってもらえないだろうかと相談された。ちょうど生徒も増えてきていたところなので雇うことにした。しかし、新しい講師の報酬を決める際に、私は少し悩んだ。すでにいる講師1名の報酬は最初に取り決めた最低レベルの金額のままであり、もう一人のベテランは少し高い報酬だ。新しい講師の報酬水準はどうやって決めたら良いのか？　また、すでにいる2名の講師に対しても、ありがたいことに経営は軌道に乗り始めており、近くの学習塾のような水準は無理でも、少しでも二人の頑張りに報いてあげたいと考えた。

　しかし、どのように報酬を設定したり、上げたりすればよいかがわからないので、中堅企業の人事部門で長年勤めてきた旧知の友人に相談することにした。

　私の話を聞いた友人は、「今、君が経営している学習塾の『人』に関する課題を整理してみようじゃないか」と切り出した。そこで、友人が手渡してくれたワークシート『HRMアセスメントシート』に学習塾の現状を記入して整理してみることにした。

ワークシート「HRMアセスメントシート」(現状)

方針	従業員への提示
「主体性の高い人づくり」 「会社勤めを終えた人と助け合える学習塾をめざす」	面接の時に自分の考えを伝えてあるので、助け合ってみんなで進めている。

獲得	成長	輩出
講師も事務管理員も町内会で掲示している（現在も継続中）。	みんな決められたことをしっかりやってくれている…？	当分辞めるような人はいないだろう。
配置 一人ひとりと採用時に面接して、そのままがんばってもらっている。		**再生** みんながんばっているので、配置換えは考えていない。

成果創出活動
金銭管理と施設管理は事務担当員、学習管理と生徒募集は私が担っているし、最初に決めたシラバスに応じてしっかりと講師が教えてくれている。生徒数も少しずつ増えてきている。

報酬
ベテラン講師は少し高めの条件、学生と事務担当員は最初の応募条件のままなので、今回採用する報酬をどうするか？

働く環境
教材はそろっている。事務室は二人座れるスペースがあるが、いつも教室にいるから不便はない。また、就業規則は先輩の社会保険労務士に作成してもらった。

作成したワークシート見せた私に、友人はこう言った。

「君の学習塾はとても素晴らしい考え方だし、その考え方を実現するために懸命に取り組んでいる状況はよくわかるよ。だけど、このままでは講師や事務をしている人たちの気持ちに頼るばかりで、さらなるレベルアップをめざす前に君も含めて疲れきってしまうんじゃないか？」

的を射た意見だった。そこで、自分で書いたシートを振り返ってみると、いくつかの問題があることがわかった。

問題1：シートの左側は何となく埋まっているが、「獲得」や「配置」など、どれもやりっぱなしの状態だ。

問題2：シートの下の方にある「成果創出活動」「報酬」の枠に記載した事項が、今回困っているところだな。

問題３：シートの右側にある「輩出」「再生」は、まったく書くことができなかった。
問題４：シートの中央の「成長」という枠には何を記入すればいいのかがわからない。

こうして、まだ学習塾の経営にたくさんの問題があることを知った私は、このシートを使って、これからの学習塾における「人のマネジメント」についての考え方をしっかり整理してみることにしたのである。

ワークシート「ＨＲＭアセスメントシート」（整理後）

方針	従業員への提示
「主体性の高い人づくり」 「会社勤めを終えた人と助け合える学習塾をめざす」	主体性をどうやって高めていけるかを定期的に考え、振り返る場を作る。また雇用形態を考え資格制度を整える。

⬇

獲得	成長	輩出（将来に備えて）
町内会への掲示はいったんやめ計画を整えてから期間を決めて行うようにする。また講師間の口コミ情報を聴き取る。	みんな決められたことをしっかりやってくれている。 ⇒講師陣はお互い苦手科目を減らせるように学習方法の勉強会を進める。また新人講師の育て方を仕組みにしておく。 ⇒事務担当員にも主体性向上のための面談を充実する。	私も含めて年齢的にできるコマ数のガイドラインを決めておき、無理のないような人材計画を考える。
配置		**再生（将来に備えて）**
苦手科目やクラスの意見を聴き取り、定期的に科目の変更を行う。		学生講師には試験や研究活動の長期計画を聞き取り、復帰しやすいルールを決める。

成果創出活動
金銭管理と施設管理は事務担当員、学習管理と生徒募集は私が担っているし、生徒の学習状況を講師陣と毎回相談して向上度合いを確認する。特に主体性の向上のための学習方法の効果を確認する振り返りシート（進捗評価）を運用する。

報酬
講師陣と一緒に相談して、経験コマ数と振り返りシートを活用して、報酬の改定ルールを作り運用する。事務担当員も交えてみんなで相談して、事務担当員の経験期間に応じた報酬の改定ルールを作り運用する。

⬆

働く環境
事務室には休憩時間に全員が座れるようにレイアウトを工夫する。講師陣や事務担当員の休みの計画を確認して、あらかじめシラバスを月単位に決めて運用する。急な休みでもできるだけ休講を起こさないよう応援体制を含めて経営計画を作る。

自分なりに整理したワークシートを友人に見せたところ、こんな言葉をもらった。
「『主体性を高める人づくり』を実現したいという学習塾の人材マネジメントの全体像が見えてきたようだね。特に生徒に主体性を求めるのだから、講師や事務担当員といった働く人たちにも、この学習塾で働いたことでさらなる

主体性が向上したと感じてもらえることがポイントだね」

　友人はまた、「人材マネジメントは、単にできる人を雇って働いてもらうだけではないよ。その人の可能性を引き出し、働いてよかったと感じる職場にするために体系的に考え、実行することが必要なんだ。君が研究開発者時代に君の作った製品にお客様が満足してくれた時には嬉しかっただろう？　働いている自分達もやりがいを高め、満足感を持つことが『人材マネジメント』に必要なことなんだ。顧客満足と従業員満足の両方を高めていくことを、全員参画で持続的に実現する。こうした活動を確実に数値化できることを管理項目として盛り込んで、機会損失を最小限にすることが重要なんだ。言葉では簡単に言えるけど大変なことさ。手伝えることは言ってくれ。これからが本番だね」ともアドバイスをくれた。

　私は友人と話した学習塾近くの喫茶店を出て学習塾に戻る道すがら、ワークシートに沿った取り組みを講師・事務担当員と一緒に考え実行することを決意したのだった。

　友人からのアドバイスをもらって1か月がたったある日、私は講師・事務担当員と子供達の親御さんらに、完成したHRMワークシートをもとにこの塾の「めざす姿」について語りかけた。

ワークシート「HRMアセスメントシート」（完成後）

方針	従業員への提示
「主体性の高い人づくり」 子供も大人（講師・事務員）もみんなが主体的に学び・成長できる塾をめざす。	講師と生徒・親御さんを交えた「主体性ミーティング」を通じて自ら学ぶ習慣づけを推進する。 ⇒ミーティング実施率、満足率、成績改善度合い

獲得	成長	輩出（将来に備えて）
講師間・親御さん・子供からの口コミを重視して講師の獲得を進める。 ⇒採用コスト削減度	講師陣はお互い苦手科目を減らせるように学習方法の勉強会を進める。また新人講師の育て方を仕組みにしておく。事務担当員にも主体性向上のための面談を充実する。 ⇒講師別授業カバー率 ⇒講師別人気ランキング	私も含めて年齢的にできるコマ数のガイドラインを決めておき無理のないような人材計画を考える。 ⇒定着率　定着年数
配置 苦手科目やクラスの意見を聴き取り、定期的に科目の変更を行う。 ⇒講師別授業カバー率		**再生（将来に備えて）** 学生講師陣には試験や研究活動の長期計画を聞き取り、復帰しやすいルールを決める。　⇒復帰率

成果創出活動
金銭管理と施設管理は事務担当員、学習管理と生徒募集は私が担っているし、生徒の学習状況を講師陣と毎回相談して向上度合いを確認する。特に主体性の向上のための学習方法の効果を確認する振り返りシート（進捗評価）を運用する。　⇒評価納得度（満足度）と進捗評価の進捗度

報酬
講師陣と一緒に相談して、経験コマ数と振り返りシートを活用して、報酬の改定ルールを作り運用する。事務担当員も交えてみんなで相談して、事務担当員の経験期間に応じた報酬の改定ルールを作り運用する。　⇒売上全体に占める人件費率　報酬満足度　親御さん・子供達の授業満足度

働く環境
事務室には休憩時間に全員が座れるようにレイアウトを工夫する。講師陣や事務担当員の休みの計画を確認して、あらかじめシラバスを月単位に決めて運用する。急な休みでもできるだけ休講を起こさないよう応援体制を含めて経営計画を作る。　⇒講師別授業カバー率　全員満足度

　それぞれの活動は確実に実行されているかをアンケート調査などで振り返ることができるようにしたい。そして、調査結果をもとに親御さんや子供達、そして講師・事務担当員と「主体性ミーティング」で議論し、「学習塾に関わる全員が自分が望むキャリアに挑んでいけることを目標としたい」と説明した。

　この日はたくさんの質疑を通じて内容を深めることができ、「めざす姿」として賛同を得ることができた。私の中でぼやっとしていた、学習塾経営の方向性が見えた瞬間だった。

■ 3. 本書におけるHRMフレームワーク

学習塾の事例で示した「HRMアセスメントシート」の枠組みは、読者のみなさんにとって理解が進みやすいように少し単純化している。本書では、現実の企業活動に則して、これに「HRMの支援機能」をプロセス要素として加える。そしてHRMの成果を「プロセス」「経営への貢献」という視点で盛り込むことによって、「HRMフレームワーク」とした。本書においては、このHRMフレームワークを使って、議論を進めていく。

図表1-2 自組織のHRMフレームワークシート（全体俯瞰）

企画	HRM戦略の立案	HRM戦略の展開	HRMガイドラインの提示

↓

実行	主領域		
	獲得	成長	輩出
	配置		再生
	成果創出活動		
	報酬		
	補完領域		
	働く環境	HRMの支援	

↑

結果	HRMプロセスの成果	経営への貢献

図表1-3　HRMのフレームワークの内容

名称	解説
HRM戦略の立案	経営・事業戦略を受けてHRMがめざす方向をどのように考え、創りあげるか。
HRM戦略の展開	HRM戦略を各HRMプロセスに落とし込むために、どのような取り組み課題を提起するか。
HRMガイドラインの提示	HRM戦略のめざす状態がどのような状態で、一人ひとりの従業員がどのようにそこに関わっていくか。 HRM戦略を一人ひとりの従業員までどのように伝えていくか。
獲得	自組織に必要な人材を、外部労働市場からどのように調達するか。
配置	獲得した人材が組織の中で活躍するための立場や役割をどのように設定するか。
成果創出活動	獲得・配置した人材の経営目的実現に向けた活動を、HRM視点でどのようにマネジメントするか。
報酬	経営全体の成果と連動して、従業員一人ひとりの成果創出の活動と結果にどのように報いるか。
成長	従業員がよりレベルの高い成果創出が行えるようにするためにどのような施策を講じるか。
輩出	組織内の人材が、外部の労働市場や社会に戻っていくプロセスをどのように設定するか。
再生	定着した人材が、さらなる活性化をめざして再び活躍してもらえる機会や役割をいかに作り出すか。
働く環境	従業員がより快適に活動するために必要な環境をどのように作り出し、保つか。
HRMの支援	HRMを推進するために関係する部門や人、機関等の役割や貢献領域はどのようなものか。 HRMの基盤を支える人材にかかわる情報の管理・提供をどのよう行うか。
HRMプロセスの成果	経営活動の推進を通じて、HRMのプロセス別にもたらされた成果はどのようなものか。
経営への貢献	HRMが経営活動にどれだけ寄与しているか。

1.3　本書の活用方法

　それぞれの章・節の内容は以下の構成に従っている。

基本的な考え方：それぞれのプロセスにおける「論点」＝考慮しなければならないことを示す。
実　　　　践：実際の制度の設計、運用にかかわる検討の思考手順や、行使し得る制度・仕組み上のオプション・事例を示す。

　なお、この構成は、先ほど示した戦略人事の第一条件、「『**戦略人事の戦略』は、『HRMを考えるための論点を明らかにするとともに、それぞれの論点の意思決定をなす』**」に対応している。したがって、全体を通じては、あくまでそれぞれの制度設計の詳細手順ではなく、「**どのような観点から制度を（導入の要否も含めて）検討するか**」という説明に力点を置いている点をご承知おきいただきたい。

　一方、「実践」の中には、理解の助けとなるような「事例」「制度例」を紙幅の許す範囲で最大限組み入れたつもりである。しかし、HRMの広大な領域をカバーするには限界もあったかもしれない。

　制度設計の細かい方法論や、豊富な事例を参照したいと思われる方は、ぜひ他の専門資料等で補完していただきたい。

第2章
戦略人事のあり方
～HRM戦略の立案と展開～

2.1 HRM戦略の立案・展開における基本的な考え方

■ 1. HRMを俯瞰で捉える

　本章の基本的な命題は「HRMにかかわる戦略」、すなわち、全体のプロセスでいうところの「実践」(Do)「評価」(Check, Action)の手前である「企画」「計画」(Plan)の段階に当たる領域を考えていくステップについて解説するとともに、その重要性について述べることである。

　とはいうものの、HRMの現場ではさまざまなことが起きる。評価にかかわるライン部門からの苦情、心の病を抱えていそうな人からの相談、家庭の事情が変わった人への対応検討、人間関係にかかわる苦情処理など、枚挙にいとまがない。そうした「現場のお世話」を上手に切り盛りできることも、一つの「従業員に対する提供価値」なのかもしれない。「『HRM戦略』なんてご立派なことばかり並べても、人事の現場はやっていけない」といった本音を持つ担当者もいるだろう。

　一方で、その方向性の能力や経験ばかりを伸ばしていても、本書のテーマである「経営を強くする」ことに「直接的に」貢献できるとはいいがたいだろう。

　経営にかかわる主活動、すなわち事業を企画し、実践（開発・製造・営業・販売）し、振り返る活動にHRMの観点からいかにドライブをかけられるのかということこそが求められているのである。

　「現場のお世話」を決して否定するものではない。そのこと自体は従業員の「会社で働く安心感」に計り知れない貢献を与えている。しかし、そこから一歩抜け出して、「経営」の視点からHRMを捉え直し、そして「戦略」として立案する——そのことが、HRMの経営への貢献を意図的に仕組むことにつながるとともに、HRMがどのように経営に貢献しているのかを振り返ったり、次のアクションを組み直していく活動のサイクルを生むのである。

2. 事業価値を起点として考える

　では、「経営を強くする」とはどのようなことなのであろうか。本章では、その足がかりとして、「事業価値」に焦点を当てる。

　そもそも自分たちの会社や事業はなぜ存続しているのだろうか。お客様は、一体何がよいと思ってモノやサービスを買ってくれているのだろうか。そして、そこにはライン部門のマネジメントや情報共有、ラインスタッフのどのような努力とモチベーションが影響しているのだろうか。

　いざ問いかけられると、答えに窮してしまうケースもあるだろう。「いろいろな事業や場面がありすぎて一義的には定義できない」「ライン部門の経験がない」など、さまざまな理由はあるだろうが、「よく分からない」といって考えないようにしてしまっては、そのプロセスに対するHRMの貢献のあり方も推し測れないというものであろう。すべての経営のプロセスが顧客の「購買の瞬間」に向かって動いていることは事実であり、事業上の「問題」「課題」もそこで発生するのである。

　「決まった正解」などないのかもしれないが、何らかの**「なぜお客様は私たちからモノやサービスを買ってくれているのか」の問いに一定の見通しを立てながらHRMの施策を企画していく**ことが重要となるだろう。

3. 経営やライン部門との対話や合意を大切にする

　「事業価値」や、それに基づく「HRM戦略」といった曖昧性の高い問題を扱うときには、一人で考え続けることはあまりお勧めしない。そもそも「価値」などという目に見えない領域の議論は、至って多義的（いろいろな解釈を伴ってしまう性質）なものなのである。

　ある人が「うちは安いから売れているんだ」といえば、他の人は「いや、営業パーソンもそこそこ密着してがんばっている」だとか、「品質の高さが売りなのだ」と胸を張る製造部門の人もいるかもしれない。そのような中で、「じゃあ全部で」となった瞬間に、それにドライブをかけるHRM施策は平板なものとなり、焦点のぼやけたものとなっていくだろう。

　そこに**「話し合う」**という余地や、**議論を束ねる**「トップマネジメントの役割」が発生してくる。関係各者で対話したり、共有したり、そして一定の

合意を達成するプロセスは、一見手間のかかる作業で疎みたくもなるが、HRM施策を具体的に設計した後に「そんなつもりはなかった」といわれて手戻りすることを考えれば、議論を尽くしておくことが、結果的に近道となるのである。

2.2　HRM戦略の立案

　まずは、HRM戦略を立て、それにかかわる課題をいかに抽出するかについて述べていく。HRM戦略の立案は、大きくは図表2-1の三つのステップに分割される。

図表2-1　HRM戦略立案のステップ

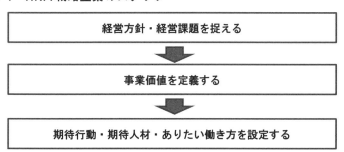

　大きな流れを説明すれば、まず最上位に位置づけられている「経営方針・経営課題」を要約して把握する。そして、その方針や課題を遂行することによって、「どのような顧客にどのような価値が生み出されるのか」という「事業価値の定義」を行う。さらに、そのような価値を実現していくためにはどのような人や組織の働きぶりが求められるのかを設定する──という流れである。本書においては、この一連のストーリーを「HRM戦略」と称する。

　HRM戦略の立案にあたっては、まず図表2-2のシートを参照しつつ、一つひとつを検討していく過程、参照する分析の方法等を紹介する。そして、シート上で全体を俯瞰しながら検討していくことで、多様な視点を組み入れた一つの構想へとステップを進めていくことをねらいとする。

図表2-2　HRMの戦略策定シート

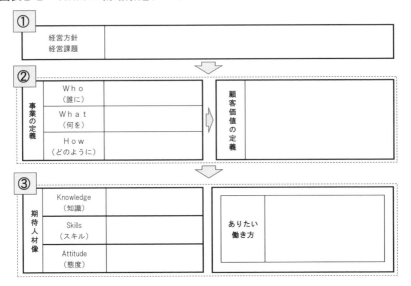

　図表2-2のシートを埋めていくにあたっては、まずは自社の発揮すべき付加価値からみる「戦略」の観点（経営方針・経営課題）、事業の定義、顧客価値の定義、そして「内部環境」としては、期待人材像を構成するKSA（Knowledge：知識、Skill：スキル、Attitude：態度）と、従業員個々人や組織・集団としての特性・特質をみていく「企業文化」（ありたい働き方）を順に検討することになる。
　それでは一つひとつみていくことにしよう。

1．経営方針・経営課題を捉える

　まずHRM戦略の基盤となる経営方針・経営課題を捉えておく。「捉える」としているのは、HRMの経営における位置づけを考慮するなら、経営方針・経営課題は前提となり、くつがえすことのできないものだからである。
　中期経営計画やトップメッセージといった内容からHRMに関連しそうな部分を抽出するなどして、要約して記入しておくとよいだろう。

2．事業価値を定義する

　「そもそも私たちが行っている事業・ビジネスは、誰に、どのような価値を

提供しているのだろうか」を考えることの重要性については、2.1で述べた。では、具体的にどのように押さえていけばよいのだろうか。順を追ってみていこう。

(1) 事業の定義

まず、当社として行っている主要な事業について定義していくことが第一の作業となる。

図表2-2にもあるように、**「事業を定義する」とは、三つの基軸、すなわち「誰に（Who）」「何を（What）」「どのように（How）」を定義することである**[1]。

事例に即して説明していこう。以下の文具卸・販売会社において、事業の定義はどのように異なってくるのだろうか。

◆　学校の近隣地域を中心に多店舗展開を行っているA社
◆　店舗を持たず、EC（電子商取引）で販売するB社

A社とB社の事業定義は図表2-3のようになる。

図表2-3　文具卸、販売会社の事業定義

要素	A社	B社
Who（誰に）	・近隣の学校の生徒および児童 ・学校関係者	・SOHO事業者 ・ビジネスパーソン
What（何を）	・学校指定用品を中心とした文具一般	・OA機器なども含めた文具一般
How（どのように）	・直接対面で販売を行う	・インターネットで販売する

A社は、学校が近いという利便性と相まって、学校帰りの生徒・児童や、何らかの用事で学校を訪ねてきた親などがターゲットとなる。また、学校で必要となる事務用品を調達する先生のニーズもあるだろう。そして提供する商品は、一般的な文具用品に加え、その学校で指定された文具などがラインアップされる。そして、物理的な距離の近さによる利便性を最大限味わって

---

[1] 『［新訳］事業の定義―戦略計画策定の出発点』デレク・F・エーベル（碩学舎）

もらうために、対面で販売を行う形式となる。

かたやB社は、実店舗を持たないECサイトを運営して文具を販売している。ECサイトを使用してモノを購入する顧客を想定するときには、その決済が可能なひと本人が購入するケースが多いであろうから、主たる顧客の対象は一般のビジネスパーソンや個人事業主となる。そういった顧客対象であれば、一般的な文具のほかにも、PC等に用いる周辺機器も揃えた方が合理的である。そして、より価格競争力を上げるために「実店舗を持たない」形式となる。

同じ文具を取り扱っていても、「どのような技術・方法（How）を用いるか」に応じて、「誰に（Who）」「何を（What）」ということが相互連関的に変わっていくことがわかる。このように三つの軸を定義していくことが、「どのような枠組みで事業を進めていくのか」の基本的な方向付けとなる。

(2) 顧客価値を定義する

次に、「その事業が顧客にどのような価値を提供しているのか」という観点で、「顧客価値」すなわち**「お客様が我が社を選ぶことにつながっている価値」**を探っていく。

ここでは、バリュー・プロポジションにかかわる分析を行ってみよう。バリュー・プロポジションとは「顧客提供価値」とも呼ばれ、文字どおり自社が独自性をもって顧客に提供できている（知覚されている）価値のことを指す[2]。

バリュー・プロポジションについて考えるにあたっては、トレーシーとウィアセーマという米国のコンサルタントが考えた**「三つの価値基準」**を援用することが役立つだろう[3]。

2　この命題には絶対的かつ一義的な正解があるわけではなく、それぞれの見方によっても解釈は異なるものである。特に本書で扱っているHRMの領域からすれば、「前提としての戦略をどう理解するか」という位置づけである。

3-1　ここで紹介する「三つの価値基準」が有効であるのは、「顧客への約束」であると同時に「企業文化（社風）」が渾然一体となった基準であるからである。市場適応からHRMのあり方を架橋する考え方として扱いやすい。

3-2　『ナンバーワン企業の法則―勝者が選んだポジショニング』M・トレーシー、F・ウィアセーマ（日本経済新聞社）

図表2-4　バリュー・プロポジション～三つの価値基準～

バリュー・プロポジション	概要
製品リーダーシップ （プロダクト・リーダーシップ）	『最善の製品』 製品・サービスの機能やニーズで、イノベーションを継続的に実施し、従来の殻を打ち破るような優位な新製品開発で価値を提供する。
業務の卓越性 （オペレーショナル・エクセレンス）	『最善のトータルコスト』 製品・サービスの属性を重視し、価格・納期・品質・製品の選択肢などに独自の工夫をし、「買い物上手」のイメージをお客様に与える。
緊密な顧客との関係性 （カスタマー・インティマシー）	『最善のソリューション』 価格・納期・品質・品揃えといった製品・サービスの属性は並以上だが、お客様個々との関係性の向上に向け、カスタマイズしたサービスを提供し長期的な信頼関係を構築し、付加価値の高いサービスを提供する。

　一つめは製品リーダーシップ（プロダクト・リーダーシップ）である。製品リーダーシップとは「製品そのものの持つ価値や機能によって直接的にお客様に価値提供を行う」という価値提供のパターンであり、命題は「最善の製品を提供すること」である。さらに、その製品の提供は一回にとどまらず、製品のライフサイクルに応じて革新に次ぐ革新を繰り返していかなければならない。例えばiPhoneを作っているアップル社などを思い出してもらえればわかりやすいだろう。スマートフォンの処理性能を高めていくことにとどまらず、インターフェースデザインや外観のデザインなど、すべてにおいて顧客の期待を超越した革新性の高い製品の提供を行おうとするが、その反面、期待に沿わない結果となると厳しい批判にもさらされる。これは、製品のモノとしての価値提供の意味を、企業も市場も共有している状態といえるだろう。

　二つめは、業務の卓越性（オペレーショナル・エクセレンス）である。扱っているモノ自体は平均的で特徴はないが、それを最善の価格設定で、最も面倒の少ないかたちで市場に提供することで、「買い物上手」と思わせてくれるような価値提供のパターンである。例えば、巷に溢れている100円ショップなどは扱っている商品自体に優位性はないが、それが「100円」という価格設定で、かつ至るところのショッピングモールに出店することによって購買接点を増やし、消費者の「得した感」を演出している。

三つめは緊密な顧客との関係性（カスタマー・インティマシー）である。企業は、市場全体や世の中のトレンドが欲しているものではなく、特定の顧客が「今」欲している事物を提供することに注力し、顧客もそれを求める。そして、一回の取引だけにとどまらない継続的な関係構築の中から、さらなるニーズを引き出し、それに対応していくというプロセスを継続させていく。例えば温泉旅館などを思い浮かべてほしい。価格に見合った設備や部屋なども供される一方、顧客一人ひとりの顔と名前、そしてその背景となる本人特有の事情（家族の状況や、それにまつわるエピソードなど）を従業員が掴んでおり、馴染みの顧客には柔軟にサービスに応じる。そのことが顧客の感動を呼び、リピートにつながっていく。

　さて、あなたの所属する企業や団体の提供している価値は、この三つの類型のどれに当てはまるだろうか。

　ここでは、先ほどの文具卸・販売会社のケースに当てはめて考えてみよう。

図表2-5　A社とB社のバリュー・プロポジション

バリュー・プロポジション	A社	B社
製品リーダーシップ（プロダクト・リーダーシップ）	△	△
業務の卓越性（オペレーショナル・エクセレンス）	○	◎
緊密な顧客との関係性（カスタマー・インティマシー）	◎	△

　A社は、実店舗を持つことによって顧客との対面プロセスが発生する。そのことによって、顧客との顔なじみの関係を形成することが可能となり、その微細な変化を察知することができる。すなわち、「3年生の書道で推薦する用具を変えようと思っている」という先生のニーズであったり、「今度ウチの2番目の子が小学校に入学するので物入りだ」といった親のニーズである。そうしたニーズ（期待）に応えていくことで、安定したリピート顧客を獲得することができる。重視するバリュー・プロポジションは「緊密な顧客関係（カスタマー・インティマシー）」となる。一方で、「仕入れを誤って価格が他店より高くなってしまった」「欲しい品揃えがなくその場で渡せない」といった他の

顧客満足・不満足要因に対しては、一定のレベルに保てるよう、継続的に努力を行う。

では、B社の場合はどうだろうか。ある程度ITリテラシーの高いターゲットを想定した時には、同様のサイトを相互比較したり、納期や在庫の有無を確認して早いところを選ぶ、といった消費行動が想定される。そうなると、「なるべく安く、かつ早く当該商品を顧客に届けられるか」という価値が最も重視される。すなわち、バリュー・プロポジションは「業務の卓越性（オペレーショナル・エクセレンス）」となる。一方で「ポイント制などを構築して顧客の離反を防ぐ」「購入トラブルなどを防ぐための対応窓口を整備しておく」必要もあるが、それは主たる顧客価値の要因とはならない。

このように、顧客価値の定義を行うことは重要だが、単に現状行っている事業の内容を要約するにとどまらず、「なぜ、そのようになっているのか」「その組み合わせがどのような顧客価値につながっているのか」ということを会社の意図や意思の問題として考える必要がある[4]。

ここで、顧客価値を考えていくうえで重要なポイントがある。例えば、「製品開発」「製造」「営業」「物流」といった部門があれば、それぞれの部門がその機能を最大限発揮すべく改善を図っているはずである。しかし、その「機能」のみで価値を割り当てていってしまうと、「製品開発・製造」＝「製品リーダーシップ」、「物流」＝「業務の卓越性」、「営業」＝「緊密な顧客との関係性」となり、「結局この事業の顧客価値は何なんだ」と袋小路にはまってしまうおそれがある。

重要なのは**「顧客が買ってくれる理由」にフォーカスする**ということである。例えば、あなたが「我が社の配送プロセスは、もちろん現場の皆さんが苦労してミスやロスの低減は図ってはいるけれど、別にお客さまからすれば『当然』といわれてしまうかな」と感じるのであれば、おそらくあなたの会社（事業）のバリュー・プロポジションは「業務の卓越性（オペレーショナル・エクセレンス）」ではないだろう。

こうした判断を行うにあたっては、「顧客の声を聞く」という活動も重要に

---

[4] 本書の目的からして、このワークがねらっていることはHRMの課題を考えることである。戦略や事業そのものの変革課題について経営陣や経営企画部門等からことさらの方向性が出ていない場合は、あくまで「仮説」と割り切り、その妥当性や正当性を追究していく作業に多大なエネルギーを割くべきではないだろう。

なってくる。本書はHRMの本であるため詳細は省くが、要は**「なぜ、何をお客様は我が社から製品を購入してくれているのか」**という洞察に対して、日々の市場の反応を照らし合わせ、敏感になっておくことが重要なのではないだろうか。

　上記のような思考で、「我が社がお客様に買われている理由や要素は何なのだろう」という命題に一定の答えを出してみよう。一つに絞られる必要はないし、相対的な判断で構わない。関係者と顧客価値をめぐる議論を行う中で、基盤となる拠りどころを作り上げていくことが目的なのである。

3．期待行動・人材像・ありたい働き方の洗い出し

　ここまでは、企業としての戦略のありようや、発揮している顧客価値といった観点からHRMにおけるニーズを考えてきた。次は、会社の中で起きていること、なされている、または今後強化していきたいことを中心に、より内部的なプロセスについてみていこう。図表2-2の③にあたる部分、すなわち「期待人材」「ありたい働き方」といった要素を検討するのである。

(1)　期待人材－KSAモデル

　期待人材については、KSAモデルといわれている三つの要素、すなわち知識（Knowledge）、スキル（Skills）、態度・意欲（Attitude）についてみていくことにする。

図表2-6　KSAモデル

領域	概要
Knowledge（知識）	Knowing What 事業価値を実現していくにあたって必要とされる知識
Skills（スキル）	Knowing How 事業価値を効果的に実現するための技能
Attitude（意欲・態度）	Knowing Why 事業価値を実現していくことを支えるモノの考え方、およびその表明

　KSAモデルとは、知識、スキル、態度を構成要素とする人材のモデルであり、学校教育などでも活用がなされているものである。ここでは定義した

「事業定義」「顧客価値」、すなわち「事業価値」を実践していくのに相応しい人材とはどのような人材なのかを考えていくためのモデルとして使用する。

例えば、先ほどの文具卸・販売会社の事例に即してKSAにかかわるモデルを考えてみよう。

図表2-7　A社とB社の期待人材像

	A社	B社
Knowledge（知識）	・学校の備品にかかわる規則・規制の動向 ・地域の情報や生徒の個別の情報	・EC（電子商取引）の世間動向 ・ECサイトの構築にかかわる知識
Skills（スキル）	・対顧客スキル（接遇スキル／折衝スキル／　状況対応スキル）	・ITシステムにかかわる構築スキル ・協力会社に対する折衝スキル
Attitude（意欲・態度）	・地域の人たちと瞬間的に仲良くなれるようなオープンネス、明るさ	・日々の商取引の変化から小改善を重ねていくような勤勉さ、まじめさ

A社は、学校やそこの児童、親たちと密着していくことによって生む価値（カスタマー・インティマシー）に訴求していきたいので、それに相応しいKSAが求められることになる。まず知識としては、顧客に密着していくために必要なお役立ち情報であったり、生徒の個別情報を獲得して、知識（情報）として蓄積していくなどのことがフィットするだろう。その知識を用いて、もしくはそうした知識を得るためにも、顧客と対話していくスキルが必要となる。加えて、接点を多くしていくために「また来たい」と思ってもらえるような接遇スキル、状況対応スキルが求められるだろう。また人柄や態度は「明るさ」「オープンさ」がカギとなり、顧客との心理的距離を「ぐっと」近づけられるかが問われることとなる。

B社は、ビジネス向けのECサイトでの販売を展開していくため、業務の卓越性（オペレーショナル・エクセレンス）に訴求していく必要があり、それに相応しいKSAを設定していくことになる。まず知識としては、世の中の類似サービスとの比較にさらされることになるため、同様のECビジネスにかかわる動向は知っておきたいところだ。また、ECサイトにかかわる構築スキルは、すべてを自分が行うわけではなくとも、一定程度は求められるだろう。そして、そうしたECサイトを協力会社と一緒に構築していくようなスキル

（折衝）や、一定のITスキルが求められる。そして、価格やサービス面における変化が激しいビジネスであるため、日々そうした変化に細かく追随していく勤勉な態度が望まれる。

　単純化した例ではあるが、事業の定義や顧客価値、そして期待人材像が密接に結びついていることをご理解いただけたのではないだろうか。

(2)　ありたい働き方－四つの文化

　続いて、個々人レベルの「人材像」を検討することに加え、組織全体としての「ありたい働き方」を検討していくことで、期待人材の総和としてどのような状態を作っていきたいのか、また、期待人材の出現、育成を強化するような組織文化のあり方を発見していくことにつなげる。

　ここでは、キャメロンとクインという米国の経営学者が考案した、**四つの文化タイプ**をフレームワークとして紹介しながら、「ありたい働き方」について考えていこう。

〈四つの文化〉[5]

◆**家族文化**：会社への高い帰属意識のもと、従業員同士の家族的な絆や信頼が深められており、参画やチームワークの向上、人材の育成が奨励されている。

◆**マーケット文化**：市場の競争において勝ち残ることが重視されており、市場において結果を残すことに向けた実行へのコミットメントやそのプロセスでの社内的な競い合いの風土が醸成されている。

◆**イノベーション文化**：今までになかったシーズを生み出すことが重視されており、それに向けての挑戦、個性の発揮、リスクテイクが奨励されている。

◆**官僚文化**：事業が継続することが重視されており、それに向けた内部の統制、労使の安定的な関係、明確な機能分担とルール化による効率的で正確な業務の運営が奨励されている。

5　『組織文化を変える「競合価値観フレームワーク」技法』キム・S・キャメロン、ロバート・E・クイン（ファーストプレス）

なお、この四つのタイプは、二つの観点から二つずつのタイプに分類が可能である。

　一つは「内向き」「外向き」という違いである。その観点でいえば、家族文化と官僚文化は関心が内に向かっているのに対し、マーケット文化とイノベーション文化は関心が外に向かっているといえる。

　もう一つは、「管理や統制」「自由や裁量」という違いである。その観点でいえばマーケット文化と官僚文化は、管理や統制に関心が向かっているのに対し、家族文化とイノベーション文化は、自由や裁量に関心が向かっている。

　再びA社、B社の比較でみていこう。

図表2-8　A社とB社の主たる「ありたい働き方」

	A社	B社
ありたい働き方	家族文化 従業員同士がアットホームな店舗づくりを行うことによって、顧客との関係性を良好なものとする。	マーケット文化 絶えずマーケットで他のECサイトと伍していき、勝つことにフォーカスし、それに最適化したビジネスプロセスに整え続けていく。

　A社は顧客に密着していくことを最大の価値としているため、店舗の雰囲気もよくして、そこに顧客を巻き込んでしまうことが効果的である。また、顧客の反応に応じて、臨機応変な対応をとることができる裁量性があることが望ましい。「家族文化」がフィットするだろう。

　一方で、B社は激しい競争にあるECマーケットにおいて「勝つ」ことが存続の最大の命題となる。また、オペレーションプロセスに乱れが生ずることは即、停滞を意味する。素早い管理と統制を通じて業務プロセスをコントロールする必要がある。「マーケット文化」がフィットするだろう。

　ここまで、1から3にかけて経営方針・経営課題から始まり、期待人材、ありたい働き方にまで構想していくプロセスについて述べてきた。ここで重要なのは、**「筋が通っていること」**と**「一貫性があること」**である。随所で述べているように、図表2-2は大局的な視点から人事を捉えるためのシートである。したがって、詳細な機能の定義というよりは、「会社の意思」の確認であ

る。**全体はどちらに向かっていて、そしてそのために何が求められるのか、そもそもの視座の持ち方を確定させる作業**なのである。

　事業価値の定義の仕方が曖昧になってくると、機能する組織のあり方や個々人の行動のあり方も曖昧なものとなってしまい、定義する意味そのものがなくなってしまう。

　最初に問題提起を行った「そもそも、私たちが行っている事業・ビジネスは、誰にどのような価値を提供しているのだろうか」そして、「そのためにどうしたらよいのか」というシンプルな問いかけに、**明快な「意思としての」答えを導くために、(なるべく)絞られた事業価値の定義、それらを実現する組織のあり方を整合的に定義することが求められる。**

　そのうえで、「多角化している」「合併直後で相互に依存性のない異なる事業を展開している(そして人事交流の可能性は今のところない)」など、さまざまな状況はあるだろう。その際にはBU(事業単位)ごとに作成するなどの作成単位のとり方を、人事ローテーションの幅等に応じて工夫をするとよいだろう。

2.3　HRM戦略の展開

　2.2では、事業価値とありたい組織、人材のイメージを明らかにした。ここでは、それらを実現するために、HRMの領域において取り組まなければならない「課題」へと展開するとともに、現状のHRMにおける「問題」を明らかにしたうえで、前提としてクリアしなければならない事柄を明らかにする。そして、**現状の「問題」と将来に向けて取り組むべき「課題」を突き合わせることで、HRM諸機能における取り組みの方針を明らかにする**のである。

　このプロセスにおいても、シート・フォーマット（図表2-9）を活用して考えを進めていくことにしよう。

図表2-9　HRMの課題抽出シート・フォーマット

	期待人材像		ありたい働き方	

	将来に向けての課題	現在想定される問題	取り組みの方針
A. 獲得・輩出			
B. 配置・再生			
C. 成果創出活動のマネジメント			
D. 成長			
E. 報酬			
F. 働く環境のマネジメント			
G. HRMの支援プロセス			

1. HRM課題の展開

(1) 将来に向けての「課題」の抽出

まず、期待人材像・ありたい働き方といった「期待」の側面から、HRM諸機能（HRMを構成する機能全体）において「このようなことが果たされているべき」「このようなことが取り組まれるべき」という、現状から将来にわたる「課題」を抽出する。

① A社B社におけるHRM課題

ここでは、再び文具卸・販売会社のA社、B社を念頭に置き、双方のHRM課題を抽出、比較する。この事例を通して、洗い出しのイメージを掴んでいただきたい。

図表2-10　A社とB社のHRM課題

	A社	B社
A. 獲得・輩出	・地元の人材（例えば学校のOB、OG）の獲得による顧客関係の早期確立が課題。	・ECサイトにかかわるスペシャリストの確保が課題。
B. 配置・再生	・一つの店舗で一定の期間勤め、関係を築くような配置のあり方やローテーションが必要。	・異動の少ない専門ポジションとマネジメントポジションの2系統に分けたローテーション施策が必要。
C. 成果創出活動のマネジメント	・日々の行動と振り返りを強化し、日々関係改善を着実に果たせるようなかかわりが求められる。	・短い期間での市場の分析を共有、フィードバックを行いながらシステム改善を進めていくことが求められる。
D. 成長	・一般的な接遇スキルに加え、顧客の心に分け入って密着するノウハウの共有が課題。	・専門性の獲得と発揮に向けた教育的支援が課題。
E. 報酬	・人による差を設けず、年功的な運用を敢えて実施する。	・特に専門人材については、短期的に高額な報酬を与え、引きとめを図る必要あり。
F. 働く環境のマネジメント	・福利厚生などを厚くし、顧客関係づくりに必要な長期雇用へと結びつける。	・コア人材であるIT専門職に対する柔軟な労働環境の提供（テレワークなど）。
G. HRMの支援プロセス	・店舗での顧客関係構築の状況を現場情報として掴み、異動や配置に活かすマネジメントが必要。	・パフォーマンス情報管理（サイト設計の効果測定）を精密に行い、報酬のメリハリに活かすマネジメントが必要。

A社は、緊密な顧客関係が構築可能なように、HRMの取り組みを進めていく必要がある。領域A～B「獲得・輩出」「配置・再生」については、いかに早期の関係構築を行い、その関係を維持発展させていけるような人の採用と長期定着のマネジメントを行うかが課題となる。C「成果創出活動のマネジメント」に関しては、日々のアクションによって関係性の構築が図られているかの細かいフィードバックが重要となる。そして、そうした暗黙的な関係構築スキルをいかに共有し、それぞれの成長の糧としていくかということがD「成長」の主な課題となる。A社は家族文化的な組織文化を望んでいることから、E「報酬」においては処遇に大きな差を設けることは合理的ではない。F「働く環境」については、A～Bの課題と同様の長期雇用を意図した課題提起がなされている。G「HRMの支援」については、地域性等も含めた従業員の相性に着目し、それが最適化するような配置・異動上の支援プロセスを課題として取り上げている。

　一方、B社は、ECサイトを効果的、効率的に運用し、業務の卓越性を発揮するためのHRMの取り組みを進めていく必要がある。領域A～B「獲得・輩出」「配置・再生」については、流動性も高く、市場価値も高いであろうECサイトのスペシャリストをいかに引き止めていくか、そして安定した環境で技術力を発揮してもらうかということが課題となる。C「成果創出活動のマネジメント」に関しては、変化の激しい市場環境におけるシステムの改善に結びつけるマネジメントが取り組みの主眼となる。D～F「成長」「報酬」「働く環境」については、引きとめのための魅力的な処遇条件の設定が課題となる。G「HRMの支援」については、E「報酬」にかかわるメリハリを確保するために、パフォーマンス発揮の状況を定量的、客観的に把握するための情報支援が課題となるだろう。

② シート・フォーマットへの展開
i 将来に向けての「課題」の設定
　①のような要領で、事業や組織、個人の「ありたい姿」から演繹的に「取り組むべきこと」を洗い出し、シート・フォーマットにおける左の欄、「将来に向けての課題」に列挙、書き出してみよう。特に初期段階では正解をめざそうとせずに、ブレーンストーミング的に挙げていくとよいだろう。

ii 現在想定される「問題」の抽出

　次に、現状顕在化している問題、もしくは将来的に起こりうる問題について洗い出しを行う。ここまでは、もっぱら「ありたい姿」からHRMの現状に展開するための課題を導く方法について説明してきたが、ここでは、特にその文脈と関係なかったとしても「問題」として扱いたいことを洗い出すことにする。

　なお、そうしたことは「定量調査（要員や報酬の分析）」や「定性調査（インタビュー、社員意識調査）」といったかたちで調査（基礎調査）する過程で発見していくことが多い。ここでは、その代表的な方法について列挙しておく。

◆　主な基礎調査の実施方法

　a　財務、生産性などを分析する

　経営、財務上の健全性、利益構造、人件費構成、財務負担と生産性ついて過去のトレンド（最低3年間、可能なら5年間）から、同業他社と比較・分析を行い、財務上の観点からHRM戦略、施策に反映すべき問題を明確化する。特に人件費率、労働分配率、生産性などの指標において、トレンドや標準値、同業他社値と比較し、問題がある場合は、要員構成（戦略、施策）や報酬制度の改定に結びつけて是正を検討する。人件費の構成では、教育訓練費、採用関係費にも着目し、事業戦略と要員施策上の課題にも結びつけて問題を探索する。

　b　要員構成を調査、分析する

　採用・入社者数、退職者数の推移、現状の組織構成要員について、年齢、勤続、性別、等級別、役職職階別に集計、分析し、現時点での正確なデータを把握、認識するとともに、極端な傾向や歪みがないかどうかの判断をする。年齢、勤続と報酬額に相関性がある場合は、人件費のトレンドとも関連づけし、制度改定の課題に結びつける。場合により、年齢、勤続構成の予測も行い、採用、定着化戦略、施策上の問題とすることもある。

　c　報酬支給実態を調査、分析する

　報酬構成（体系）別支給実態について等級別・役職別に、総額、平均額、最

高額、最低額の集計、分析、グラフ化を行い、問題を明確化する。また、年齢と各報酬との相関性をプロット図化して業界における参考値などと比較し、それぞれ制度上の問題として検討する。特に等級間、役職間の格差の妥当性、報酬額の逆転現象など異常値の発生状態の確認を行い、発生原因の追究と問題の発見へと結びつける。

  d　経営、事業戦略をヒアリング調査する

　役員、経営幹部(部門長)以上を対象に、現状および今後の経営、事業戦略、方針や組織編成、HRM戦略、全般的な問題認識を個別に直接ヒアリングし、制度上の問題を明確化して、改定方針に結びつける。また、人事・労務上の具体的問題を抽出するために、管理者層、一般社員層を対象に、具体的な人事・労務上の事象、問題意識についてグループヒアリングしたうえで整理し、人事施策、制度上の課題に結びつける。他の調査で顕在化した問題やその原因(仮説を含めた)の確認として行う場合もある。

  e　マネジメント、人事施策の問題意識を調査する

　組織構成の全メンバーを対象に、マネジメント、人事・労務施策、人事制度に対する問題意識についてアンケート調査を行う。アンケート内容は、問題意識の仮説から質問項目を設定し、その集計・分析は、年齢、勤続、階層、職位、部門別など各種属性(可能な範囲および母集団数に応じて)別に結果の傾向と比較を行い、事前に想定した仮説の検証や課題をより明確化する手段とする。

  f　人事諸制度の現状と問題を調査する

　人事諸制度の現状について、制度に関するガイド、内規、規定類、各種書式などをもとに運用状態を改めて確認・把握し、制度の主旨、目的、本来のあるべき姿などと比較し、問題を明確化する。制度と運用・実態面との乖離がみられることが多いので、人事担当者だけで確認・意見交換をするのではなく、上記のヒアリング、アンケートなどと併せて確認することが重要となる。また、同業他社や一般他社の人事制度の潮流などを十分把握・理解することで、問題把握が促進されることがある。

◆ 問題抽出の着眼

　基礎調査の後で、今度は、シート・フォーマットにおいてHRMの諸機能で発生している「問題」について列挙していく。上述の「課題」と同様に次ページの図表2-11でいくつかの着眼点や観点を示すので[6]、問題抽出の参考としていただきたい。

　こうして、抽出された「取り組み課題」と「問題」を相互に突き合わせ、取り組むべきことの集約を図る。「課題」に取り組むことで克服される「問題」もあるであろうし、基本的な機能として不足しており、独立した「問題」として残ることもあるだろう。それぞれの内容の優先度等に鑑み、取り組みの方向性として集約していくとよい。

6　これらは企業の実情によってまったく違ったものとなるが、ここでは筆者らが共通して遭遇するものを例として挙げている。

図表2-11 「問題」抽出の着眼例

領域	着眼点例	現在想定される問題点抽出の「問い」例
A. 獲得・輩出	・人材の獲得（採用）・定着 ・採用競争力の向上 ・専門性の向上	・若年層における採用〜定着プロセスは機能しているか（早期離職を起こしていないか）。 ・中堅世代の賃金が世間水準より低く、外部人材の獲得に悪影響を及ぼしていないか。 ・専門性の高い人材が適所適材に獲得、配置できているか。　　　　など
B. 配置・再生	・労務構成の歪み ・適正配置、異動 ・業務分掌、役割付与 ・昇格、昇進の適正さ ・ダイバーシティの推進 （女性・高齢者・非正規社員の活用） ・中高年の活性化（再生）	・突出して要員の多い／少ない年代層、等級はないか。それが昇格運用に悪影響を及ぼしていないか／管理職の比率は適正か。 ・ローテーションが計画的、適切に行われているか。部門による人材の抱え込みが起こっていないか。 ・部下一人の課長など、いびつな構造の組織編成となっていないか。 ・性別による不当な昇格や評価、異動の扱いの差が生じていないか。それらは女性活躍の妨げとなっていないか。 ・再雇用など高齢者が活躍可能な職場の環境や処遇条件は整っているか。　　　　など
C. 成果創出活動のマネジメント	・目標によるマネジメント ・評価の納得性 ・チーム力の向上	・目標設定基準や内容等にバラつきが生じていないか。 ・結果偏重の評価もしくは、結果からの評価の逆算などが生じていないか。 ・評価の要素は、当該の職務、職群における仕事の特性を反映したものとなっているか。 ・成果主義、個人主義が行き過ぎて、チーム力の向上を阻害していないか。 ・人事評価の納得性やフィードバックの有効性を高めるための日常の上司一部下の信頼関係が保たれているか。 ・人事評価にかかわる手続は、制度の設計通り履行されているか。　　　　など
D. 成長	・ビジネスリーダーの育成 ・マネジャーの養成 ・技術の伝承 ・キャリア開発	・維持管理型の人材だけでなく、会社の経営を背負う次世代リーダーの育成がなされているか。 ・部下から信頼感を持たれるようなミドルマネジメント層が連続的に輩出されているか。 ・他社にとって模倣困難な技術・技能の伝承はきちんと行われているか。 ・一人ひとりが展望を持って働ける環境づくりがなされているか。　　　　など
E. 報酬	・賃金の公正さ、適正配分 ・総額人件費の適正さ ・退職金、年金 ・福利厚生 ・非金銭的報酬	・役割や責任、能力等に応じた賃金水準の格差が担保されているか。 ・制度のねらいとは異なるかたちでの年功運用となっていないか。 ・総賃金のシミュレーションや昇給原資、賞与原資、昇格運用の各管理が整合的になっていて、適正水準に収まっているか。 ・退職金の水準が現役時代の活躍や貢献を反映したものとなっているか。 ・金銭的な報酬だけでなく、エンゲージメントが高まるような褒賞の仕組み等も兼ね備えているか。
F. 働く環境のマネジメント	・ダイバーシティの推進 （女性・高齢者・非正規社員の活用） ・多様な働き方（勤務場所、時間） ・ワークライフバランス ・健康管理	・今後の労務構成の変化（女性、高齢者の増加など）に応じて、柔軟な働き方が確保できるような労働制度が導入されているか。 ・従業員の残業時間や実質的な休日の多さ等は、業界の水準からみて正常な範囲内にあるか。３６協定はきちんと遵守されているか。 ・上記の視点とも関連するが、ワークライフバランスが悪化することで健康被害や生産性の低下などは起きていないか。　　　　など
G. HRMの支援プロセス	・経営支援、ライン部門支援 ・ナレッジ・マネジメント	・経営への提言／現場部門への情報提供／各種制度・ルールの運用といった基本機能に不足点はないか ・支援プロセスにおける業務の効率性は高いレベルで確保されているか ・ライン職場における知恵、技術・技能が伝承されるような仕組み、仕掛けがITや職場のOJTの仕組みなどで実現できているか。

2.4　HRMガイドラインの提示

　以下では、2.3までに設定してきたHRM課題の展開を具現化し、経営陣、従業員に広く共有するツールとしての「HRMガイドライン」をいかに提示するかということについて解説する。

　何をガイドラインとして示すかは企業によって変わるが、ここでは、今まで進めてきたような検討をもとにして、それをガイドラインとして整備するならば「どのようなガイドラインを示すことが妥当か」、もしくは昨今のHRMのトレンドから「このようなガイドラインは備えておくべきではないか」という考え方に基づいて、事例などを交えつつ示していくことにする。

　具体的には、「HRMビジョン・方針」「期待人材像」といったHRMの考え方を示すものと、「人材ポートフォリオ」「社員格付け制度」「キャリアマップ・キャリアガイドライン」といった具体的なHRMの進め方を示すものなどについてみていく。

■ 1．HRMガイドラインの作成

(1)　HRMビジョン・方針、期待人材像

　HRMビジョンは、「そもそもHRM全体をどのようなかたちで行っていくか」という基軸となる考え方やゴールイメージをいくつかのステートメント状に記したものである。そもそも、どのような考え方に基づいて、どのようなHRMを展開していくかということを共有するための土台となる宣言であり、経営、人事、従業員を結ぶための基底として重要である。

　一方で、こうしたステートメントに唯一の定義やフォーマットがあるわけではなく、企業それぞれにおいて概念として類似した位置づけのものが混在している[7]。さらにはそれぞれにHRMの内容を含んでいたり、いなかったり

---

[7]　類似する概念を表すものとしては、企業理念、基本理念、社是、信条、使命、約束、企業指針、経営方針、経営姿勢、経営の基本方針、企業行動憲章、行動指針、行動規範、行動原則、めざす企業像、DNA、創業の精神、コーポレートビジョン、フィロソフィ、ビジョン、ミッション、バリュー、クレド、ステートメント、メッセージ、スピリット、スローガン、Way…などがある。そしてそれらは、タイトルが同じだからといって、同じ内容を示しているとは限らない。

とさまざまである。

そこで、ここではその内容を大まかに仕分けしたうえで、2.1、2.2から導いた内容も含め、どのようにHRMビジョンづくりに活かしていけばよいかという観点で解説を進めていく。

① HRMビジョン・方針の位置づけ

本書で「HRMビジョン・方針」と呼び習わしているものは、どのようなものであろうか。図表2-12で整理を試みる[8]。

図表2-12　HRM諸機能・プロセスの前提

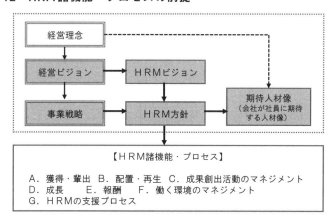

図表2-12を層別するならば、「普遍性」や「変化する余地のなさ」ということで仕分けることができる。経営理念は、まさに変化する余地の大変少ない領域といえる。経営理念、いわゆる「社是」や「行動原則」といったことに表現されているものは、一般的に時代や環境を超えて普遍性のあるものである（行動原則が直接、期待人材像として示されているケースも散見される）。

一方で、図表2-12中の網かけの部分は、主に2.1、2.2で分析、検討してきた内容である。経営ビジョン（中期経営計画等で示されている中長期の経営のありた

8　この構造図は、厳密にいえば2.2で示した検討フォーマットと同じ構造ではない。2.2で示したステップはあくまで「思考プロセス」であり、本図は「ガイドラインの提示プロセス」であることをご理解いただきたい。

い状態）や、事業戦略（それに応じた短期の事業の進め方）をベースとして、その性格を分析し、HRMにかかわる諸課題を抽出してきたものである。

　では、以下にどのような分析をどのような領域に活用できるかの対応を示したい。最初に作成した「HRMの戦略策定シート」（図表2-2）における「期待人材像」や「ありたい働き方」というところが人・組織の状態を表すキー・ステートメントである。図表2-12でいえば「HRMビジョン」へとスライドさせることができる内容であろう。また、次に作成した「HRMの課題抽出シート・フォーマット」（図表2-9）において抽出した「取り組みの方針」が「HRM方針」として活かせるだろう。

◆HRMビジョン：トータルとして実現したい人・組織の状態を表す内容を示す。「ありたい働き方」の内容を活かして、文化的な状況や、全体としての雰囲気を表すような内容を記述するとよい。
◆期待人材像：図表2-2上の「期待人材像」はそのまま図表2-12の「期待人材像」に相当する内容であるため、活かせる部分が多分にあるだろう。
◆HRM方針：「HRMの課題抽出シート」（図表2-9）において右下の段に提示している「取り組みの方針」の内容を活かして記載するとよい。

　一方で、経営理念といったより上位の概念は、変えてはならない価値観の前提を成すものとして無視できない。HRMにかかわるステートメントを整備する段階で、分析のアウトプットがそうした上位概念と齟齬を来す可能性がないかをチェックしたり検討したりする必要があるだろう[9]。

9　経営理念等に書かれていることと本分析結果とを比較した時に、まったく反りの合わないアウトプットが出てくるということは、大抵の場合考えにくい。しかし、経営陣が「言っていること」と「やっていること」が矛盾（Knowing Doing Gap）する場合においては、そもそもの経営理念と経営ビジョン、方針そのものに齟齬が生じている場合もある。その場合は、経営陣への確認も含め、よくすり合せながら進めていく必要があるだろう。

② HRMビジョン・方針の表現

こうして定めたHRMビジョンや方針を明示するにあたっては、これまで分析してきた流れに沿って、**スタッフ部門（HR部門）が主体となって打つ施策がどのように人・組織を経由して市場の価値に到達するのか**ということが、全体として伝わるような表現をめざすべきであろう（図表2-13参照）。

図表2-13　HRMビジョンにおけるストーリー

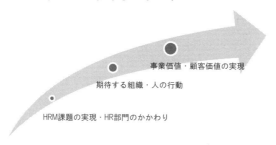

(2) 社員格付けのための基準・枠組み

HRMビジョン・方針の明示に続いて、具体的にどのように実現していくかという基準や枠組みを示すこととなる。ここで「基準・枠組み」と呼ばれるものの種類に決まりはないが、一般的には図表2-14に示すようなものが該当する。

図表2-14　基準・枠組みの種類

ガイドラインの種別	概　要	ガイドラインの使用者		
		経営	人事	従業員
人材ポートフォリオ	・当社の従業員（作成方法によっては非正規社員も含めることがある）を群別に管理しようとしたときに、どのような基軸に基づいて、どのように仕分けをするかということを検討・実施するためのマップ。	○	○	
社員格付け制度	・組織の中の従業員を区分するとともに、処遇（評価、報酬、昇進昇格）や仕事の配分を規定することになるHRMの基本的なシステム。 ・例えば、職能資格制度、職務等級制度、役割等級制度等がある。	○	○	○
キャリアマップ・キャリアガイドライン	・従業員が自分のキャリア展望などを明らかにしようとするときの参照となるような、期待する人材像やその発達のパターンを一覧化したもの。 ・職務間のキャリアマップといった小さな単位のものから、職群といった大きな単位のものまでさまざまな粒度のものが存在する。		○	○

① **人材のポートフォリオ**

　人材ポートフォリオそのものに決まった作成方法はない。そもそもの意味合いは「人材を分けて管理していくためのベン図」のような位置づけであるため、どのような形式をとるかは、当該HRMの仕組みとして問題だと思っていることや、解決したい事柄に応じて変化する。

　あえて「HRM戦略の立案」という初期段階での検討に相応しい大きな観点からのポートフォリオを例示するなら、「雇用契約にかかわるポートフォリオ」「人材の貢献価値によるポートフォリオ」を挙げることができる。

　a　**雇用契約にかかわるポートフォリオ**

　雇用契約にかかわるポートフォリオとは、文字どおり「どのような社員をどのような雇用のあり方として雇用するか」を判断するためのものである。「雇用のあり方」とは、「有期」「無期」「短期」「長期」といった概念を含むものである。

　図表2-15に示すのは、1995年に発出された経団連による人材ポートフォリオである。時代の背景を考えると、それまでの年功人事や終身雇用といったモデルが崩壊し、雇用形態の多様化が始まった最中で、いよいよ日本においても人材を群別管理しなければならないというニーズに基づいて発信されたものといってよいだろう。

　ここでは、従業員側の考えと企業側の考えをマトリクスにし、「長期蓄積能力活用型グループ」（正社員）、「高度専門能力活用型グループ」（年俸適用の有期契約労働者）、「雇用柔軟型グループ」（時給の非正規雇用）の三つの雇用類型を提示し、各企業にふさわしい組合せ方を模索すべきであるとされている。このうち「高度専門能力活用型グループ」については現在までに浸透しているとは考えにくいが、職務型の賃金体系が普及しつつある中[10]、改めて見直され、活用される余地のある考え方かもしれない。

10　後述するP56の日本生産性本部調査を参照のこと。

図表2-15 経団連の人材ポートフォリオ

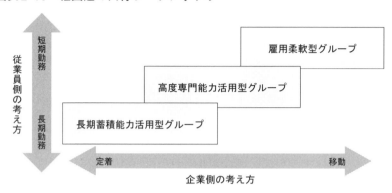

b　職務の貢献価値によるポートフォリオ

経団連のポートフォリオは、会社の意向と本人の意向という「意思」「主観」の次元の議論に終始しているため、自社の全体の雇用ポリシーを考えることはできても、実際の処遇の水準等も含め、自社人材に期待する貢献価値の大きさを見積もり、それを果たす人材を仕分けて群別管理を行うためのポートフォリオとしては、機能が不足している。

図表2-16に職務における貢献価値に応じたポートフォリオの例を示そう。

図表2-16　職務の貢献価値によるポートフォリオ

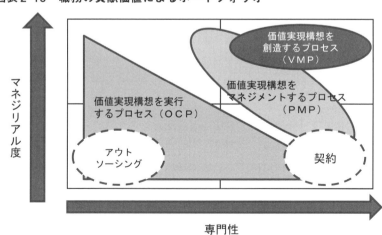

本ポートフォリオにおいては、組織の仕事における過程や機能が持つ貢献価値を二つの側面からみていくことになる。
　一つは横軸に置かれている「職務や仕事に求められる専門性の度合い」である。ここではその専門性を「特定分野の専門知識・ノウハウ・機能」と定義しよう。
　もう一つは縦軸に置かれている「マネジリアル度」である。「職務や仕事に求められるマネジリアル度」とは、専門性や専門機能を活かして付加価値につなげていく過程や機能のことをいう。わかりやすい例でいえば、チームやプロジェクトを率いて、個々の専門性、ノウハウの総和より量的、質的双方の側面においてより高い価値をもたらす職務・仕事のことである。
　「専門性」「マネジリアル度」双方ともに高いレベルが求められ、それによって高い価値を生み出す職務・仕事をVMP（バリュー・メイク・プロセス）と呼ぶ。VMPによってなされるアウトプットや貢献とは、事業や会社の全体の付加価値を決定するような戦略的な構想決定の内容であり、戦略そのものともいえるだろう。
　そして、VMPによって策定された方向性がブレークダウンされ、各組織単位で達成すべき貢献内容へと変換される。それがPMP（パフォーマンス・マネジメント・プロセス）である。PMPには、それらが高い専門性によって成し遂げられる場合から、主に組織活動によってなされる場合までさまざまなバリエーションが存在する。
　さらに、PMPが果たす一定レベルの貢献を、分業・分担のもと、遂行的なレベルにおける職務・仕事に変換したものがOCP（オペレーション・コントロール・プロセス）である。OCPにもPMPと同様に横軸（専門性）的で発揮される貢献と、縦軸（マネジリアル）的に発揮される貢献と、さまざまなバリエーションが存在する。
　そして、極めて高い専門性を要求されながらも、マネジリアルな価値の発揮につながらないと見込まれる職務・仕事については、内部で賄う意味合いが大きくないため、「契約関係」によって遂行することが合理的となる。一方で、マネジリアルな価値も専門性としての価値も双方とも低いレベルにある職務・仕事は、同様に社内に置いておく意味合いが少ないので、アウトソーシングの対象となる。

このような職務・仕事の仕分けと、各種人事管理（等級制度、報酬制度、能力開発制度）を整合させることで、一貫性のあるHRMシステムの構築に結びつけることができる。

② 社員格付け制度
　a　社員格付けにかかわる仕組み（人事基本フレーム）
　人事基本フレームとは、組織の中の従業員を区分するとともに、処遇（評価、報酬、昇進昇格）や仕事の配分を実質的に規定することになるHRMの基本的なシステムである。一般的には、「職能型」「職務型」など、処遇の基本的な考え方に応じていくつかのパターンに分類される。

図表2-17　社員格付け制度の基本構成要素[11]

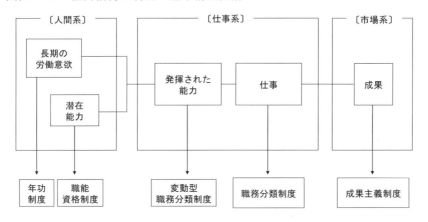

　図表2-17に表されているように、人材が自らの持てるリソースを活用し、仕事上の成果を創出するに至るまでにはさまざまな「着眼点」が存在する。そのどこに「着眼」していくかによって、「何をもって処遇するのか」という基本方針が確定する。
　具体的にはさまざまな形態の人事基本フレームが存在するが、大きな基軸として仕分けをして考えなければならないのは、「人」のフレームか「仕事」のフレームか、ということである（図表2-18）。

11　『マネジメント・テキスト 人事管理入門〈第2版〉』今野浩一郎・佐藤博樹（日本経済新聞出版社）

図表2-18　人事基本フレームの基軸と特徴

フレームの基軸	代表的な適用	内容・特徴	
人	職能資格制度	・人の能力や習熟に応じて社員格付けの等級を設定し、処遇の基づけとするもの。	
		メリット	デメリット
		・人の柔軟な異動が行いやすい。 ・ポストと等級を分離し、柔軟な昇格運用が可能。 ・ゼネラリストの育成に適している。 ・セクショナリズムを回避できる。	・年功的処遇に結びつきやすい。 ・総賃金が増大していく傾向になりやすい。
仕事	役割等級制度 職務等級制度 役職制度	・人がついている職務の難易度や責任の重さ、重要度などによって社員格付けの等級を設定し、処遇の基づけとするもの。	
		メリット	デメリット
		・賃金の総量をコントロールしやすい。 ・職務上発揮される価値がダイレクトに処遇反映される。 ・専門性の向上に役立つ。	・人材の柔軟な異動・配置が阻害される。 ・新たな職務の価値付けが困難になる。

とはいえ、現状において企業ごとの人事基本フレームが人系なのか、あるいは仕事系なのかといった形で分別されることは稀であり、働き方の多様化などに伴って多元的に制度が扱われているというところが実態であろう。

図表2-19　給与タイプの変遷[12]

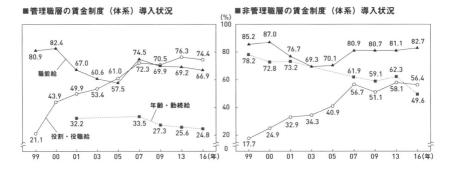

日本生産性本部の調査によれば、全体的に「役割・職務」といった仕事系の給与の導入が高まっている一方、「職能」給、すなわち人系の給与の導入も

---

[12] 「日本的雇用・人事の変容に関する調査」公益財団法人日本生産性本部（2016年10月19日）

(2000年代の一時の落ち込みを除き)高まる傾向をみせている。つまり併用されている、ということである。

それを「同一の対象者に複数の制度が導入されている」とみるべきか、あるいは「対象ごとに制度が分割されている」のかといったところまでは判明しないが、労働者の群別に、異なった性格をもつ人事基本フレームを適用することは、以前よりは柔軟に行われているようである。

また、それぞれの人事基本フレームの等級やランクは、一定程度「定義化」を図ったうえで客観的に把握可能な状況にしておくべきである。そのことが、「どのような仕事をめざしていきたいのか」「どのように等級を上げていくことが可能なのか」という従業員の認知の前提となり、ガイドラインとしての要件のベースとなるからである。

図表2-20　人事基本フレームの例

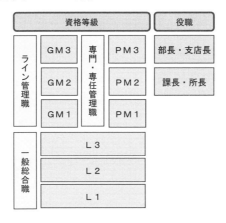

図表2-20は、全体としては役割等級制度を設定し、さらに管理職層を役割に応じて複線化している事例である。若年層においては異動配置の柔軟性を重視し、管理職においては役割責任(=仕事)をベースとした成果発揮を期待している。

そして、図表2-21は、その期待役割の違いに応じて役割の等級定義化を図ったものである。「役割」を基調としているため、「責任を負う」「している」という到達的な表現で統一されている。

図表2-21　役割等級の定義化の例

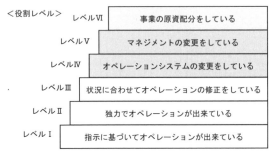

役割レベルの違いを明確にした上で、社内の役割等級の違いとして認識できるよう、具体的に定義する。

役割等級	役割等級定義
GM3	会社業績の最大化に向けて、統括範囲の機能戦略を起案・推進する事で求められる統括範囲の業績確保について責任を負う職
GM2	所属本部の機能戦略に基づく方針を受けて、部の達成計画を立案し、実践・管理する事で担当領域の業績確保を負う職
GM1	所属部の方針を受けて、課の達成計画を立案し、実践・管理する事で担当領域の業績確保を負う職
L3	所属長の方針に基づき、自分の業務目標を着実に達成する事を通じて所属部署の業績に貢献するとともに、上位グレードを補佐する職
L2	担当業務内容を一通り理解し、一定の指示のもとに日常業務を独力で遂行する職
L1	担当業務内容を一通り理解し、具体的な指示やルールに基づいて日常業務を遂行する職

③　キャリアマップ・キャリアガイドライン

「キャリアマップ・キャリアガイドライン」は、経営やスタッフ部門というよりは、従業員自身が、自分たちの問題として「いかに自らのキャリア、職業人生を全うしていくか」ということを模索するために活用されるものである。このガイドラインには、人材ポートフォリオと同様、各社各様の作成方法がある。以下でいくつかの示し方を紹介するので、参考にしていただきたい。

a　人事基本フレームを示すパターン

人事基本フレームそのものが「職群」や「職種」といった区分に応じて複線化している場合には、それをなぞっていくことそのものが、ほぼキャリアマップ・キャリアガイドラインとなるケースがある。

図表2-22　キャリアコースと同期した複線型の人事基本フレーム（物流企業）

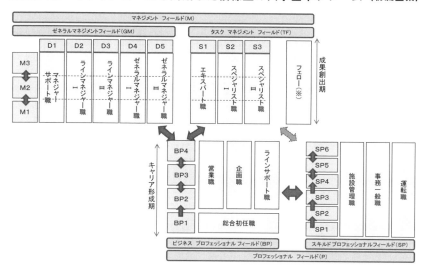

　図表2-22のような人事基本フレームを設定している企業であれば、横軸（職種や事業領域）と縦軸（責任や職務のランク）に応じて、自分がどこにいて、どのように社内的なポジションを動いていくことができるのか、一定の想像を働かせることは十分に可能であろう。さらには、それぞれの職務を遂行していくうえで必要となる能力やその習得方法、そして自ら希望を願い出る仕組み（3.1で後述）とセットにして補完的に運用していくことで、キャリアマップとしての機能を果たすものとなるだろう。こういった人事基本フレームによるHRMのことを**「コース別人事管理」**といい、個人のキャリア志向性と組織の側の処遇意思を重ね合わせた形で、どのような「コース」を選択し（選抜され）進んでいくかの道筋を示している。

　ただし、以下のように処遇の高低を身分の高低と関連づけて捉えられてしまうと、モチベーションを下げる要因になりうる。

　例えば、図表2-22の人事基本フレームでいえば、SP（スキルプロフェッショナル）1～SP6は、いわゆるラインでの作業従事者を指している。物流企業においては、このような役割や仕事は品質保証をしていくうえで大変重要であり、なくてはならない存在である。一方で、職務の変更や勤務地の変更はな

く、比較的安定した職務遂行の環境にある。他の職群に比べれば賃金の水準は低位である。

　本来、キャリア開発的な観点でいえば、SP職群は、「職業選択の結果、そのような職務に自ら従事している」と捉えるべきであって、「より賃金の水準の高い職務が担えずに行っている」という捉え方はモチベーションを下げたり、前向きなキャリア開発を阻害する可能性がある。

　もともと仕事によって処遇の体系を分けることに慣れている企業であれば、そのような捉え方は起こりにくいが、特に単線型の職能資格制度を分解して複線化した会社においては起こりやすい。仮にそのような傾向があると認識される場合には、後述する「期待人材像の遷移」「経験と学習のあり方の遷移」といった示し方も検討していくとよいだろう。

　b　期待人材の遷移を示すパターン

　キャリアマップ・キャリアガイドラインには人事基本フレームで示される職種や等級と緩やかなリンクを保ちながらも、期待する人材像を示したり、どのような割合で出現することを（企業として）想定しているか、といったものを示すものもある。

図表2-23　期待人材の遷移を示すキャリアマップ

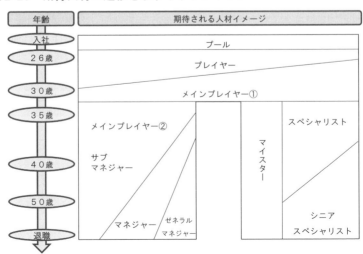

図表2-23は、会社として期待する人材にどのようなタイプがあり、年齢別にどのような割合かをイメージで示したものである。各人材のタイプにはそれぞれの定義があるが、職務価値の高低や処遇の高低を連想させないように工夫されている。図表2-23においても、人事基本フレーム、すなわち処遇のあり方と別のものであることを示すために、あえて、上から下へのフローとなっている。

　また、期待人材の遷移は、キャリア発達のプロセスとも同期しており、「自分がどのように組織の役割を内在化させながらアイデンティティを見失わないように企業内での人生を過ごしていくか」という主旨が強調されている。

c　経験学習を基軸とするパターン

　異動、配置といった事柄は要員構成上やむを得ず行われる場合も多いが、可能であれば政策的に育成的観点で行いたいものである。

　そうした異動を想定する場合、「どのような経験を踏み、どのような視野を獲得して、どのような力量を発揮してもらいたいか」を示すことは、従業員に一定の「経験学習」の見通しを立ててもらううえで有効である。

図表2-24 経験学習ベースのキャリアマップ（例）（総合職）

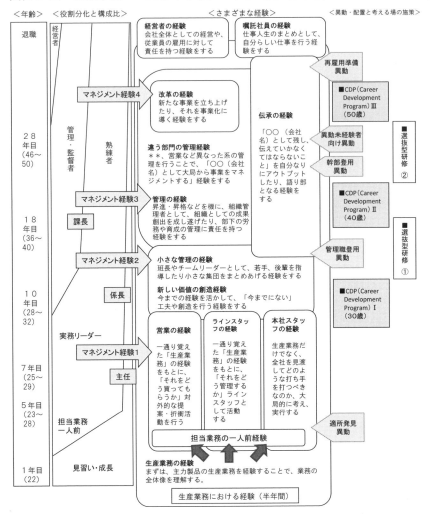

図表2-24は、「どのような経験が次のどのような経験につながっていくか」といったことを示したキャリアマップである。当初の生産職での現場経験を起点として、それを管理したり、活かしたりするホワイトカラーの経験を経て、単一～多様なマネジメント経験を積むことにつながっていく過程が示されている。また、その経験の遷移に応じてどのようなキャリア開発機会が用意されているかも示されている。

d 「キャリアマップ・キャリアガイドライン」の示し方の留意点

ここまで、いくつかの「キャリアマップ・キャリアガイドライン」の示し方を挙げてきた。一つ重要なポイントがあるとすれば、特にキャリア開発に使用することを前提にするならば、これらの**「キャリアマップ・キャリアガイドライン」は「キャリア開発の道具である」**ことを強調することである。

特に、人事基本フレームで示すタイプでの解説でも述べたように、どの示し方においても、ここで挙げている人材なり、立場なり、等級になれる「保証」はどこにも存在しない。あくまで「このような心持ちで、このような遷移の仕方で、このような人材や人物になる**『可能性がある』**」ということを示しているに過ぎない。それが正しく伝わらないと、「どうせ自分はこんな立派にはなれない」と早々に諦めてモチベーションを下げる者、途中で路線から外れたことでいたずらにモチベーションを下げる者、さまざまな反応が副作用的に発生する可能性がある。こうしたことを避けるためにも、これはあくまで「自分の今後を展望するためのテンプレートに過ぎない」ことを強調すべきである。

したがって、このようなガイドラインの提示と、「自らのキャリアについて考える機会（研修やカウンセリングなど）」の設定はセットであるべきだと考える。そうした施策の具体的なあり方は後の章（3.3）で触れるが、ガイドラインの提示の段階でも重要な要素であると考える。

2. HRMガイドラインの提示

2.1でも述べたように、「確からしい」HRMガイドラインができたとしても、それが人事部門の上位者(人事部長、人事担当役員など)やスタッフにおける関連部門(教育部門、経営企画部門など)、もしくは経営トップに理解、共有されなければすべてが無駄となってしまう。それぞれの役職者の立ち位置によってHRMに関する考え方や価値観は「違って当然」なのだから、共有や合意をいかに図っていくかということは施策展開の実現に向けた最重要課題の一つとなる。

また、今日的には、社内への展開と同時に「企業に所属していないステークホルダーにどのように提示していくか」ということも重要な課題となるだろう。一貫した思想に基づいたHRMを行っていることをさまざまな方面に示すことは、企業価値そのものを高めることにつながる。ホームページでの展開、パブリシティへの展開など、ITを使った展開が望まれる。

第3章
戦略人事の実践プロセス

3.1 人材需要を明らかにし、最適な社員をみつけて供給する～要員のマネジメント（獲得と輩出／配置と再生）～

ここでは、「要員の最適化をいかに図るか」というテーマを扱う。具体的には、「人材の雇用と退出とをいかに考え、行っていくのか（獲得と輩出）」、そして、企業と雇用契約を結んだ後で、「いかに人材を配置し、そこでの活躍をモニタリングしながら、さらなる活躍を促していくのか（配置と再生）」という領域を扱う。

■ 1．「要員のマネジメント」の基本的な考え方

(1) 職務と人材の関係を再整理する

「今回はいい人が採れました」と人事の人が語るとき、その「いい人」とは、一体どのような意味で「いい人」なのだろうか。仕事ができるから「いい人」なのだろうか。それとも、人当りがいいから「いい人」なのだろうか。そして、そもそも、どのような人が我が社にとって「いい人」なのかといったことについて意図的に採用活動を行っているのだろうか。

日本の企業は、欧米の企業に比べ、良い意味でも悪い意味でも「人」に「仕事」がつきがちである。まずはどのような「人」かに着目し、その人にどのような「仕事」を与えようかと考える傾向が強いといえる。そして、ある仕事がこなせるようになると、次により難しい仕事を与える。そういった志向は、長期雇用が中心の雇用慣行下では「仕事を通じて成長を果たす」という意味を持っていた。しかし、雇用のスパンが短くなり、即戦力的な人材を採る際には、「やらせてみないとわからない」という考えに過度に偏ると、採るべき人材の判断が効かなくなるといったデメリットにも転じうる。

まずは「採用してから考える」という柔軟な考え方は一つのスタイルとして持っておきながらも、**どのような「職務」かに着目し、必要な「人材」を定義し、判断していくという志向も、今後は持ち合わせていく必要があるだろう。**

(2) 配置やローテーションに意図性を持つ

また、配置、ローテーションはどの程度、意図的に行われているだろうか。「〇〇部門において人が足りなくなったから『玉突き的』に行われる」といった場合も多いだろう。また、パフォーマンスの思わしくない人が意図せざるかたちで次々とローテーションされてしまい、よりコアな人材を伸ばしていく前向きなローテーションがないがしろにされるケースもある。このような例は「意図的」とは言い難いのではないだろうか。

人のやりとりを行うことは、各部門のライン管理者の思惑や利害得失が大きくかかわることだけに、人事の意図だけで行うことは当然難しいだろう。しかし、だからといって全社最適の人事配置を諦めるわけにもいかない。人事の企画している**採用や配置等の企画の妥当性、合理性を高めて、部分最適の論理と対決できるように準備しておくことが重要**である。

(3) HR情報の活用度を上げる

採用を行うにしても、異動・再配置を行うにしても、「人材（HR）の情報をいかに活用していくか」ということは今後大きな重要性を占めていくことだろう。

そもそも(1)で問題提起したように「どのような職務を割り当てるのか」ということから出発したとして、どのようなHR情報に着目しなければならないのだろうか。（※HR情報の活用については、3-6-2 HR情報のマネジメント（P233）で詳しく扱う）経歴なのか、資質なのか、アセスメントの結果なのか——といった視点や視座を明確にしながら、採用や異動の判断を行っていくことが重要となる。

そういった情報の活用度や熟練度が、実行結果の振り返り、すなわち**「どのような情報がその後のパフォーマンスの予測に有効か」**の振り返りの材料として活かされ、(2)で示したような「配置・ローテーションの意図性」を増すことにつながっていくのだろう。

また、こうした「意図的」な要員のマネジメントを繰り返しながら、長期的な経営人材の育成につなげるなどのいわゆる**「タレントマネジメント」への展開**が期待されているのである。

ここからは、(1)から(3)までで示した考え方を実現するような要員マネ

ジメントの流れや重要ポイントについてみていこう。

2．「要員のマネジメント」の実践

図表3-1に、要員マネジメントの主要なステップを示している。

まず、「そもそも我が社にはどのような要員のニーズがあるのか」を把握する。どのような部門、業務で必要なのか、どのような人材（コア人材なのか、非コア人材なのか）が必要なのかといったことを検討しておくことが重要である。

次に、充足の方法を考える。変動費的に管理したいような業務・人材であれば、アウトソーシングも選択肢に入ってくる。最適なリソースをよく検討する必要がある。そして、採用した選択肢に沿って、充足にかかわる活動を実施する。

最後に、その運用状況をモニタリングする。HRMに限った話ではないが、「やりっ放し」にしないことが重要だ。

図表3-1　「要員のマネジメント」のステップ

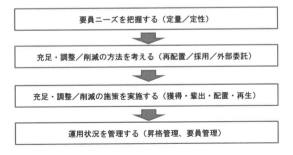

それでは、図表3-1のステップに沿って、主要な論点と方法の概要についてみていこう。

(1)　要員ニーズを把握する

まず、要員にかかわるニーズ（需要）を把握することが第一の作業となる。とはいえ、要員にかかわるニーズは一義的に決まるものではない。**さまざまな観点から検討したり定性的に把握していきながら、各々の判断の妥当性を潰していく**ような格好で集約していく作業が必要となる。いくつかの観点か

らみていこう。

① **経営計画や生産性の分析**

　中期・長期の経営計画における「売上」「利益」のトレンドや「生産性にかかわる指標」の推移（例えば、「一人当たり売上」「一人当たり利益」といった人の生産性にかかわる指標[1]の過去の実績、将来予測）等は、要員ニーズの主要な情報源の一つであるといってよいだろう。こうした情報は、HR部門において算定するというよりは、経営企画部門といった戦略部門において策定されることも多いだろうが、HR部門としてきちんと押さえておく必要がある。

　また、純粋に「予測を把握する」ということ以外にも、「なぜそうなるのか」といった要因について把握することも、同様に重要である。例えば「ボリューム（売上）は増えないが利益が上がる」という見込みの場合、それが「新たな技術革新で製品の原価が下がる」ことによってなされるのか、もしくは「業務革新といったビジネスプロセスの改革」によってなされるのかといった背景についても押さえておくことで、部門の特性による要員配分の重点化の方向について考えていくことができる。

　すなわち、前者（技術革新）の場合は要員数自体に大きな変化はないだろうが、後者（業務革新）の場合には、直間比率も含めてスタッフ人員の見直し等が入る可能性が出てくる。

② **要員の分析**

　年齢別の人員構成などから将来的な要員の過不足について検討しておくことも、重要な判断要素となりうる。企業によっては、景気の変動によって採用数を極端に抑制したり、あるいは増やしたりといった傾向がみられる。そうした場合には、なおさら注意が必要であろう。

　特に企業特有の熟練を要する業務の場合には、直近の採用抑制策などに左右されている間に、必要とする人員の数が確保できなくなっているといったケースもみられる。**習熟にかかわる期間と年齢構成をよく比較し、長期的なニーズを捉えておく必要がある**だろう。

1　巻末の【付録】「HRMの成果と検証」における管理項目INDEXで詳しく解説する。

図表3-2　等級と年齢による人員構成の分析例

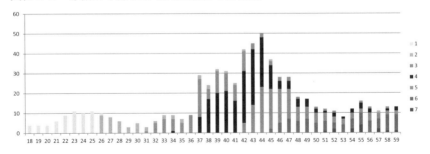

　単純な分析ではあるが、例えば採用数を一定にしたとして、年代ごとの人数分布を20年、30年とシミュレーションしていくだけでリアリティのある数値が算出され、危機意識を共有することができる（図表3-2の事例でいえば、採用数を維持していけば20年も経てば超高齢化していくことは目に見えている）。

　特に、現時点の日本においては、社員を解雇したり不利益な変更を強いていくことは、それがよほど必然的で合理的であると認められない限り難しい。むしろ中期、長期の経営計画よりも長いスパンでみていく必要がある[2]。

③　現場の声・各部門のニーズ把握

　ラインやスタッフを含め、各部門における要員ニーズをどのように捉えるかも重要な視点となる。各部門で設定している業務計画、ヒアリング等から、各部門の要員ニーズを把握する。なお、純粋に計画についてのヒアリングを行うのもよいが、図表3-3に示すような観点から、**部門の特性をよく踏まえてニーズを拾っていく**のがよいだろう。

2　要員の分析過程においては、女性や障害者、外国人の登用といった社会環境の変化に関する課題への対応も考慮しておかなければならない。

図表3-3　部門タイプと要員の捉え方

部門タイプ	ヒアリングのポイント
プロフィットセンター	利益を創出することに責任を負う部門。会計上は収益と費用が考慮される。例えば営業部門などであれば、売上や利益の増減と人の増減がどの程度相関するかについてよく考慮したうえで、要員のあり方を考える必要がある。
インベストセンター	投資に対する利益を創出することに責任を負う部門。会計上は利益や費用に加え、投下資本（資産や負債、資本など）も考慮される。単に利益と人の関係だけではなく、有形無形の資産蓄積への貢献を考慮する必要がある。
コストセンター	費用を抑制しながら同じ組織機能を果たし続けることに責任を負う部門。会計上は費用が考慮される。設備や装置といった要因と人の関係を考慮しながら、いかに生産性の向上に結び付けていくことが可能か、よく考慮したうえで要員のあり方を考える必要がある。

　こうした観点で部門の現状やめざしている方向性についてヒアリングすることで、HR部門から一定のアドバイスをすることも可能になるし、要望も出しやすくすることができる。

④　全体～部門ニーズ棚卸しの実施

　①～③のような検討を経て、全体～部門別にどのような要員にかかわるニーズがあるのか、ということを棚卸しする。
　スパンでいえば、「（超）長期的（5～30年）」「中期的（3～5年）」「短期的（1～2年）」程度に分割されるだろう。
　長期的な要員計画は、長期の経営計画と要員構成から導かれるが、変化がますます激しくなる時代に30年スパンの経営戦略を考えることは難しい。経営計画をベースとした要員計画は困難であるため、やはり長期的な年齢別の構成員の変化（もしくはそれに付随する人件費負担の変化）の分析が中心となるだろう。特に人材調達の方法において「育成（3.3にて後述）」を重視する場合には、新卒、若年時採用を計画的に行っていく必要が高いため、先ほど紹介したようなシンプルな要員の分析を手始めとして、長期的な展望を持っておくことが重要となる。
　中期的な要員の充足については、中期経営計画におけるリアリティが高いのなら、ある程度の予測に基づいて考えていくことができる。先ほどの部門別のヒアリングや生産性の分析等を手がかりとしながら、**どのようなポジ**

ション にどの程度人が充足しているかを算定していくことができるだろう。

短期は、中期的な要員ニーズを包含した形で、より差し迫ったビジネスニーズ（例えば、ある顧客からの受注が急増していて対応しなければならないなど）や玉突きといった欠員に応じて、意図的、戦略的とはいえないケースの要員ニーズも含めて集約していくことになるだろう。

では、短期～中期的な要員にかかわる棚卸しの事例を図表3-4で示してみよう。

図表3-4　短期～中期の要員ニーズ

機能＼人員	VMP要員 （バリュー・メーク・プロセス）			PMP要員 （パフォーマンス・マネジメント・プロセス）			OCP要員 （オペレーション・コントロール・プロセス）		
	理想	現状	差	理想	現状	差	理想	現状	差
マーケティング	1	1	0	2	1	-1	3	5	+2
研究開発	1	0	-1	5	4	-1	5	8	+3
商品開発				7	5	-2	15	15	0
生産				4	4	0	80	85	+5
販売				5	4	-1	55	50	-5
スタッフ				3	2	-1	15	17	+2

図表3-4では、事業における機能別に、「2.4.HRMガイドラインの提示」で示した人材ポートフォリオ別（P52参照）の人員の過不足を示している。

マーケティング、研究開発といった企業の対外的な付加価値の発揮を支える機能には、専門性、付加価値の発揮がともに見込まれるVMP（バリュー・メーク・プロセス）をつかさどる人員が（少数ではあるが）必要とされる。また、その他の機能においては、主に専門性、付加価値の発揮とも中程度のPMP（パフォーマンス・マネジメント・プロセス）の職務・仕事が一定程度必要とされ、その内容を管理するポジションとしてスタッフが数名ずつ配置される。さらに、その下に日々のオペレーション（OCP：オペレーション・コントロール・プロセス）をつかさどる人員が、ビジネスの規模に応じて一定数必要とされている。

本例のように、**「人材ポートフォリオ」（2.4）で設定した人材の発揮する価値を念頭に置きつつ、部門ごとの特性を考慮に入れた棚卸しを行う**と、経営

や現場との調整に役立つ分析や仮説づくりを行うことができるだろう。

(2) 要員の充足・調整／削減方法の検討

　要員にかかわるニーズが把握できたところで、それらをどのように充足させるかを考える。余剰がある場合には、リソース配分を調整したり、場合によっては削減の側に舵を切ることも考慮しなければならない。

　今までも随所で触れてきているが、主要な方法を一覧化して整理すると、図表3-5のようになる。

図表3-5　要員の充足・調整／削減の方法

目　的		方　　法
充足	採用	新卒定期採用
		中途採用
	配置・再生	昇格・登用
		育成的配置転換
調整・削減		調整的配置転換
		降格・罷免
	輩出	早期退職支援・出向・転籍・解雇
	その他	スポット契約・アウトソーシング

　現在不足している人材を充足させるために、最初に考えられる方法は「獲得・採用」である。それも、新卒者の採用と中途者の採用とに分割される。社内リソースの再配分としては、今まで下位等級にあった者を昇格させて当該役割を担わせたり、配置転換を図ったりするなどして、配分バランスを変えていくといったことが想定される。

　一方で、余剰が発生している場合には、当該リソースを別の職務やポジションへと再配置することになる。場合によっては、役職の降格や罷免といったことも含まれるかもしれない。社内のリソースの再配分だけで賄えない場合には、退職に導くような制度や、職務そのものをアウトソーシングする、といった措置が必要となる。

　では、それぞれについて留意すべきことをみていこう。

(3)　要員の充足・調整／削減施策の選択と実践のポイント
① 獲得・採用
　a　採用方針の決定

　まず求められることは、<u>「採用によって補う人材の位置づけや特徴を定めたうえで採用を行う」</u>ということだろう。若年層を中心として採用を行うということであれば、それは内部における育成を前提とした「育成型」の採用といえるだろうし、それなりに実績を上げている人を採用しようとするならば「即戦力型」の採用ということができるだろう。前者の最たるものがいわゆる「新卒定期採用」であるし、後者が「中途採用」という枠組みと大まかには合致する。

　ある要員ニーズに対して「採用」のあり方を検討するためには、そもそも現在雇おうとしている人がどのような職務価値を発揮しなければならない人なのかということを検討する必要がある。2.4で示した人材ポートフォリオ等を活用し、どの程度のスパンで活躍してもらう人材を求めているのか、どのような専門性を持った人を求めているのかを考慮しつつ採用を進める。

　一例として、マネジリアル度の高い職務に人を採用しようとする場合には、若年層も対象とし、長期的に雇用しながら社内のネットワークをつくる過程も考慮に入れる必要があるかもしれない。一方で、専門性の高い人材は短期的な雇用も視野に入れ、必要な技量さえあればある程度の年齢に達していても問題ないと考える可能性もあろう。

　b　採用基準・試用期間の設定

　次に、aで述べた方針に準じて、具体的な採用の基準や試用期間などの設定を行う。

　マネジリアル度を求めていくのなら、企画能力、対人能力といった職務に拠らない汎用スキルがより重視される可能性があるし、「組織に適応できるか」という「資質」の側面もより重視されるだろう。一方で、専門性が求められるならば、やはり類似のプロジェクト等における「実績」や、それを実現させることのできる専門的知識・能力といった側面がより重視されるだろう。

　試用期間[3]の設定も重要である。昨今では新卒採用におけるインターンの

実施など、より採用プロセスにおける接点を多くする傾向にあるようだ。それは長期にわたる組織適応と活躍可能性をいかに見極めるかという要員ニーズを反映してのことかもしれないが、試用期間やインターンの期間における働きぶりをどのような基準でどのように評価するかという目線合わせを、採用に関係する人たちの間で行っておくことが重要であろう。

図表3-6に、職務・仕事と採用基準・採用管理の関係を要約している。**人材ポートフォリオ等の人材の区分に基づき、「どのような職務・仕事をお願いしたいのか」と「どのような基準、プロセスで選んでいくのか」を概観する**材料としていただきたい。

図表3-6　職務・仕事と採用基準、採用管理

	担う・期待する仕事の特徴（例）	採用にあたって「特に」重視する事項（例）	採用管理方針（例）
「マネジリアル度」の高い職務・仕事	□変動性の高い仕事 →状況が絶えず変動し、絶えざる調整を要する仕事 □当社独自性の高い仕事 →当社に長く勤め、他人から教わらないと習得できない仕事 □アウトプット基準が不明確な仕事 →仕事のゴールや目的が曖昧で、関係者と都度確認しあう必要のある仕事	＜知識・技能・スキル＞ □ヒューマンスキル →チームビルディング／折衝・説得／傾聴力 □コンセプチュアルスキル →ビジネス企画力／問題解決力 ＜資質＞ □素直さ □人当たりのよさ □経営理念などに対する共感・理解度	■比較的長期の試用期間を設け（6か月程度）、見極めを行う。 ■組織の適応可能性にかかわる指標を重点的にチェックし、採用の可否を決定する。 ■スキル発揮については潜在性も含め、現状の発揮〜見込みでの評価を行い、採用の可否を決定する。
「専門性」の高い職務・仕事	□高度な専門性が必須な仕事 →内部育成で確保できないようなスキル・技能等を要する仕事 □（ある程度）自己完結できる仕事 →調整を要せず、独力で完結させることのできる仕事 □インプット基準が不明確な仕事 →さまざまな技術・知識などを投入して状況対応しなければならない仕事	＜実績＞ □過去の実績・アウトプットなど ＜知識・技能・スキル＞ □テクニカルスキル →固有専門性を発揮する技術力 □コンセプチュアルスキル →専門テーマに関連する企画力 ＜資質＞ □保有技術・知識へのこだわり	■短期の試用期間を設け（3か月程度）、見極めを行う。 ■コンプライアンスやモラルにもとる行為やその潜在的可能性をチェックし、採用の可否を決定する。 ■経歴に相応しいスキルが顕在的に発揮できているかを重点的にチェックし、採用の可否を行う。

② **配置・再生**

　a　育成的配置転換の実施

人が足りないからといって何でも採用によって解決していこうとすると、

3　ここでは、雇用契約のあり方は一旦無視し、インターンも含めて「試用期間」と括ることにする。

人件費の圧迫につながりかねない。したがって、「本当に余剰の人員はないのか」もしくは「活躍が期待される社員を再配置できないか」という充足方法も考えていく必要がある。そのためには、人材がどのようなポテンシャルを持っており、その人が本当に適材なのか、もしくは適所に配置されているかということについて一定の情報を持っていなければならない。

「現在（もしくは異動先の）職務に何が求められているのか」を判断する要領は、先ほどの中途採用と同じである。全体の人材ポートフォリオの中での相対的な位置づけに基づいて、「マネジリアルな価値が求められているのか」「専門性が求められているのか」といったことを判断することになる。

ある職種で求められていることに対し、「適材か」を判断するためのHR情報の種別、とり方については3.6-2で述べるとして、ここではどのように人材を仕分けるかという区分の仕方を一つ紹介しよう。

図表3-7　9boxによるタレント管理

成長の余地、潜在性 ↑	ダイヤの原石人材	将来のスター人材	現在〜将来にわたるスター人材
	不安定なプレーヤー人材	鍵となるプレーヤー人材	現時点でのスター人材
	リスク人材	手堅い専門人材	高レベル専門人材
			パフォーマンスの発揮 →

図表3-7は、GEが導入したことで有名になった人材のタイプを九つに仕分けるモデルである。2.4において紹介した「人材ポートフォリオ」に似ているが、雇用そのものというよりも、**特定の仕事、部門等において、現存する人材に関する能力やポテンシャルを見極め、再配置や能力開発に活かそうとする**ものであるといえるだろう。潜在性と現状発揮している能力を掛け合わせることによって、例えば現在のパフォーマンスは低いが、潜在性の高い人材を再配置するなどの指標として活用することができる。

ところで、**「異動させる」ということには、単に要員を充足させる効果だけ**

でなく、**図表3-8で示すような育成や成長にかかわる「期待」も存在する**。育成的異動の基本として押さえておく必要があるだろう。

図表3-8　異動の幅とその効果

・小さい幅の異動	前工程や後工程といった小さい幅の異動。行ってきた業務との連続性が担保されるため、業務をより俯瞰した視点から見つめ直すなどの習熟効果が得られる。例えば、製造職において担当しているラインだけでなく、ライン全体の障害等に対応できるようになるなどの習熟がなされる。
・非連続的異動	上記の異動とは異なり、まったく無関係な業務に異動させる大きな幅の異動。当該業務における習熟効果は得られにくいが、顧客の視点から全社のバリューチェーンを見直す視点を獲得するなどの効果が期待される。管理職クラスにおける大胆な異動政策、例えば、営業支店長→製造課長などといった場面で活用される。

　b　昇進・昇降格の実施

　昇進・昇格（降格）も、要員管理の側面からいえば「充足」（もしくは「調整」）の一つの方法と捉えることができる。例えば、ある役割のポストにある社員が昇進することは、そのポストを充足させたという見方もできるだろう。

　では、昇進、昇格・降格（昇級・降級）とは実際にはどのような（タテ方向の）異動を指すのだろうか。混乱して使用されている例もあるため、一般的な使い分けを図表3-9に示しておこう。

図表3-9　昇進と昇格

・昇進	ある使命を帯びた役職やポストに着任すること。（組織側から見れば）登用、任用ということと同じである（例：課長に昇進する）。
・昇格（降格）	人事資格上の等級を上がったり下がったりすること（例：5等級に昇格する、J-4からJ-3グレードに降格させられる）。

※なお、職務等級制度を採用している企業においては、昇進（着任）と昇格はほぼ同様の意味合いを持つ場合もあるが、主に等級の話をしているのか、ポストの話をしているか、という文脈に応じて使い分けられる。

　では、昇進・昇格はどういったプロセスで行っていくのであろうか。

◆昇進

　先述したように、昇進とは、役職への着任を指すため、「登用」「任用」といった観点で組織側の要請に基づいて行われることが多い。そういった意味では、後述する「昇格」といった個別の意思や意図を汲むプロセスを踏むものとは、対照的である。

　任用、登用（もしくは罷免・ポストオフ）の意思決定については、これまでみてきたような要員管理プロセス上の余剰、不足の判定プロセス等を通じてなされる。

◆昇格

図表3-10　一般的な昇格審査プロセス

　昇格審査は大きくいうと、図表3-10のような三つのプロセスによって行われることが一般的である。図表3-11の「昇格要件表」の例をもとに、概要をみていこう。

図表3-11　昇格要件表（例）

資格等級	昇格候補者要件					昇格審査要件	
	最短在級年数	人事評価	業務履歴	教育履歴	上長推薦	試験	面接
6→7		○			○		○
5→6		○			○		○
4→5	○	○	○	○	○	○	○
3→4	○	○		○	○		○
…	…	…	…	…	…	…	…

　昇格候補者要件を満たした者に対して、昇格審査を行い、その結果によって昇格を決定する。左（図表中央）の五つの列が、昇格候補者の抽出要件（図

表3-12参照)を指しており、右側が審査の要件(内容)(図表3-13参照)を示している。

図表3-12　候補者の抽出

- **最短在級年数**：昇格前の資格等級に在籍しなければならない最短の年数を示している。特に等級の若い場合において、ある程度年功的な昇格運用を行おうとする際に要件に組み込むことが多い。
- **人事評価**：同等級における過去数回の評価の内容が一定以上であることを満たすかどうかを示す。
- **教育履歴**：会社が定める教育を履修していることを要件とする。階層別教育などを充当することが多い。また、企業規模によっては昇格候補者が少ないため、外部セミナーや通信教育等を活用するケースもある。
- **業務履歴**：会社が定めるローテーションの基準を満たしているかを要件とする。特に管理職昇格などにあたっては、多様な職場での能力発揮を管理職の要件とする企業も多い。
- **上長推薦**：上位等級での期待役割内容を本人が担い得るか否かについて一次評価者が職能資格定義等の基準に基づいて判定する。部門単位での推薦者のバランスなどをみる企業においては、一次評価者ではなく、二次評価者が推薦者となることもある。

図表3-12のような候補者の要件を満たした従業員に対し、図表3-13のような審査を行う。

図表3-13　審査の実施

- **試験**：
  - →アセスメント：人事アセスメント等を用いて、上位等級を担うのに必要な組織マネジメントの適性を診断する。
  - →課題レポート：現等級での実績および上位等級での役割遂行に対する考えをレポートすることで、実力および意志を審査する。
- **面接**：課題レポートをもとに面接を行い、上位等級での役割遂行が期待できるかどうかを判定する。企業規模にもよるが、管理職以上などは今後の経営人材育成等につなげていくために、経営層が面談を行い、一般社員層については、当該部門を管掌する幹部クラスの役員や社員が面談を行うなど、階層によって担い手を変えることがある。

こうした候補者の抽出～審査の実施までの結果を総合して、昇格にかかわる意思決定を行う。オーナー企業などにおいてはトップの独断で決定される

ケースもあるが、「人材委員会」といった合議体における意思決定がなされるケースもある。

配置、異動等にかかわる分権、集権の問題については、3.6-1において後述する。

c　異動や再配置を促すキャリア開発施策

ここまでは、異動、再配置、昇進・昇格等について、主に組織の側が主導して行うプロセスについてみてきた。一方で、**社員の主体的なキャリア決定を伴って、異動や再配置を促す**仕組みもある。以下で簡単に紹介する。

◆社内公募制度

社内で空きのあるポストやポジションを組織全体から募り、そこへの応募、選抜を経て異動を果たす、という動き方である。「チャレンジポスト制度」などといった名称で、各社において運用されている。

◆社内FA制度

社員自身が自分の経歴や能力、資質等について自らの棚卸しを行い、希望する部署に売り込みを行ったうえで受け入れ部門が選抜を行い、異動の可否を判定する仕組みである。

◆選抜型教育に伴う異動

異動そのものをつかさどる仕組みではないものの、選抜型教育と前後して人の異動が行われることがある。例えば選抜型教育プログラムを通じて、将来を嘱望される社員が自ら立案したビジネスアイデアを実現すべく新規事業推進の部署に異動するというやり方である。また、選抜型教育における成果が一種の昇格選考基準の役割も果たしており、異動とともに昇格を果たすパターンも散見される。

こうした社員の主体性を重視する仕組みは、2000年初頭あたり、すなわち不況に伴うキャリア自律が叫ばれ始めたころに導入の流行りがあったように思われるが、結局は応募者数が少なかったり、そもそも公募にかかわるポス

ト数が少なく、実質的には満足な運用に至っていなかったようである。昨今、HR情報のデジタル化等に応じて運用可能性が高まっている背景はあるが、**部門による人材の抱え込みや、現状維持志向の社員の存在など、制度的停滞を招く要因はまだ存在する**といってよいだろう。

　以上、候補者としての要件、審査にかかわる要件等をみてきた。これらはあくまで一般的なものであって、実際には、人事基本フレームの性格や2.2において設定した「ありたい人材像」の要件によって独自性を帯びてくるものである。仮に同程度の実力を持った人が複数いたとして「最終的に誰を上げるか」といった決定も、そういった要因に左右されることになる。

　　d　降格・再生プロセスの確保
　一方で、降格については、どのように設定されるのがよいのだろうか。ここでは、単に降格を「制度」として捉えるのではなく、いかに「再生」を果たしてもらうかという文脈でみていこう。

◆異動・再配置を通じた再生
　仮に継続的に成果や行動、態度の思わしくない社員がいたとして、まずとるべきオプションは異動や再配置を検討することであろう。降格を行うことは、本人のモチベーションを著しく低下させると同時に、頻発すると会社の風土等への影響も懸念される。まずは「本人が改めて活躍できるようになるような環境づくりができないか」ということを考えてみることが合理的であろう。
　先ほど紹介した図表3-7の9boxによる人材のマネジメントの基軸を展開させることによって再配置を考慮した方がよい候補者等の抽出を行うことなどが可能だろう。例えば、縦軸に「職務適性」をとり、横軸に「発揮している成果」といった軸をとれば、人事評価の思わしくない社員の職務適応状況を判断することができる。
　そして、仮に適性の問題であると判断されるなら、他の職務において適性のある職務がないか、そういったことを担当する部署に人材のニーズがないかを客観的に検討する必要があるだろう。

◆降格の実施

　仮に本人の適性の問題ではないとして降格を検討せざるを得ない対象者が出現したとしても、やはり一定の再生の努力を行うべきであろう。図表3-14に、降格プロセスの一例を挙げてみよう。

図表3-14　降格プロセス例

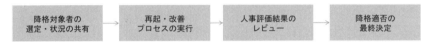

　まず、降格対象者を選定する。多くの場合は、「評価の累積」によって判定される。例えば、「最低評価を3年連続でとる」「人事評価ポイントの累積が○ポイント以下」といった形で抽出される。多くの降格制度においてこの点は共通であるが、問題はその後のプロセスをいかに充実させて再生に向けた歩留まりを高めていくかということである。

　ここで重要なのは、選定の後に対象者の状況をいかにHR部門、ライン部門間で共有するかということであろう。HR担当者は評価において特にどのような点が思わしくなかったのかを、実際に評価を行った上司との関係性も含め、よい意味で感情的な判断を持たずに状況を把握することができる。そのため、メンタル不調等の可能性も視野に入れて吟味することができる。その中で何か改善すべき点があれば、目標管理上の目標設定や業務課題といったことのほかに、改善計画を立案してもらう。場合によっては、HR部門、上司、本人の三者で面談を持つなども有効であろう。

　次に、そこから一定期間の再起・改善プロセスを実行してもらう。その間、ある程度の期間ごとに上司、本人に対するフォローを行うなどするとよい。細かい単位でPDCAを回していくことが重要である。

　そして、こうした改善計画実施の結果と、人事評価の結果も含めたレビューを行う。その結果として、態度・行動面に改善の兆しがみられない場合においては、しかるべき意思決定機関において状況を共有しつつ、最終的な降格の決定を行うことになる。

　降格は、ぬるま湯的な人事慣行のカンフル剤として、つまり「ムチ」「見せしめ」のツールとして検討されることもあるが、そうした措置はあくまで一

過性のものであり、その刺激に慣れてしまえば効力は薄れていくことになる。やはり**「再生」、すなわち再び活躍できるようになる状態をめざして前向きな施策として取り組んでいった方が、長期的には得られるものが大きい**のではないだろうか。

③ 輩出

「輩出」とは、言い換えれば「退職」「人材のアウトフロー」のことであり、要員管理的にいえば、削減プロセスである。90年代後半以降の不況の時代には、主に「（いわゆる）リストラ」といった文脈で語られることも多かった本プロセスも、今日的に捉えられ方が変わってきている。

また、人材の流動化が促進される状況にあっても、当面は主たる「輩出」プロセスのターゲットは定年退職も含めたシニア世代にかかわる問題・課題が中心となるだろう。そうした観点から「輩出」についてのポイントをみていこう。

a 高齢者雇用の今日的な動き

上記で述べた「捉えられ方」が変化してきていることの直接の引き金となっているのは、年金支給開始年齢が引き上げられたことに伴う実質65歳までの雇用継続の義務化である。

このことによって、**高齢者雇用の問題が単なる処遇の問題としてだけではなく、キャリア開発の問題や、職務の問題、異動・配置の問題へと多様に波及している**と考えられる。

◆高齢者雇用とキャリア開発

今まで、もっぱら退職を前にしたキャリア開発といえば、「ライフプラン」を中心としたマネーに絡むテーマが中心であった。しかし、今後は65歳までの活躍をいかに果たしていくか、もしくは来るべき超高齢化社会に向けて、地域社会への再適応をいかに図るかといったかたちでの多様化をみせ始めている。

一方で、若年層〜中堅層にとっては、「ゴール（退職時点）は動くものである」もしくは「ゴールを会社が決めてくれないかもしれない」という予想し

ていなかった展開に、いかに耐えながら職業人生を全うしていくかという新たな課題を投げかけられるきっかけになった。年功的な昇格慣行も減退しつつある中で、65歳、ひいては70歳までのビジネスキャリアを視野に入れ、「管理職になる意味」「専門職になる意味」「技能職になる意味」を問い直さなければならない事態になっている。

◆**高齢者雇用と職務・処遇**

たいていの企業においては、再雇用や勤務延長をするにしても、定年年齢を引き上げるにしても、定年時点とそれ以降で処遇上の格差が存在するようである。なお、確認になるが、改正高年齢者雇用安定法の施行により、年金支給が開始される年齢まで、下表のような対応によって従業員を雇用し続ける措置を講ずることが企業に義務付けられていることに留意しなければならない。

図表3-15　継続雇用への対応のパターン

□**定年延長**	…定年年齢を65歳以上に引き上げること。
□**定年の廃止**	…定年制度そのものを廃止すること。
□**継続雇用制度**	…定年後も、雇用を継続させる措置をとること。
①**再雇用制度**	：定年年齢に到達した者をいったん退職させた後に雇用契約の結び直しを行う制度
②**勤務延長制度**	：定年年齢に到達した者を、退職させることなく雇用し続ける制度

厚生労働省が実施している「就労条件調査」によれば、定年制を採用している企業のうち、「再雇用制度」の選択率は、勤務延長制度を併用している企業も含めれば、全体で8割強に達する（図表3-16内の点線枠参照）。

図表3-16　定年制のある企業における継続雇用への対応

(単位：％)

企業規模・産業・年	一律定年制を定めている企業[1]		制度がある企業	勤務延長制度のみ	再雇用制度のみ	両制度併用	制度がない企業	(再掲) 制度がある 勤務延長制度 (両制度併用を含む)	(再掲) 制度がある 再雇用制度 (両制度併用を含む)
平成28年調査計	[98.2]	100.0	94.1	10.7	70.5	12.9	5.9	23.6	83.4
1,000人以上	[91.3]	100.0	97.4	1.9	87.6	7.9	2.6	9.8	95.5
300〜999人	[94.8]	100.0	97.2	3.9	84.4	8.8	2.8	12.7	93.3
100〜299人	[97.5]	100.0	97.0	7.6	79.7	9.7	3.0	17.3	89.4
30〜99人	[99.0]	100.0	92.9	12.6	65.9	14.4	7.1	27.0	80.3

注：1)　[　]内の数値は、定年制を定めている企業のうち、一律定年制を定めている企業割合である。

出所：厚生労働省「就労条件調査」(平成28年)

　一方で別の調査 (2013年) になるが、再雇用制度を採用している企業のうち、定年時点から再雇用時点にかけての年収の比率は、50％強である[4]。

　そして、大半のケースにおいて、定年前と同じフルタイムで勤務し続けるならば、60歳再雇用時点で当人の職務に大きな変更が出ることは稀で、定年時点での職務を継続することとなる。昨今、議論の的となっている「同一労働・同一賃金」の観点からすればいびつな状態と言わざるを得ないだろう[5]。

　さらに、雇用が5年間延長されることによって、「一般社員が担う職務のパイ」にかかわる一種の奪い合いが発生するといったケースも散見される。拡大局面や「需要＞供給」といった局面では問題にはならないだろうが、成熟した市場に接する企業にとっては深刻な問題である。

b　健全な輩出ニーズと輩出政策

　こうした問題を含む状況は、何かの施策によって突然解決するという類のものではない。再雇用者の給与を突然上げることも現実的ではないし、既に

4　労務行政研究所「中高年の処遇実態調査」労政時報3852号
5　現状の労働法制上の解釈としては、こうした賃金格差は社会通念上認められているものとして違法となる可能性は低いが、時代の変遷を通じて判断がどのように変わってくるかは予断を許さない。

ベテランの域に達している従業員に突然多能工化を促しても、それは無理難題というものである。先にも提示したように、若年層も巻き込んだキャリア開発の議論にまで問題のスコープが拡大してくるとなると、中期的、長期的な視野で物事に取り組んでいく必要が出てきている。

このため、従業員側の「退職」の捉え方にも変化が出てきたり、**単なる「リストラ」を超えた意味合いでの「輩出（退職）プロセス」の考え方、あり方**が出てきており、変化の兆しがみえはじめている。

◆輩出に関連する処遇の多様化

一つの「輩出プロセス」における特徴は「多様化」である。今までは、一律定年年齢（60歳など）定まっていたとして、そこで皆一律に退職を果たしていく状況が一般的であった。ところが、雇用環境の変化により、ライフ側の事情によっては、雇用継続制度に応募せずに60歳で退職する道を選ぶという選択の余地が発生している。もしくは、年金支給が開始される年齢（例えば65歳）までの期間を考えると、60〜65歳までの5年間というのは中途半端な期間（職務を変えるには短すぎ、かといって少ない処遇で我慢して働き続けるには長すぎる）ということになり、より早いタイミングでのキャリアシフト（早期退職など）を選択する社員側の要請も発生している。

以上のようなニーズをもとにして、企業の側においても「選択肢」を用意する動きが現れ始めている。

図表3-17　シニアキャリアの分岐例

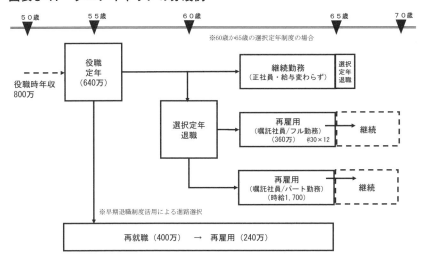

　図表3-17は、60歳定年か65歳定年の選択制をとった分岐の例である。役職者についていえば、役職定年の採用による収入の逓減に始まり、その後60歳で定年を選ぶか、もしくはその後再雇用をどのような就業形態で選ぶか、さらには60歳定年を選択せずに65歳で定年するか、といった選択肢が示されている。また、そのいずれも選択せずに早期退職を選んで再就職したり、その後再雇用されるといった選択肢も示されている。

　こうした**選択肢の多様化**は、さまざまなケースでみられるようになってきた。かつては「リストラの象徴」のように言われた「早期退職優遇制度」も、むしろ個人の選択肢の一つと捉えられるような状況に少しずつ変化してきているようである。

◆**輩出プロセスにおけるキャリア支援**

　図表3-17の例で示したように、選択肢が増えていくことは、**従業員の側からすれば「選択しなければならない」重圧が増している**ことも意味する。ところが、現在のシニア社員はバブルの前に入社した層であり、少なくとも当時は、後々このような「選択」を迫られるとは思っていなかった可能性が高い。40代の後半あたりである程度の昇進、昇格の可能性が見定められた時点

で、「このまま定年まで勤め上げるのだろう」と考えていた世代ではないだろうか。そのような層からみれば、現状は「戸惑い」でしかないだろう。

昨今は、そういった「戸惑い」に自分の中で向き合い、納得のいく職業人生の終わりを迎えるにあたって、**キャリア開発的な支援を行っていくことの重要性が増している**のである。

図表3-18　移行の段階と課題

移行にかかわる段階	定義	求められること	
		本人	支援プロセス
探索期 （50～55歳）	今までの経験を経て、後期キャリア（再雇用後）をどう生きていくのか、方向性を模索する時期	既成概念を外した柔軟な思考	・幅広い選択肢の提示 ・考える場の提供を通じた振り返りの促進
確立期 （55～58歳）	実際に後期キャリアでの自らのありたい姿を具体的にイメージし、態勢を整える時期	職と自分の具体的な適合と実行可能性の検討	・マッチング条件と細かい仕事仕様の提示 ・考える場の提供を通じた意思決定の促進
移行期 （59歳）	ワーク・ライフにかかわる環境を整え、後期キャリアの実践に備える時期	具体的な準備にかかわる活動	本人の求めに応じたきめ細かい支援

図表3-18は、定年を60歳とし、その後再雇用へと移行するとした時の移行段階と、本人、支援プロセス（スタッフ部門、直属上司など）に求められる役割を示しているものである。これによれば、少なくとも50歳の段階で「後期キャリアについていかに考えていくか」という助走が必要になってくることがわかる。こうした定義の仕方は、処遇上の選択肢の作り方等に応じて変わってくる可能性があるため、企業ごとに定義し、開示しておくことがキャリア開発上の前提となるだろう。

そして、そのうえで、それぞれの段階に適した施策（研修や面談といった諸制度）を配していくことが望ましい。

(4) 運用状況を管理する

(1)～(3)においては、要員マネジメントについてプロセスごとにみてきた。では、PDCAのCとA、すなわち、CheckとActionのプロセスをどのように

捉えていけばよいのだろうか。ここでは、体制と量の二つの観点からみていこう。

① **体制的側面の管理－要員管理の分権化と集権化**
　まずは、体制面をみていこう。企業規模にもよるが、人材の調達や充足、異動・配置といった「人を動かす」諸活動がどのような力学において行われているかという点検項目は、意外に見落とされがちである。中央の本社スタッフで要員の計画を立案しても、地域支社、事業部門といった単位の別の次元で採用などが行われ、全体との整合がとれていなければ統制不能となってしまう。

　中央で実施する要員にかかわるアクションと、部門、地域といった単位で行うそれとでは、メリット・デメリットが対となることに留意しなければならない。中央で行う要員管理の活動は、全体の量的な制約を意識して行うとともに、全社的な人材ポートフォリオを意識しながら将来キャリアを見据えた採用意思決定が可能となる。一方で、量的なニーズで一律に管理してしまう可能性が高まり、各場所や部門等での細かい人材ニーズを拾うことは難しくなる。

　一方で、地域、部署で行う要員にかかわるアクションは、上記とは対になる。現場として身近な人材ニーズを丹念に拾い上げ、フィットした人材を判定することが可能になる代わりに、そこで採用した人材が全体の人材ポートフォリオにどう位置づくのか、もしくは全体の量的なマネジメントに与える影響などといったことは考慮しにくい。

　HRMにかかわる集権と分権の議論は別途3.6-1で行うが、要員管理の局面にも同じ構造が働く、ということを留意する必要があるだろう。

　では、分権化と集権化のバランスをどのように保てばよいだろうか。それは、一義的には、第2章で示したバリュー・プロポジションなどを参照して、コアとしての事業価値を現場の近く（サービスの提供や製品の製造など）で発揮しているのか、もしくは企画プロセスで発揮しているのかといったことから判断することなどが考えられる。前者の場合には全社の人材ポートフォリオを意識していくことが合理的なのに対し、後者の場合には現場におけるニーズを細やかに拾っていくことがビジネス上の成功要因を満たすことにもつなが

る。

　いずれの場合においても、**中央と場所・部署等の担当者、ライン長などの間で、量的な制約などを共有しながら、情報交換を行いつつ進めていく**ことが望ましい。

②　量的側面の管理
　a　短期的な管理：要員の充足状況の点検
　要員の充足は、短期的にいえば、(1)④で示したような「部門別、機能別、人材群別の要員のニーズがいかに充足されるか」という観点で行われる。まだその時点でニーズがあるにもかかわらず充足されていない人員は、採用や再配置等によって引き続き充足すべき対象となるであろうし、状況によって人材ニーズが変動し、ニーズそのものが消滅するといったケースもあるだろう。こうした帳票を作りっぱなしにせず、**定期的に状況把握を行い、人材ニーズにかかわる現時点の状況を更新、整理していくこと**が重要となる。

　b　長期的な管理：昇格スピードや役職登用の管理
　長期的な管理については、長期的なシミュレーションを実施して、中長期的な状況を把握しておくことが望ましい。中長期的な管理には二つの観点がある。一つは**事業的な側面からの予測に基づく管理**である。ある事業の市場規模や売上の予測などと相まって、どの程度の人員規模を確保すべきかを大まかに想定することはできる。

　一方で、特に超長期（10年以上先など）的に把握する際には、事業的側面が色濃く影響する事業や部門といった単位における人員予測というよりも、**資格等級や年齢、といった人事的な基準に基づいて行われる**ことが多い。

　簡易的に実施する手段から、昇格モデルを設定して一人ひとりに当てはめるといった精緻なやり方までさまざまに存在するが、総じて、予測のためのモデルを精緻にしようとしても、結局はHRMの外界にある要因（市況や経営成績）といったノイズによって変動してしまうため、社内のデータ分析・活用スキルの資源なども勘案して、上位者の納得の得られる線での最低コストの計算方法を考えるということである。

　一方で、状況によって求められる精緻度が変わってくるケースもある。人

事制度改定のタイミングなどは、こうしたシミュレーションが経営意思決定の一つの要件となることもあるので、精緻に行う必要があるが、特に大きな変更のない状況においては簡易に行うといったタイミングによる計算方法の調整も、実施方法の判断の要素となることだろう。

状況に応じて、効率と効果のバランスのよい方法を選択してほしい。

図表3-19　等級別要員の10年間のシミュレーション（例）

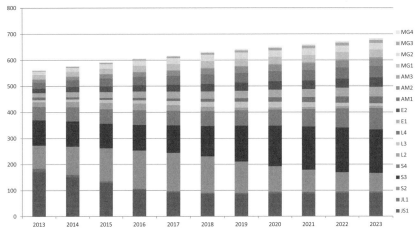

本節の最後に、近接する他領域との関係を図表3-20に示しておこう。

図表3-20　「要員のマネジメント」と他の主要な領域との関係

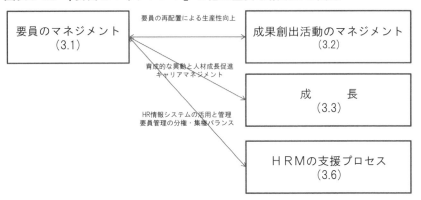

　3.2で解説する「成果創出活動のマネジメント」との関係でいえば、「異動・配置した後にいかに成果を出してもらうか」というマネジメント上の前後関係にある。能力の発揮状況をよく見極めながら、次の再配置のタイミングを見極めるべく、要員のあり方について考えるためのフィードバック情報の元になる。

　3.3で解説する「成長」と要員のマネジメントの接点でいえば、育成的な異動・配置と本人のキャリア開発・成長は、表裏の関係にある。政策的に行った異動が、本人の視野の拡大、スキルの獲得といった効果をもたらしているか、ということに留意する必要がある。

　3.6で解説する「HRMの支援プロセス」との関係では二つある。一つは、先にも述べたように「異動・配置」といった意思決定に際し、どのような体制や力学に基づいて行うかである。ここでは、集権的運用、分権的運用の得失に着目する必要がある。もう一つは、HR情報の提供、活用にかかわる関係である。一元的に蓄積された本人情報が、要員配置、異動といった各種の選択肢の行使にあたって大きな情報源となる。組織的な意思決定場面にいかに有用な情報のセットを提供できるかということが、捉えるべき課題となるだろう。

3.2 パフォーマンスの最大化を支援する
～成果創出活動のマネジメント～

　ここでは、経営・事業における戦略課題に対して成果を上げていくラインを中心とした成果創出活動のマネジメントに、HR部門や施策がどのように関わりを持つべきか、考え方と実施方法をみていく。

1. 「成果創出活動のマネジメント」における基本的な考え方

(1) 成果創出活動のマネジメントについてHRM領域はどの範囲までカバーするのが適切か

　まず検討しなければならないのは、HRM領域における施策がどの程度、どの範囲まで成果創出活動のマネジメントにかかわりを持つべきかということである。

　そもそも、「組織」は成果を創出するために独自にさまざまなマネジメントを行っている。また、マネジメント手法も世の中には多種多様にあり、時代によって変化してきている。そして、今日においては、顧客の要求期待も高まり、社会からの要求水準が上がっていくにつれ、管理しなければならない項目が増え続けている。環境マネジメント、セキュリティマネジメント、リスクマネジメント、ダイバーシティマネジメントなど、枚挙にいとまがない。

　一方で、従業員一人ひとりの仕事上のマネジメントにおいては、今も昔も、標準化による管理と「Plan⇒Do⇒Check⇒Action」といった計画による管理の両方をうまく使い分けて仕事の効果と効率を高めていくことが主要なテーマとなっている。また、ITなどの進展にあわせて、日々の活動は日報を中心とした管理の仕組みがCRMやSFA、SNSといったツールを活用して行なわれている時代である。

　このように、組織・個人は、双方のレベルにおいて、日常的にマネジメントしなければならないことが沢山あり、さらに増え続けている状況にある。そして、こうしたマネジメントを通じて成果が日々生み出されている──すなわち、「成果創出活動のマネジメント」が行われているのである。

例えば、営業部門であれば、毎日の活動の中で案件を契約に持ち込む活動の流れをマネジメントしながら、全体の業績予測や実績を算出している。また、設計部門であれば組織全体の目標・計画達成のために役割分担を緻密に行い、設計活動が遅滞なく進められているかをマネジメントしている。サービス業では、日々の活動の顧客満足がさらに重要視されてきている。製造部門は生産した製品の品質を網羅的にチェックをして、顧客が安心して消費できるようマネジメントを常に進化させている。

このように、**さまざまな職種において特性の違いはあれど、それぞれの日常において、成果創出活動のマネジメントは変化・進化している。このマネジメント行為にHRMの部門自身や、HR部門が主に担う「評価」、そしてその先にある「処遇」といった人事的なプロセスをどの程度絡めていくのか、HRMが関わる範囲を決めておく必要がある。**

以下の事例に即して考えてみよう。

ある金融サービス企業（オーナー企業）A社は、全店舗の活動（収益）状況が社長室と人事部門に一時間ごとに届けられる。社長と人事部長は、その毎時間の結果をみながら店長の任免をその場で決める。人事部長は決定を電話で人事部門に連絡し、人事担当者は店舗に連絡を入れる。解任された店長はその日の閉店後に店を去る。新しく任用された店長は翌開店日までに赴任しなければならない。この金融サービス会社はこうして成果創出活動のマネジメントに任免の意思決定を絡めることにより業績を伸ばし続けたが、その後、不祥事により消滅した。消滅した後にある店長Fの話を聞いたが、「店長でいられるか、毎日、毎時間戦々恐々で生きた心地がしなかった」と語った。

上記の例は、HR部門（トップ含む）による関与（評価やそれに基づく配置・異動）が、日常（部門による成果創出活動のマネジメント）に入り込みすぎた事例である。

このA社の活動が話題になった頃、同業のB社では「人材」を「人財」と称して、業界では月次単位での店長の任免が当たり前であったのに対して、6か月単位で成果のチェックをHRMプロセス（評価や処遇）と同期することにした。同業の優秀な人材が集まり、業績を伸ばし続けている。

こうした事例をみると、自社の成果創出活動のマネジメントサイクル期間やその適切性を考慮しながら、その活動の改善に資するかたちでHRMのプロセス（評価や処遇）を組み合わせていくことが重要であることがわかる。
　なお、本節においては、いわゆるライン部門において行われている「成果創出活動のマネジメント」に対し、HR部門の施策として関与する部分を称して「HRMにおける成果創出活動のマネジメント」とする（図表3-21参照）。

図表3-21　HRMにおける「成果創出活動のマネジメント」の範囲[6]

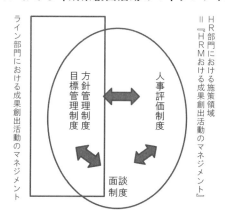

(2) HRMにおける「成果創出活動のマネジメント」対象

（1）では、ライン部門内における成果創出活動のマネジメントとHRMにおけるその範囲（評価・処遇や配置）との関係性を考慮する必要がある旨を述べた。では、HRMにおいては、成果創出活動におけるどのような要素を、評価や処遇といった主にHR部門が担うプロセスへと活用、利用していくことになるのだろうか。そこで以下では、HRMプロセスにおける評価や処遇の対象となる要素を把握するために、人の活動段階と、それらがどのように対象となり得るのかを確認しておきたい。

6　この図は一般的なイメージ図である。例えば、ライン部門が方針管理制度をとっていても、HR部門が関与していなければ「HRMにおける…」の範囲ではない。ただし、そのうえで「業績数値を用いて評価を行う」となればその範囲に入ってくる。また、行動・能力といった側面の評価制度も間接的に成果創出活動のマネジメントに影響するものとして範囲に含めている。

図表3-22　業務遂行プロセスと評価要素[7]

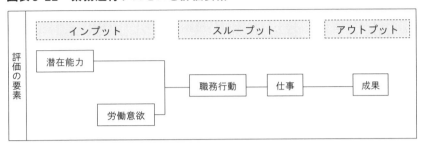

　人は、インプットとして「潜在能力」と「働く意欲（労働意欲）」を備えている。そしてアウトプットを得ることをめざし、スループットとして「職務上の行動（職務行動）」を行い、一定の課業をこなす（仕事）。そして、この仕事を何回も繰り返す、あるいは複数の人たちがさまざまな種類を担うことで、結果である「成果（業績）」を得ることとなる。**ここで示した「潜在能力」「労働意欲」「職務行動」「仕事」「成果（業績）」の5項目は、これから議論する「HRMにおける成果創出活動のマネジメント（評価）要素」であり、いわば「何に焦点を当てるか」の「何」に当たるものである。**

　これらの要素は、ラインマネジメントとして成果創出に向けてマネジメントされるものであると同時に、HRMプロセスにおける「評価制度」の評価対象ともなりうるものである。「ライン部門として何をマネジメントしようとしているのか」「個々人は何をマネジメントされることがモチベーションの喚起につながるのか」といった状況をよく考慮したうえで「評価制度」の対象を考えていく必要がある。

(3)　制度・仕組みの「運用」に着目する

　いくら正しい評価制度を設計し、それが現場の成果創出活動のマネジメントと齟齬がなかったとしても、**制度運用を行う上司や部下自身が、その位置づけや意味合いをよく理解していない限り、最終的な納得感の醸成は難しい。**

　このような言説は、成果主義や目標管理制度が入り始めたころから繰り返

7　『マネジメント・テキスト 人事管理入門〈第2版〉』今野浩一郎・佐藤博樹（日本経済新聞出版社）

し述べられている。「評価制度」という仕組みの持つ永遠のテーマであり、また、HR部門として向き合い続けていくテーマであろう。

目標の展開や方針翻訳のあり方、面談の位置づけなどを改めて複数の観点から振り返り、制度が適切に運用され、ひいてはライン部門の成果創出活動のマネジメントに寄与するかたちで効果を発揮しているのか、注視すべきポイントを押えておく必要があるだろう。

2．HRMにおける「成果創出活動のマネジメント」の実践

それでは、1で述べた考え方を考慮に入れて、複数の側面からHRMにおける成果創出活動のマネジメントの実際について、四つのステップに沿ってみていこう（図表3-23）。

図表3-23　HRMにおける「成果創出活動のマネジメント」のステップ

```
┌─────────────────────────────────────────────┐
│ HRMにおける「成果創出活動のマネジメント」のあり方を考える │
└─────────────────────────────────────────────┘
                    ▼
┌─────────────────────────────────────────────┐
│ HRM領域で焦点化する活動対象要素を明らかにする         │
└─────────────────────────────────────────────┘
                    ▼
┌─────────────────────────────────────────────┐
│ HRMにおける「成果創出活動のマネジメント」に関連するプロセスを設計する │
└─────────────────────────────────────────────┘
                    ▼
┌─────────────────────────────────────────────┐
│ 設計された制度・仕組みの実行・運用状況をモニターする    │
└─────────────────────────────────────────────┘
```

まず、1でも示したように、部門での成果創出活動のマネジメントを支援するうえで、HRMにおいてどの範囲まで関与することが適切なのかをきちんと捉えなければならない。そのうえで、それも含めた自組織らしいHRMにおける成果創出活動のマネジメントのスタイルを決める必要がある。HRM領域に絞っていえば、評価制度の考え方、方針を定めるようなイメージだろうか。図表3-23の最上段（第一ステップ）に当たるプロセスである。

そして、その実現型として、HRMにおいて成果創出活動の「何に」焦点

を当ててマネジメントすればよいのか、また、実際にどのように制度を設計し、運用していくのかについて検討していく。これが図表3-23の二から三段目（第二ステップ、第三ステップ）に当たる。

さらにそれらの代表的な仕組みである「人事評価や目標管理制度の中でそれらを運用していくにあたって、どのようなことに留意しなければならないのか」について、運用上のモニタリングのポイントとして示す（図表3-23最下段（第四ステップ））。

(1) HRMにおける「成果創出活動のマネジメント」のあり方を考える

先述のように、ライン部門において行われている成果創出活動のマネジメントと、HRMの関与のあり方については注意深く考えていく必要がある。HR部門は自社の仕事の進め方、各事業が持つ特性さらには業界の特性などを考慮して仕組みづくりを進めていかなければならない。また、経営・事業戦略とHRM戦略の結びつきや、HRMプロセスと部門マネジメントとの接合を考慮して、HRMとして対応する項目を決める必要がある。

次に示す図表3-24は、それら「考慮すべき点」について一覧表にまとめたものである。「業界」の状況と、それが規定する事業や仕事の進め方に対応して「成果創出活動のマネジメント」におけるHRMの対応のあり方が示されている。つまり、この表は、いきなり「HRMにおける対応」を決めると現場との齟齬が起きやすいので、十分に業界・事業の要因を考慮したうえで方針を決めていく必要があるということを示唆するものである。

第3章　戦略人事の実践プロセス

図表3-24　HRMにおける成果創出活動のマネジメントスタイルを決める視点と対応

考慮すべき仕事・事業・業界の要因		HRMにおいて対応する項目
業界	事業・仕事	
・業界の競争状況 （差別優位性構築の可能性） ・業界の成長度合 （収益性向上の可能性、経済性）	・仕事のサイクル／区切り ・組織体制・組織構造	・マネジメント・評価の単位期間 ・マネジメント・評価を行う対象人材の範囲の広さや多さ ・マネジメント・評価する人材の役割
・業界が持っている商慣習や風土 ・業界全体の他業界と比した労働市場からの魅力度	・業績指標の明瞭性 ・採用されているマネジメントの手法 ・内部労働市場における仕事の種類（職群）ごとの魅力度	・マネジメント・評価の対象要素 ・マネジメント・評価の方法 ・マネジメント・評価結果の活用 （反映先と方法）

　例えば、小売・販売業界のように、短サイクルかつGMROI（商品投下資本粗利益率）といった投資回収がモノをいう業界であれば（業界特性）、仕事のサイクルはそれに伴って高速化する。日単位、週単位で仕事の成果を確認し、マネジメントにかけるコストも少なくするために、一人のスーパーバイザーが広い組織をみていくような文鎮型の組織構造が想定できる。また、業績指標は「売上」「利益」といったかたちでそれなりに明瞭である（事業・仕事）。一方で、業界における商慣習や労働市場の状況に目を向ければ、店員、店長、スーパーバイザー、地域統括、本社企画スタッフ、といった順でマネジメントの範囲を広げていくことが、自らの労働価値を上げていくことにもつながっていく（外部、内部労働市場における魅力度）。

　こうして、**「外部環境→内部組織体制・構造→マネジメントのあり方」を構造化して捉えながら、「何」を「どれくらいの期間」で、「どのように」HRMとして扱っていくかということを決定する必要がある**。「HRMとして対応する項目」は、「マネジメント・評価」としているが、実際にHR部門が携わる成果創出プロセスの代表的なものは、「目標管理制度」もしくは「人事評価制度」を介したものであることを想定している。

　先ほどの小売・販売業界の例でいえば、会社方針が明瞭かつ展開が速い会社であれば方針管理制度との親和性は高いであろうし、業績評価のサイクルも短めにした方が季節変動などの影響も少なく、従業員の納得性も高まりそ

うだ。また、一人の管理者が多くの従業員をみていく必要が生じるので、評価の体制（サブ評価者を設置するなど）の工夫も求められる。このようにして、HRMにおける対応の方向性を決定していくことになる。

なお、実際に従業員（管理者・一般従業員）がHRMにおける成果創出活動のマネジメントを進めるにあたっては、過度な負担がないこと、日常活動で抜け漏れが発生しやすいポイントを補完できることが大切である。こうしたポイントを押さえるためには、日常活動において成果創出活動のマネジメントポイントをどこに置いているのかなどを詳細に観察し、HRMにおける成果創出活動のマネジメントを構築していくことが必要である。

かくして、評価や目標管理制度等における図表3-25のようなアウトラインが検討される[8]。

図表3-25　HRMにおける「成果創出活動のマネジメント」のアウトライン

検討項目	検討概要
マネジメント・評価の期間	・年間／半年／四半期といったマネジメント・評価のサイクル
マネジメント・評価の体系	・アウトプット評価、プロセス（インプット、スループット）評価の大まかな人事評価の構造 ・上記に結びつく、もしくは関連を持つ目標管理制度といった仕組みの有無、概要など
人事評価の処遇への反映	・賞与、給与といった処遇への反映のアウトライン
マネジメント・評価の体制	・一次評価者、二次評価者といった評価権限者と、職制・役職との対応、および評価決定プロセス ・目標管理制度などのマネジメントシステムにかかわる主要な役割の設定

(2)　HRM領域で焦点化する活動対象要素を明らかにする

それでは一体「何をマネジメント・評価すればよいのか（評価する必要があるのか）」を考えていこう。図表3-26は、先ほど提示した図表3-22の「評価要素」に対して、HRMの成果創出活動のマネジメントプロセスにおいて、例えば人事評価制度といった仕組みで扱われる際の対応関係を示している。

---

[8]　厳密にいえば、「マネジメント・評価の体系」については、2-(2)で述べる「活動対象要素」と「評価制度」の対応を検討した上で決まるものであるが、ここでは仮に検討しておくこととしよう。

図表3-26　HRMの仕組み・制度[9]

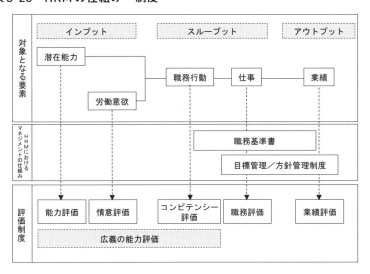

　なお、図表3-26に示されている各制度の用語と実際に採用されている名称は各社においてまちまちである。この焦点を決めるために、以下ではそれぞれの要素の内容と特性、扱われ方を解説する。

① **インプットにかかわる要素と活用の考え方**
「潜在能力」と「労働意欲」については、「能力評価」「情意評価」といった評価要素が対応する。成果主義が叫ばれた1990年代〜2000年初頭にかけて、多くの企業がこのインプットにかかわる評価要素を対象としなくなっていった。しかし、運用レベルで上司が部下を評価しようとする際には姿勢や態度を重んじている場合も多く、制度として表面化していないだけで実質的には組み込まれているケースも散見される。
　また、主に配置や再配置において、「抜擢」といわれる意思決定には、このインプットにかかわる要素が考慮されることが多い。
成果創出活動のマネジメントにおいてインプット段階の要素を評価するこ

9　『マネジメント・テキスト 人事管理入門〈第2版〉』今野浩一郎・佐藤博樹（日本経済新聞出版社）から筆者が加工して作成している。

とは、いわば「成果を生み出す前の段階を評価する」ことであり、「期間において発揮される」というよりは、その人の保有の状況を表すものである。評価制度に限らず、配置・再生や獲得・輩出、成長プロセスにおいてより強く考慮されるべき領域であるといえる（3.1、3.3、3.6をそれぞれ参照）。

② スループットにかかわる要素と活用の考え方

スループットにおいて評価の対象となる要素は、「職務の求めに応じた行動（職務行動）」とその行動によって成し遂げられる「仕事」である。

ここで注目すべきは「職務を遂行する上でとる行動」を対象とした評価だという点である。「潜在能力」段階の評価が、決断力・判断力・理解力・企画力などといった汎用的な表現であるのに対して、**「職務行動」で評価する要素は日頃の職務遂行の手順や職務遂行における行動の特徴（行動特性）を具体的に表現することになる。**この行動特性について、高業績者に特有のものに絞り込んで評価基準としたものを「コンピテンシー評価」と呼ぶことが多い。

そして、スループット段階のもう一つの評価が「仕事」である。「職務行動」を積み重ねていくことで一つの「仕事」ができあがる。多くの場合は、職務ごとの目的・条件を踏まえ、それぞれの出来映えを判断できる基準を定義した「職務基準書（職務定義書）」に基づいて評価を行う。一方で、職務の特性によっては、「プロセス成果」「活動成果」といった呼び方をすることがある。最終的なアウトプットである「業績」につながる「過程（＝プロセス・活動）の成果」である。よって、評価名称としては「職務評価」もしくは「プロセス成果（パフォーマンス）評価」と呼ばれる。どちらを採用することが適切かについては後述する。

なお、**スループットの要素は目標管理制度、方針管理制度の対象ともなりうる。**活動における中間的な指標（営業職でいえば「売上」に対する「訪問件数」など）といった形でマネジメントの対象となることがある。

③ アウトプットにかかわる要素と活用の考え方

スループットにより仕上がった「仕事」の束の結果、産出されたもの（アウトプット）として「成果（業績）」が生み出される。これを評価することを一般的に「業績評価」と呼ぶ。組織によって「成果評価」「成績評価」と称する

こともある。なお、スループット領域と同様、これらの要素は目標管理制度や方針管理制度の対象として扱われる。

　評価制度において扱われる対象となる要素について確認したところで、次は、自社の事業や状況に適合させるとするならば、どのような要素を扱っていくことが適切かについて考える必要がある。いくつかの視点でみていこう。

視点1：評価制度の機能の視点　～評価要素をメッセージの伝達プロセスとして機能させる～

　先述のように、「労働意欲」「情意評価」にかかわる評価は成果主義の隆盛以降、採用されなくなっていたが、今日は別の意味で見直されつつある。

　すなわち、経営者の思い描く「行動指針」「ありたい働き方」や、それらを支える「価値観」といったことを日々の職務行動において意識してほしいというねらいから、今までの「積極性」「協調性」などという紋切型の情意評価から、**行動指針やメッセージを強調した情意評価、言い換えれば「態度・姿勢」のような評価がなされてきているのである**（「バリュー評価」などともいわれる）。

　こうした評価基準を設定することで、日々の行動について「経営としてのありたい姿から振り返る」という形で従業員との共鳴を図るのである[10]。

視点2：職務の視点　～職務の内容によって要素の重点を変える～

　a　職務の特性　～固定的か柔軟か／繰り返し性があるかないか～

　職務の多くが一定で繰り返し行われる「仕事」を前提とした事業活動を行っている組織の場合、あらかじめ「職務基準書」を作成して評価することができる。そのためには、**組織内の事業や職種といった観点でさまざまな「職務行動」や「仕事」を定義化・基準化する必要がある**。その際には、HRMのガイドラインや配置・再生プロセスで示された基本的な枠組み（人事基本フレーム：人事資格等級基準、資格制度など）の区分に応じて詳細に設計することが望ましい。多くの従業員が同じ業務を行っている店舗展開による経営、量産型工場など、「職務行動」と「仕事」が明確で、かつ固定的な活動が中心の組織の

10　一方で、こうした大切にしたい考え方を「評価」「処遇」に結び付けていくべきなのか、むしろ能力開発の場で浸透させるべきか、といったことは慎重に判断する必要がある。

場合には、できるだけ細分化した評価を行うことが有効だ。

一方で、**個々の従業員が色々な仕事を柔軟に行っているようなケースの場合、個々に応じた具体的な「職務行動」を規定することが難しく、結果的に汎用性の高い評価になる傾向が強い**。創造的な業務を担っている場合や、一人で材料の購買から製造・販売・アフターサービスといった主活動の多くを担っている場合（クリエイターやプロデューサーなど）が該当する。このように、個人ごとに「職務行動」や「仕事」が異なっている場合には、ある一定期間（1年間もしくは6か月間が多い）の中で「何を」「どの程度」まですればよいかを個々人で設定することで、「仕事」の評価を行う方法をとっているケースがある。これがいわゆる「目標による管理」の仕組みを伴う評価制度である。

b　職務のプロセス　〜網羅的か重点的か〜

ところで、こうした「職務行動」や「仕事」の評価はすべての「職務行動」や「仕事」に網羅的に適用すればよいというものなのだろうか。ここでは、HRMにおける成果創出活動のマネジメントにおけるコスト（評価基準を設定する労力、メンテナンスする労力、評価者の評価にかける労力など）を考慮する必要がある。**重要なのは「何を重点にして評価すればよいか」を決めることである。**

重点を決めるには、大きく二つの視点を考慮しなければならない。

一つは「成果を生み出すにあたって組織が重視しているマネジメントや職務の領域を踏まえる」ことである。これを検討するには、事業ごと、活動ごとに自組織の競争力の源泉（強み）を踏まえる必要がある。第2章のHRM戦略の立案において構想したように、「自社が発揮している事業価値はそもそも何なのか」「自組織が競争に勝てる要因とは何か」をよく踏まえる必要がある。そして、それらを職務行動レベルに落とし込み、確実に遂行されているかをみることが求められる。

もう一つは「個人差がある職務行動を押さえる」ことである。人によって同じ職務行動を行っていても、仕事の出来映えは異なる場合が多い。これについては、「職務行動」のポイントを盛り込んだ評価を行うことが、是正・レベルアップを図ることにつながる。「仕事」の評価も同様である。

c　プロセスと結果の重点　～プロセス重視か結果重視か～

「職務行動」と「仕事」、「業績」は一連の流れにあるが、別の要素である。それぞれの要素をよく押さえておくことによって、成果創出活動を効果的にマネジメントすることができる。仮に「職務行動」と「仕事」の評価を同じ重点で選んでしまうと重複が発生してしまうので、むしろ「この目的を実現する事項は仕事（プロセスの成果）でみた方が効果的」「この目的の実現には職務行動でみた方がわかりやすい」といったように、**「職務行動」と「仕事」の評価の特性を活かしてバランスよくマネジメントすることが必要**とされる。

　例えば、短期に成果の出やすい職務、つまり営業や販売といった仕事は、より「仕事」やその先の「業績」に焦点を置いた方がよいだろう。「職務行動」と「仕事」「業績」が近接しているため、両方をみていく意味合いが乏しいからである。一方で、前工程の成果に影響を受けやすい製造職や、最終的な成果が出るのに長期間を要する研究開発といった職務においては「職務行動」、もしくはインプットにより近い「労働意欲」といったところに重きを置き、「仕事」「業績」とは別にみていった方がよいのかもしれない。

視点3：日本企業における「人」と「仕事」「業績」の関係性

　視点3は視点1～2とは少し異なる観点である。日本企業の多くは、職務主義（あらかじめ定められた職務の遂行により処遇が決まるHRMの考え方）ではなく、「人に仕事がついている」年功・能力主義をベースとしてHRMを考える傾向にある。

　制度的には「職務評価」「（厳格な）業績評価」をとっていても、一対一の評価となれば、結局は「人」をみて評価しているとか、現実的には職務記述書にないような職務を担当していて、細分化された具体的な評価を行うのが難しいとされるケースも少なくない。

　「職務行動」と「仕事」を重点化するといった政策的意図を定めることは重要だが、現実の評価者による評価の仕分け作業に適しているのかをよく注視する必要がある。**いくら条件的に「仕事」の評価、すなわち「職務評価」が適合的だからといっても、運用が不可能なようであれば、設計の方向性も考え直さざるを得ない。**

視点4：マネジメントの対象なのか、評価の対象なのか（両方か）

　図表3-26において、「HRMにおけるマネジメントの仕組み」と「評価制度」をあえて分けて扱っている。この二つの位置づけは、従業員側にとっては重大な差異となる。1990年代から「目標管理制度」が導入され始めたが、それらは「評価制度」がセットになったものであった。すなわち「目標管理制度」における達成度の判定が「人事評価」に直結しているケースがほとんどであった。

　導入当初はライン部門におけるマネジメントとしての活用に対する期待も高かったが、結果的には、従業員の「機会主義的行動」が引き起こされ、設定する目標が意図的に矮小化されたり、実質的には小さな成果をいかに大きく見せるかに腐心するといった非生産的な運用が（程度の差こそあれ）さまざまな企業で起きてしまったことは周知のとおりである。

　==成果創出活動のマネジメント（にHRMの領域から関与して仕組み化する）ニーズと、評価・処遇にリンクさせるニーズは、まったく別物であると捉えた方がよい。==自社の社員の特質、特性、成熟状況などをよく見極めた上で、マネジメントの仕組みにとどめるのか、人事評価にまで到達させる仕組みとするのか、慎重な判断が必要となる。

　以上、焦点化する要素について検討する視点を述べた。まずはHRMにおける成果創出活動のマネジメントにおける対象として何にフォーカスするのか、どのようにマネジメントするのかを考えるための材料としていただきたい。

(3)　HRMにおける「成果創出活動のマネジメント」プロセスの設計

　焦点化する「対象」が決まったら、それらを実際にマネジメントするためのHRMにおける制度・プロセスのあり方について検討する。

① アウトプット領域　～業績や仕事（プロセス成果）～のマネジメント
　a　業績の定義
　「業績」や「仕事（プロセス成果）」をマネジメントするためには、まず「我が組織における業績とは何を指すのか」を定めておかなければならない。企業

価値を測るために財務的な指標がよく議論される（3.7参照）が、現在もこれからも組織は持続的成長を図ることが求められるのであり、結果としての財務的な指標のみを参照していても不十分である。

世の中にはさまざまな業績の管理にかかわる考え方があるが、ここではJMAM（日本能率協会マネジメントセンター）で設定している、業績構造を検討するためのフレームワークを示しておこう。

図表3-27　業績の領域と業績の種類

① O／I構造　　　　② 資産蓄積構造

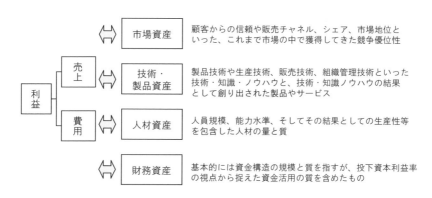

市場資産：顧客からの信頼や販売チャネル、シェア、市場地位といった、これまで市場の中で獲得してきた競争優位性

技術・製品資産：製品技術や生産技術、販売技術、組織管理技術といった技術・知識・ノウハウと、技術・知識ノウハウの結果として創り出された製品やサービス

人材資産：人員規模、能力水準、そしてその結果としての生産性等を包含した人材の量と質

財務資産：基本的には資金構造の規模と質を指すが、投下資本利益率の視点から捉えた資金活用の質を含めたもの

◆アウトプット／インプットの構造（＝O／I構造）

企業が社会において意義のある存在として持続するために必要となるのは利潤の追求であり、業績を捉える起点は「利益」である。そして、企業全体として得た利益の大きさを、一般的には「業績」と呼ぶ。

では、その利益の源泉は何か。これは「売上」と「費用」との差である。利益を拡大したということは「売上を拡大する」あるいは「費用を低減させた」のいずれかである。そして、「確保した新製品拡販などを成し遂げた売上構造は良質なものであったのか」や「ムリ・ムダ・ムラのない妥当な費用構造であったのか」といった収益構造の妥当性や良質性の評価を通じて、初めて最終利益の経営的価値、すなわち業績の本当の全体像がみえてくる。これが**「利益」というアウトプットと「売上」と「費用」というインプットとのかかわりであり、これらの業績領域を「アウトプット／インプットの構造（以**

下「O/I構造」）」と呼ぶ。

◆**資産蓄積構造**

「利益」「売上」「費用」で構成されるO/I構造とは、利益が捻出される過程と結果である。では、O/I構造はどのようなものから生み出されているのだろうか。

例えば、売上は顧客の信頼や販売チャネルの強さなどによって支えられているし、営業担当者の販売ノウハウの蓄積によっても生まれてくる。費用の削減にしても、社員の業務改善能力の高さや設備の充実度合いなどによってもたらされる。こうしたO/I構造を支えている源泉とはまさしく経営資産であり、このような経営資産の改善や充実といった成果は、経営活動から生み出された極めて重要な「業績」である。我々はこうした**経営資産の状態に変化をもたらした業績領域を「資産蓄積構造」と呼んでいる**。

では、経営資産はどのような資産要素で構成されているのか。その基本要素は「市場」「技術・製品」「人材」「財務」という四つのカテゴリーに分けることができる。

こうした考え方を自組織（部門）に適用した場合には、例えば図表3-28のように自組織で独自に定義付けと活動の割り当てを行うことができる。

図表3-28 営業組織における業績構造

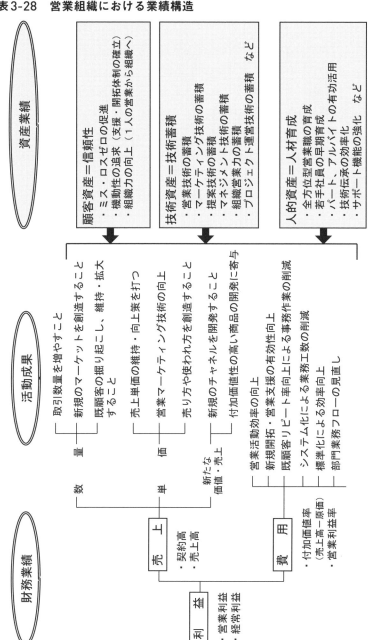

総じて、業績領域のHRMにおける成果創出活動のマネジメントでは、大きく二つのことについて意思決定をしておかなければならない。
　第一に、「業績」といわれる事項に「定性的な事項」を含めることである。経営を進めるうえでは経営資源を活用するわけであるが、長年の経営活動で培った財産（資産）を「業績」とみることが必要である。図表3-28では、四つの資産蓄積構造のうち（営業組織であるという特性から）「顧客」「技術」「人材」を取り上げている。
　第二に、「業績」を生み出していくまでの「仕事（活動成果）とのつながり」を明らかにすることである。どの「仕事」がどの「業績」に結びつくのかを明らかにしていくことで、「『仕事』段階での自己完結」という状態を防ぐことができる。
　このような「業績」構造を主だった事業・職種・部門で整理し、組織が求める業績を明らかにしておくことで、HRMは機会損失の少ない成果創出活動のマネジメントの実現に貢献できる。

　b　目標管理制度／方針管理制度によるマネジメント
　こうした業績に対する考え方は、通常「目標管理制度」や「方針管理制度」といった仕組みと合わせて、現場展開がなされる。目標管理制度（目標による管理）がトップダウンとボトムアップの両面からのアプローチであるのに対して、方針管理制度はトップダウンを重視する。
　どちらの手法が優れているということはない。第2章で示したように、「ありたい働き方」に対してトップダウンを推進することが適合的なのか、ボトムアップを推奨することが適合的なのかという判断に基づいて、採否を決定する。

　◆**目標管理制度**（上司と部下の目標のサイクル）
　目標管理制度は、図表3-29のような上司－部下間のマネジメントサイクルによって運用される。上司には、組織的に設定している目標や、自らが負っている目標の内容や背景を十分に説明したり、十分な情報を提供することが求められる。一方で部下には、自らが「主体的」に目標を設定し、組織目標との整合性をすり合わせながら自己管理（Self-Control）を通じて達成すること

が求められている。また、双方に、成功要因・失敗要因をつぶさに振り返り、教訓を抽出、共有することが求められている。

図表3-29　目標管理制度によるマネジメントサイクル

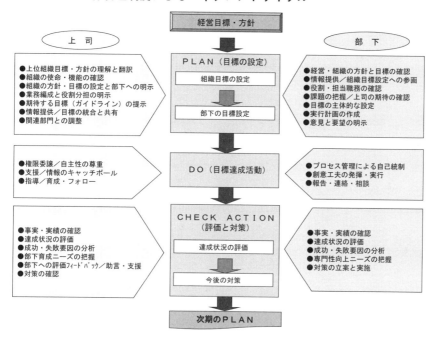

　目標管理制度はトップダウンの仕組みであると誤解されがちであるが、方針管理制度と比較すれば、部下側の主体的な発信が求められる、参画型のマネジメントプロセスなのである。

◆**方針管理制度**

　方針管理制度はトップダウンの色合いが強い。一般的には、以下のような手順（PDCA）を踏んで展開がなされる。

【P】中長期の計画に基づいた全社の方針（大きな目標）を、事業部門、部、課などに対し、その部門の機能に応じてより細かく展開していく。重点課題や具体的な目標、方策、管理項目、実施計画などをセットで展開する。具体的には方針展開による管理項目の設定（図表3-30）とプロセスによる管理項目の設定（図表3-31）がある。

【D】各部門では、実施計画に基づき、重点課題に対する方策を実施する。その実施内容は、管理項目で達成の度合いを測っていく。実施計画の中でPDCAを何度も回し、実施状況をチェックする。

【C・A】展開された取り組みの成果を集約するとともに、全社的な取り組みの評価を行い、次年度以降の計画へのフィードバックを行う。

図表3-30　方針展開シートの例

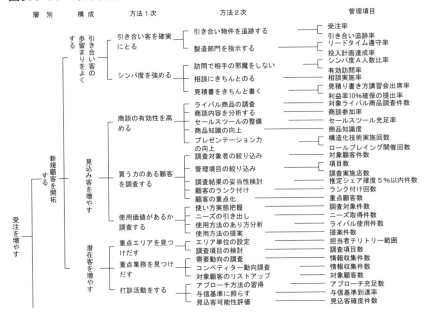

第3章 戦略人事の実践プロセス

図表3-30は営業組織における方針展開の事例である。方針が具体化されるとともに、管理項目がセットされている。

図表3-31　プロセスの側面からの管理項目の洗い出し例

部門：営業部　作成者：

基本プロセス	詳細プロセス	担当	プロセスの内容	問題となる事柄	期待される成果	管理項目
①●●と新規開拓拡販会議開催	・地域の設定と需要予測 ・攻略ユーザーと拡販製品の設定 ・活動のスケジュール化	課長 ↑ ↑	・産業別工場一覧の製品出荷額からの設定	・予測の信頼度 ・決算期を意識した計画 ・期日迄にどうするか	・予測の精度アップ ・作戦計画の立案	・累積係数の使用可否 ・対象計画件数と実績
②見込発掘	・会社内容の調査（与信調査）	企画担当	・文献、見本市等により情報収穫 ・インターネットの活用	・情報未開示	・自分で調査（銀行登記所）	◎必要件数
③初回訪問	・購買窓口への面談アポイント ・自社と訪問目的の説明 ・ユーザー内容の確認	担当 ↑ ↑	・アポイントをとる ・購買意志の見極め ・安心して売込めるか否かの見極め	・アポイントがとれない ・意志が不明 ・実態が把めない	・人脈を探す ・課長の活用 ・課長同行	◎何人に相談したか ◎同行訪問回数 ◎同行訪問回数
④再訪とニーズ確認	・重要調査 ・技術部門へのコンタクト ・キーマンとの人脈構築	↑ 担当 ↑	・コンペチター、価格情報収穫 ・●●新製品のPR ・ユーザー技術ニーズの掌握	・価格情報がつかめない ・面談の可否 ・ニーズがつかめない	・口頭による価格レベルの提案と反応チェック ・窓口から紹介を受ける ・課題をもらう	◎価格情報の入手 ◎コンタクトの回数 ◎課題件数
⑤提案	・技術プレゼンテーションの実施 ・●●技術部への招待 ・客先での展示会開催 ・機能及びコストでの差別化	↑ ↑ 企画担当	・技術情報の開示 ・工場、開発部門の件学 ・●●製品のPR ・条件の確認、仕様検討、見積検討	・テーマが決まらない ・時間の調整 ・来場者数 ・●●の対応スピード	・提案していく ・日程を提案 ・事前PRの実施 ・社内へのフォロー	◎提案件数 ◎提案件数 ◎来場者数 ◎所要日数
⑥阻害要因と対応	・提案仕様と客先ニーズのマッチング ・見積り書提示	↑ ↑	・ニーズとシーズのつき合わせ ・価格、納期の折衝	・アンマッチニーズ ・価格差	・打合せ議事録の作成 ・採算分岐点の検討	◎障害に対するユューザーの納得度 ・利益率
⑦クロージング	・価格折衝 ・納期 ・取引条件の合意	部長または課長	・受注決定への折衝 ・納期折衝	・注文の可否 ・納期遅れ ・社内基準外	・コスト満足度 ・前さばき	◎成約件数 ◎納期遵守率

113

方針展開と並行して、組織、仕事の単位でのプロセスを要素分解し、管理項目を設定しなければならない(図表3-31参照)。そして、これらに実施計画が付随することで、マネジメントの対象となる。

　方針に基づく展開とプロセスの側面からの管理項目抽出の双方を行っていくことが、抜け漏れのない成果創出活動のマネジメントを行うことにつながる。

c　業績領域のマネジメントの評価への展開

　目標管理制度（目標による管理）や方針管理制度を成果創出活動のマネジメントの方法として採用したとして、それらを人事評価に活用する際には、目標項目や管理項目を明記したシートを作成し、その達成状況について個々のレベルで評価を行う。

　図表3-32に、目標管理制度と業績評価が連動しているシートの例を示す。

　目標に書き込まれるべきところがトップダウン的に設定され、既に埋め込まれた状態となって配布されるか、白紙の欄に自主的に書き込むようになっているかといった差異はあれど、評価に用いられる際には、概ね図表3-32のようなシートのイメージとなるだろう。

　取り組むべき項目（目標や管理項目）やその達成すべき水準が明記され、それらに対する評価を行う欄が設けられている。また、ウエイトや難易度といった形で設定されている調整項目により目標ごとに重み付けを行い、最終評価への反映を行うケースもよくみられる。

図表3-32 目標管理制度を用いた業績評価シート例

サンプル 業績評価表

[グレード定義]
・所属本部・支店の機能戦略に基づき、部の達成計画を立案し、実施・管理することで業績確保とその遂行について責任を負う者

		所属		役職		資		氏名	
								社員番号	

						本人印	一次評価者印	二次評価者印
目標								
評価時								

組織業績目標	NO.	業績目標項目
	1	シェアの拡大
	2	新規顧客開拓による商権の拡大
	3	収益構造の改善

	NO.	目標項目	目標値	チャレンジ度	大幅達成水準	ウェイト(A)	達成度(B) 本人評価 / 1次評価者	乗率 達成度(F)	評価点(E)	評価点(A×B)	達成度の根拠又はコメント 本人 / 1次評価者	評価点(D×E×F)	評価合計(G)
本人業績目標	1	既存顧客へのシェア拡大	大手3社のうちトップシェア 5ポイントアップ	1.2 / 1.0 / 0.8	3社へのシェアアップが総売上数値の増加に100%寄与すること	50	大幅達成/達成/大幅未達成	1.2 / 1.0 / 0.8					
	2	新規顧客の開拓	総売上数値に対する新規顧客売上比率 3ポイントアップ	1.2 / 1.0 / 0.8	新規顧客数の大幅増加が総売上数値に100%寄与していること	30	大幅達成/達成/大幅未達成	1.2 / 1.0 / 0.8					
	3	売上高利益率の向上	対前年比1.0ポイントアップ	1.2 / 1.0 / 0.8	売上高利益率が大幅に向上していること	20	大幅達成/達成/大幅未達成	1.2 / 1.0 / 0.8					
本人施策目標	1	販売数量計画の達成	対前年比105%の販売数量計画の達成	1.2 / 1.0 / 0.8	所定を確保し、かつ、数量計画を上回ること	30	大幅達成/達成/大幅未達成	1.2 / 1.0 / 0.8					
	2	既存顧客への経営支援による業績の向上	与信情報の提供・分析により、大手3社からの不良債権削減を実現していること	1.2 / 1.0 / 0.8	与信情報の提供・分析により、大手3社からの不良債権削減を実現していること	30	大幅達成/達成/大幅未達成	1.2 / 1.0 / 0.8					
	3	新規顧客の開拓	新規開拓顧客数の前期間件数を上回ること	1.2 / 1.0 / 0.8	社内他部門から未開拓の顧客偏在と取引分析が反映されていること	10	大幅達成/達成/大幅未達成	1.2 / 1.0 / 0.8					
	4	仕入先の開拓	新規仕入先に対し、仕入先を見積にし社開拓し、商品アイテム数を拡大すること	1.2 / 1.0 / 0.8	物品を確保し、カーブ、数量を上回ること	10	大幅達成/達成/大幅未達成	1.2 / 1.0 / 0.8					
	5	直接費の削減	販売数量・1kgあたりの運賃・会議料計50効削減	1.2 / 1.0 / 0.8	在庫増・会議料、共同販送を実現していること	20	大幅達成/達成/大幅未達成	1.2 / 1.0 / 0.8					

実績（本人記入）

新規開拓推進中の A社（国内に100事業所を保有）が資源循環に意欲的であることを発見。当社のリサイクルシステムを、部下の事業所でテスト的に実現する運びとなった。

1次評価者コメント

2次評価者コメント

調整加点 (H)

0 +5 +10

【チャレンジ度】 高い 1.2、普通 1.0、低い 0.8
【達成度】 大幅達成 1.2、達成 1.0、未達成（0.9～0.7、大幅未達成 0.6
【調整加点】 加点 +5/+10（加点する場合のみ）
※調整加点を実施する場合は、必ずその理由を記入すること。また、点数は、一次評価者・二次評価者合議で決定のこと。

第二次評価者の役割
目標設定時 第一次評価者にその事業を含めフィードバックし、再度目標を設定すること。被考課者自己評価に二次評価者の評価に差異がある場合は、一次評価者による評価実施のこと。

第二次評価者の役割
目標項目・目標値・チャレンジ度・大幅達成水準・ウェイトについて調整が必要な場合は、第一次評価者にその事業をフィードバックし、再度目標を設定すること。
被考課者自己評価と一次評価者の評価に差異がある場合は、一次評価者にその理由を確認のこと。また、一次評価者の評価内容と二次評価者の観察内容に差異がある場合には、

d 業績領域のマネジメントを行うにあたっての留意点

目標管理制度や方針管理制度を入れる、もしくはそれらを評価へと結びつけていく形でHRMの制度設計を行う場合、運用にあたって、それなりの留意点がある。

本書では両制度の設計実務や実際について細かく検討する紙幅はないが、以下にいくつかの「陥りがちなポイント」について示しておく。制度のあり方をみつめ直すきっかけとしていただきたい。

◆方針展開の「わな」

方針管理制度を採用するにしても、目標による管理を採用するとしても、上位組織の方針や目標を展開して自組織（自分）、下位組織（部下）の管理項目や目標の設定を行うことになる。これが確実に行われていることを「目標の連鎖」という。しかし、多くの組織で、些細な誤解からこの目標や方針の展開がうまく進まず、目標が連鎖しなくなってしまうケースがある。

図表3-33　目標の連鎖における誤解

上位組織	自組織	下位組織
方針・目的 ↕ 上位組織目標 ↓ 解決手段	≒ 自組織目標 ↓ 解決手段	≒ 下位組織目標 ↓ 解決手段

上位組織の方針・目的は「一つの解決手段」のみに適用されるに留まり、目的とは異なる目標が展開されてしまう。

図表3-33は、一見すると上位組織の解決手段が自組織の目標と連鎖しているので、下位組織に至るまで上位方針・目標が確実に展開されているように感じられる。しかし、**上位方針に含まれている「目的」がいつの間にか喪失**

してしまっているので、いわゆる「手段の目的化」に陥りやすい。

　以下のケースでみてみよう。

　ある製造業のW社は、とても安全管理に熱心である。そのため、安全課の目標は厳密に守られなければならない。入社2年目のPさんは所属する安全課の「事故ゼロ、ヒヤリハットゼロ、危険予知の徹底」という方針を上司から展開されて、事務所に保管している救急箱の管理についての目標を上司の主任と相談した。Pさんは主任の意見を参考に「災害が起きないようにするということは、救命箱の出番がないことだ」と自分なりに強い決意を持って、「救命箱の薬品・治療具を使わずに1年を過ごすこと」を目標とした。
　半年経ったある日、ちょっとした怪我をした従業員が安全課にやってきて、「絆創膏ありますか？」と相談された。コピー用紙でちょっとした弾みで指を切ってしまったようだ。心配したPさんは絆創膏を救急箱から取り出そうとした瞬間、「この中の絆創膏を使用すると目標が未達成になる」と思い、「申し訳ありません。この程度では救急箱を開けるわけにはいきません」と、怪我をした従業員に売店で絆創膏を購入することを勧めたのだった。

　あり得ないような話であるが実話である。2年目従業員のPさんはとても真面目で、熱心な方だったことを今も鮮明に覚えている。しかし、目標・方針展開の誤解が不適切な判断を招いてしまった。
　図表3-34をみてほしい。

図表3-34　正しい目標の連鎖

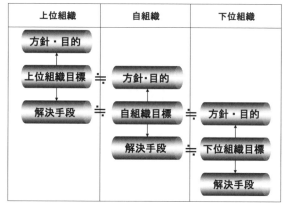

目標のみを連鎖するのではなく、目標の上位概念（方針：目的）とのつながりを考慮しなければならない。

　Pさんに自身の目標の上位組織にある方針（目的）が展開されていれば、きっと救急箱を速やかに開けて絆創膏を手渡してくれたのではないだろうか。目標・方針展開を進めるうえで、目標と共に目的を連鎖させることを忘れてはならない。

◆目標・方針の展開における「翻訳」
　目標・方針の展開を行う技術として、もう一つ重要となるポイントは、「方針に示されている言葉の意味をよく確認する」ことである。多くの組織で示されている方針は、担当部署もしくは経営トップ自らが「練りに練り上げて」言葉を決めている。しかし多くの組織で、方針に込められた「言葉の意味するところ」は、人から人へと伝達される過程でどこかに忘れ去られてしまう。
　この<u>「方針の言葉に込められた思い」を具体化することを「方針の翻訳」という</u>。方針の言葉に隠されている意味や思いを部員全員で共有することで初めて、先程の事例のような「目的の喪失」を防ぐことができる。

図表3-35　会社方針「抜本的な低コスト化の推進」の翻訳例

抜本的とは	低コスト化とは	推進するとは
・従来にとらわれない発想転換をして ・意外な発想で徹底した追求を ・設計の源流から見直す ・現状の実態を細かく把握して ・従来の経験技術にとらわれず ・従来の規格・仕様・材質にこだわらず ・物流体制の根本見直し ・従来の部門単位の積み上げによるコスト削減からの脱皮 ・原材料から顧客まで全プロセスを再検討	・従来の当社品に比較して ・他社に比較して、他社が追いつけない ・原材料の吟味を徹底して ・作業方法の根本改革 ・製造の自動化 ・歩留まりを飛躍的に向上 ・在庫金利の圧縮 ・不良率を0に ・メンテナンスコストの検討 ・修理作業の簡素化 ・自動化工場の新設	・目標値を明確に ・重点品種を絞って ・各部門の重点課題として ・各部門に高目標を割り当てて ・責任分担を決めて ・全員の知恵を集約して ・中間チェックを十分に ・トップ自らチェックする ・実行し期待・成果につなげる ・勇気をもって大胆に

　図表3-35は、「会社方針」である「抜本的な低コスト化の推進」について「翻訳」を行っている事例である。まず、方針にある文章をいくつかの文節や単語に区切る。上記でいえば「抜本的」と「低コスト化」と「推進」である。それぞれに対して、自事業、部門や自業務において、それを実現するとはどういうことを指すのかを検討し、書き出す。

　このように上位方針をさまざまな視点で翻訳し、上下階層間、メンバー間ですり合わせることで、方針に込められている思いに近づき、「そもそもの目的」に対する各組織、個人個人の計画の精度、実効性が高まるのである。

◆部門機能の観点からの取り組み事項の点検

　また、上位方針からの「展開」「翻訳」だけでなく、それぞれの部門本来の役目（部門機能）から成し遂げなければならない課題に対する取り組みが抜け落ちているようなケースもある。

　エンジニアリング企業V社の事業は、これまで親会社であるX社の新設プラントの建設および既存プラントのメンテナンスを行うだけで円滑に成り立っていた。V社の事業計画はX社の事業計画に連動しており、V社のそれぞれの部門に展開され、業務計画となって日常に展開されていた。しかし、親会社のX社が資本関係の異なるZ社と合併することとなった。これにより、新X社（合併会社）は「これまではプラント関係についてはV社に実質上

任せていたが、今後は広く機会を求めたい」と方針を転換した。

このため、V社は、X社以外の受注を積極的に取りに行くために改革プランを打ち出すこととなった。会社方針はかなり具体的に展開され、各部門の業務計画は「改革プラン（会社方針）に基づいた事項」のみで手一杯となった。

そんな時に、V社の設計部で思わぬ「設計品質の低下」という問題が起きてしまった。改革プランには、X社以外の受注拡大に向けた設計技術の向上や品質向上は示されていたが、設計部本来の機能の一つである「安全・安心な設計仕様の品質改善」に手がつけきれていなかったのである。設計部のY部長は、設計部の本来の役割を確認することにした。すると、手がつけられていない以下のような問題がいろいろとみつかった。

- 改革プランにある「X社以外の受注ができる人材育成」の前提として機能していなければならない、部内若手人材のOJT体制の不備
- 設計品質の低下問題に関連する設計部員の負荷バランスの調整が行えておらず、時間外業務の増加への対策が行われていない
- 設計部の業務の多忙さから、建設部や営業部との連携業務がほとんど進んでいなかった　　　など

このため、Y部長は、業務分掌規程を再確認し、本来設計部として取り組むべきことへの着手を部員全員と共有することを決めた。

HRMにおける「成果創出活動のマネジメント」の範囲は、基本的に「重点集中」されたものに限られる。なぜなら、日常の職務行動を管理するのはライン部門のマネジメントの範疇であり、現実的には、HRM領域において扱われる部分は「目標管理制度」や「評価制度」に記載される限定的な範囲にならざるを得ないからである。

仮に、先の事例のように、ライン管理者が「処遇」や「評価」に密接に関連するからといって「より重要な」計画内容の方にばかり関心を高めているとすると、そこに落とし穴が待っている可能性がある。

また、実際には、従業員すべてが方針に直接連動した業務を担っているとは限らない。一方で、方針展開された計画の実行は、部門本来の機能を担っているからこそ実現することができる。HRMにおける成果創出活動のマネ

ジメントを設計する際には「会社方針に関する目標」のみに偏ることなく、「部門本来の機能が発揮されるか」ということにも配慮する必要がある。

② スループット領域　～「行動評価」の設計と運用～
　a　行動評価基準の設計

　スループット面、すなわち「職務行動」や「仕事」といった領域の「評価」への活用の概要については、先に述べた。それらを具体的に人事評価制度に落とし込もうとすれば、「発揮能力評価」「コンピテンシー評価」「職務行動評価」「期待役割行動評価」等の仕組みを設計することになる。

　それぞれの設計思想や詳細な設計方法は本書以外を参照いただくこととし、ここでは、それらの中から基本となる手法として「職務行動そのものに焦点を当てて、その職務行動に紐付く能力との組み合わせ」を抽出することをめざした「行動評価基準」の設計について紹介する（図3-36）。

図表3-36　行動評価基準の設計手順

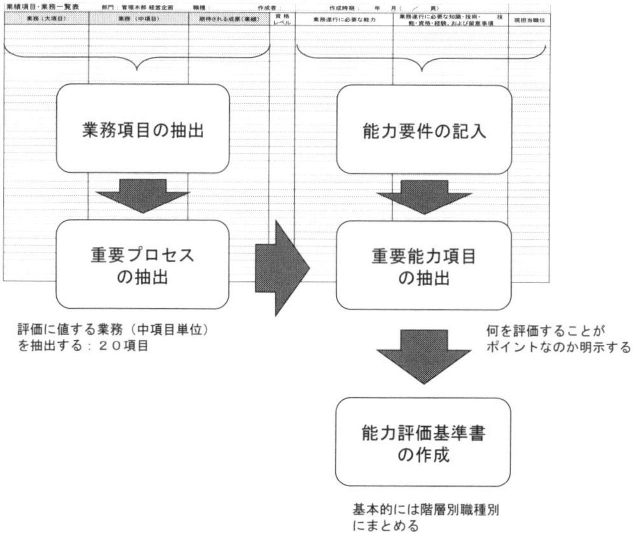

　行動評価基準は以下の手順で設計する。
　まず、「部門や組織における業務や仕事がどのような活動によって成り立っ

ているか」を洗い出し、その中で重要と思われる行動、すなわち業績に直接的な影響を及ぼす項目や、人による差がつきやすい項目を抽出する。そして、それらをよりよく実践するために必要とされる能力を紐付けるが、そのうち重要行動に対して必要とされる能力は、「重要能力項目」として設定しておく。そのうえで、それらを行動評価の基準へと展開する。

図表3-37　行動評価基準の検討シート例

部門：＿＿＿＿　作成者：＿＿＿＿（　／　）

大項目	中項目	担当レベル	現行職位	業務内容	中項目の遂行ポイント	期待される結果解決すること（アウトプット）	必要能力	備考
(例) 1.採用	①採用計画の立案	企画業務の立案	係長	・各部署からの要員計画ヒアリング ・要員計画案のとりまとめ ・想定されるコストの算出 ・採用スケジュールの作成 ・関係媒体の交渉 ・説明会関連の事前準備	・経営の方向性、要員の方向性を認識している ・中期的な人員推移、労務構成推移を予測する ・事業計画から必要人員と生産性を明らかにし、採用人員を算定する	・中期的に労働生産性を向上させる採用計画 ・新規分野要員を確保できる採用活動計画	・経営の方向性に対する認識 ・数理的な計画力	

※単位責任者・オペレーション業務担当者が担当する業務内容、重要な業務、能力格差の出る業務をそれぞれ20～30項目選んで作成する。

　図表3-37は、人事部門における採用業務での項目の洗い出しの事例である。業務内容とそのポイント（重要行動）から、求められる能力などが抽出されていることがおわかりいただけると思う。
　こうして階層別、仕事別に整理された項目を、さらに行動評価表に落とし込み、運用を図るのである。

図表3-38　行動評価シート例

コーポレートスタッフ職　行動評価表

No.	評価項目	レベル1		レベル2		レベル3	
	評価レベル		2		4		6
		上司の指示あるいはガイドラインに沿った正確な行動 業務遂行に向けて積極的で責任意識の高い行動		担当する業務全般について独力で遂行		担当する業務範囲の拡大を前提とした広範囲な行動 下位者の指導・監督を着実に遂行	
1	社内業務全般の遂行	上司から指示された業務を正確に遂行している	3	上位方針に基づき、自分の担当業務を計画どおりに遂行している	5	上位方針に基づき、自分で要工数、必要条件を見極めもりスケジュールを設定し担当業務を計画どおりに遂行するとともに、下位者の指導を行っている	7
2	関連法規の習得と活用	関連法規の習得に努めるとともに、実務での適用を試みている		関連法規を理解して日常業務に活用している	5	関連法規を日常業務に活用するとともに、習得・活用に関して下位者への指導・アドバイスを行っている	7
3	EDPシステムの管理	EDPシステムの基本構造について最低限の知識を有して、上司の指示やガイドラインに応じて必要な実務を行っている		EDPシステムのトラブルや改善についての必要な対応と分析を行っている	5	EDPシステムのトラブルや改善についての必要な対応と分析を行い、改善策を講じている	7
4	システム企画	上司の指示に従い、システム化のための情報収集・整理を行っている		システム化を企画するために、現状業務の分析を行っている	5	現状の業務を分析しEDPその他のシステム化を企画、推進している	7
5	EDPシステムの活用	適正な操作を習得するとともに、指示された内容を正確に行っている		マニュアルどおりの操作ができ、正しいアウトプットを行っている	5	EDPシステムの利点・欠点を理解し、業務効率向上に寄与させている	7
6	PC活用術の遂行	各種単体ソフトを基本活用し、各種文書を迅速に作成している		一般的なPCのアプリケーションを操作でき、日常の業務に応用し業務の効率化を図っている	5	簡易でしっかり構成された報告書等のドキュメントをアプリケーションソフトの特長を理解した上で作成し、効果的な訴求を行っている	7
7	関連部門との連携折衝	担当する仕事がどの部署の業務と関連しているかを理解して、正確に情報を伝えている		与えられた範囲内で現場の担当レベルと責任をもって交渉し必要な調整を行っている	5	業務全般を把握した上で仕事上の課題を関連する部署と折衝し、連動的、積極的な対応を指示している	7
8	業務プロセスの改善	担当する業務について、基本手順に従って効率的な業務を実現するための工夫をしている		基本的な手順をマスターしたうえで、より効率的に仕事を進めるための自分なりの工夫を加えている	5	改善を応用して、より効率的に仕事を進めるための問題認識や改善策を持ち、上司へ提案している	7
9	会計知識の理解と活用	会計知識の習得に努めるとともに、実務での適用を試みている		自己の業務に必要な会計知識を有し、有効に活用している	5	会計知識を日常業務に活用するとともに、習得・活用に関して下位者への指導・アドバイスを行っている	7
10	原価計算の理解と活用	原価計算知識の習得に努めるとともに、実務での適用を試みている	3	自己の業務に必要な原価計算の知識を有し、有効に活用している	5	原価計算知識を日常業務に活用するとともに、習得・活用に関して下位者への指導・アドバイスを行っている	7

　図表3-38のシート例は、特に「職務行動」、すなわち当該職務に特化した行動にフォーカスした事例である。コーポレートスタッフ部門における主要業務とそこでの行動ポイントを中心として基準が作成されている。

　ちなみに、**先ほどの図表3-37の検討シートについて、「必要能力」の軸でソートし、編集していけば、いわゆる「企画力」「計画力」「理解力」といった「能力評価」的なスループット評価項目を設計することができる。また「中項目の遂行ポイント」の欄にあるような「パフォーマンスの差がつく項目」をベースとすれば、「コンピテンシー評価項目」にあたる評価基準の作成につなげることもできる**[11]。

　いずれにせよ、職務行動をつぶさに洗い出し、それぞれがもたらすインパクトや求められる能力を一通り分析しておくことによって、スループットにかかわる評価制度の設計に幅を持つことができるようになる。

11　実際に「コンピテンシー評価基準」を厳密に設計するとなれば、「高業績者インタビュー」などの一定の手続きを踏むこととなるが、ここでは相対的な位置づけ上の目安として捉えてほしい。

b 行動評価基準設計の留意点 〜「〜〜できる」と「〜〜している」は意味が異なる〜

　成果創出活動における保有能力や職務行動、仕事を評価する基準を設計する際に「語尾をどのように表現すればよいか」といった質問を受けることがある。代表的な語尾は「〜〜できる」と「〜〜している」であるが、この両方の語尾が混在していることが多い。HRMの観点では、この二つの語尾はまったく意味合いが異なるものである（図表3-39）。

図表3-39　行動評価における「語尾」表現

語尾	解説
「〜〜できる」	主に潜在能力の水準を評価する際に使われる。実際の職務行動として「現れていなくても」、やってもらえばきっとできる（やればできる）ことが想定される語尾である。実行の可能性を評価するものであり、育成などでは有効であるが、推測・憶測による評価となるリスクがある。
「〜〜している」	主に職務行動や仕事の水準を評価する際に使われる。実際の職務行動を対象とする語尾である。 ※慣習的に「発言」は職務行動と捉えにくく、「行動」を伴って初めて「〜〜している」と判断されるが、「発言」自体を職務行動として認めざるをえない場面が数多くあるのも事実である。「言っている」「やっている」の状況を観察により見極める必要がある。

③　インプット領域におけるマネジメント

　インプット領域を対象とした成果創出活動のマネジメントについては、対象領域そのものが可視化しにくいため、工夫が必要である。一般的には、人事評価だけでなく別の手段（試験、検定、技量評価など）によって測定され、成果創出活動のマネジメントにとどまらず、異動、配置、再生、輩出といった人の異動を伴うプロセスにおいても活用がなされる[12]。

　ここでは、いわゆる「情意評価」に代わる形で浸透してきている評価として「価値観」「ありたい姿」をベースとした評価の事例だけ示しておこう。

12　詳しくは後述する3.6を参照のこと。

図表3-40　バリュー評価の事例

No.	評価項目	評価基準
1	Customer Satisfaction	自らのためにではなく、職場メンバーの満足や顧客の喜び、利益の創出を第一に仕事に取り組もうとしているか。
2	Risk-taking&Challenge	前例や自分、自部門の利害得失といった枠組みにとらわれることなく、新たなやり方を常に志向しているか。
3	Innovation & Change	何か新しいやり方はないか、と常に好奇心を持ち、自分自身が絶えず変わろうとしているか。周囲を変えていくように促しているか。
4	「行動指針」の実践	【Q】期初から現在までの間で、「行動指針の実践」として、あなた自身はどのように行動しましたか。

　図表3-40の1～3が、企業で定めている行動指針、すなわち「ありたい働き方」に対応する「バリュー評価」の項目である。評価基準をよく読み込めば、昔ながらの「情意評価」（例えば「積極性」）の亜流のようにもみえるが、メッセージがより直接的に表現されているところが特徴といえるだろう。

　また、評価表の一部に自由記入欄を設けているところも特徴的である。本評価が「それ自体で差をつける」というよりは、「行動指針ベース」で自分の行動を振り返ってもらったり、上司と対話をしたり、そこから教訓を抽出するために設定されていることがわかる。

(4)　設計された制度・仕組みの実行・運用状況をモニターする

（1）～（3）において、HRMにおける成果創出活動のマネジメントの対象領域設定や、それぞれに応じた制度設計のあり方についてみてきた。

　ここでは、それらをどのような観点でモニタリングしていくか、そして是正・改善していくにあたっての研修などの教育訓練機会の重要性について触れておきたい。

① HRMにおける成果創出活動のマネジメントにおける運用への着眼

運用とモニタリングを行うに当たって、結果としてどのような状態に導く必要があるのかの着眼点について述べておこう。まず徹底されるべき要素は以下のとおりである。

○公平性：個々人の担う役割に応じた評価基準が設定されていること
○客観性：評価の内容（基準）がより詳細かつ具体化されていること
○参画性：従業員が目標、計画の立案や評価のプロセスに加わっていること
○透明性：評価の内容や評価の手続きが公開されていること

以下にそれぞれの性質を高めるための方策について示す。ポイントは施策を発信する側、受け取る側の思惑の違いを把握した上で打ち手を講じることである。

図表3-41　それぞれの要因を改善する施策（例）

公平性	客観性	参画性	透明性
・役職位、資格レベルに応じた評価基準の設定 ・職種特性を反映した評価基準の設定 ・評価事実の数値化・累積化 ・役割、責任範囲を考慮した評価結果の決定 ・貢献度と処遇格差の適正比例	・予算、目標の合理的な決定 ・評価基準の具体化（実務への接近）.測定化 ・評価当事者間の評価事実の確認 ・関係者による評価（多面評価） ・評価者のバイアス排除	・予算、目標の決定プロセスへの参画 ・評価の仕組みや基準づくりへの参画 ・自己評価の推進 ・評価についての徹底した話し合い ・多面評価における他者評価への参画	・予算、目標設定の背景や設定プロセスの公開 ・他者の予算、目標の公開 ・評価基準の公開 ・評価手続き、処遇への反映方法の公開 ・評価結果、評価理由のフィードバックの徹底

② 評価者訓練の意義

図表3-41のような施策の具体的な実施事項の一つに評価者訓練がある。いわゆる「上司」は、HR部門と従業員のちょうど仲立ちをするような立場にあり、マネジメントの行為の一つである「評価」にかかわる一連のスキルについて、常にレベルアップが必要とされる。目標管理制度を活用した業績評価において訓練が必要な姿勢・知識・スキルは図表3-42のように整理される。

図表3-42　目標管理制度における運用知識・スキル・姿勢

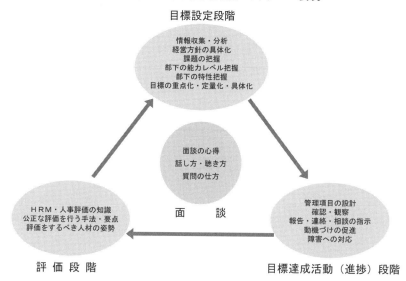

　今日的には、どのような評価であっても、被評価者の自己評価を組み込むことが多くなってきている（図表3-41「参画性」向上施策）。ところが、制度運用の訓練は「上司」である一次評価者にのみ訓練を実施している企業がまだ大勢を占めているように感じられる。

　仮に、**自己評価を導入する目的が「自己の取り組みを自分自身が評価することで内省や成長につなげる」ということであるのなら、被評価者の自己評価能力や内省の能力次第で運用の成果にもバラつきが発生することが懸念される**。

　制度の導入でまず「理解」を促す段階なのか、導入当初の目的やねらいに沿った「効果」を高めていく段階なのかによっても、訓練の実施目的やプログラム内容は変わってくるだろう。自組織の成熟状況から必要な訓練を効果的なタイミングで、適切な対象者（被評価者も含む）に企画・実行されたい。

③　補論：面談　〜HRMにおいて成果創出活動での進捗管理にかかわる意味〜

　3.2-1でも述べたように、HRMにおいて成果創出活動をマネジメントするうえで注目しなければならないのは、進捗管理に対するHRMのかかわり方

である。なぜなら、進捗管理や面談は基本的に各部門で行われる日常管理であり、HR部門が施策を打つことは、そこに大きく踏み込むことになるからである。特に「面談」の仕組みのマネジメントは、そのことで発生する可能性とリスクとの両面をはらんでいる。

a　部門の進捗管理へのかかわり

以前は、面談にかかわる議論といえば、面談実施率（計画されている面談がどれだけ行われているか）が中心であった。なぜなら、現場の上司が「日頃から部下とは話をしているから、わざわざ面談する必要はない」「面談などしなくても部下指導は行っている」と反抗して、面談そのものが規定どおりに行われない事態が散見されたからである。

しかし、近年になってこの流れは変化を遂げている。HRMが設定する面談が貴重な「部下との話をする機会」「部下指導の場」と認識されるに至っているのである。最近では、こうした傾向がより加速して、人事評価とはいったん切り離した形での「毎週面談」を推奨している組織も増えてきた。

ただし、こうした流れの中で重要となるのは、**単に流行を追うのではなく、「HRMにおける成果創出活動のマネジメントにおける面談の意味づけ」を再考することである**。このことは、自組織のHRMにおける成果創出活動のマネジメントの基盤となる考え方を問い直すことにもつながる。HRM戦略をよく確認し、自組織の成熟度を踏まえて無駄なく有効な面談の機会を設定し運用することが必要である。以下に大まかなラインマネジメントの成熟状況と面談の意味づけを一覧にしたので、参照されたい（図表3-43）。

figure 3-43 ライン組織のマネジメント成熟段階に応じた面談の意味づけ

マネジメントの成熟段階	状況	HRMによる面談の意味づけ
Ⅳ「進捗管理を改善・工夫しよう」レベル	業務ごとの管理項目に工夫がみられる部門が増えている。長期的な成長のガイドラインが明らかになっている部門も多い。	ライン部門の成果創出活動のマネジメントが組織の競争優位性の向上につながるようにするために面談の生産性向上を図る（ICTの提供を促進する。状況に応じてHRMの制度の維持・継続のみを目的とした面談制度を廃すことも視野に入れる）。
Ⅲ「進捗管理しはじめ」レベル	個々の業務の管理項目が明確になっている部門が増えている。部下ごとの育成課題が明らかになり、育成も充分とはいえないが進んでいる。	ライン部門の成果創出活動のマネジメントをレベルアップするために面談のスキルアップ機会（教育など）を促進する（成果創出活動の日常管理とHRMにおける管理の同期化を促進する）。
Ⅱ「問題意識はある」レベル	活動の進捗（プロセス）を確認したいという意識はあるができていない部門が多い。部下育成もかなりバラつきがある。	ライン部門の成果創出活動のマネジメントが確実に行なわれることに貢献するために、各面談の進め方のガイドラインを示す（面談が意味あるものになるようなスキル底上げの機会提供を促進する）。
Ⅰ「結果のみ管理」レベル	結果管理のみが中心でプロセスに着目できていない部門が多い。部下育成も行なわれているとはいえない。	HR部門が的確な成果創出活動における状況情報を得るために、ライン部門に実施すべき面談を強制する（目標設定や評価のための面談とともに進捗管理の面談も実施率を確実に管理する）。

例えば、先ほど示した「毎週面談」を成熟度「Ⅰ」レベルの組織に投入したとして起こることは「管理強化」であることは目にみえている。そうした面談は、部下の長期的な成長を願うような風土や準備状態のうえで初めて機能するのである。自社の状況をよく見極め、「面談」という機会をどのように活用するのかを検討する必要がある。

b　HR部門による従業員との直接の接点づくり

現場のラインマネジメントにおける進捗へのかかわりのほかに、「面談」は別の意味で活用の可能性がある。**それは面談機会そのものに対するHRMの直接的な関与、すなわち「直接の面談」や「面談への同席」による「けん制**

機能」「情報収集機能」を持つということである。

「直接の面談」ということでいえば、人材の配置・再生プロセスにおいて、ライン部門が部下（被評価者）本人の意に反する形で行う「人材の抱え込み」などを防止する意味で、HR部門が自ら面談を行うような場合もある。例えば、ラインの上司や部門長ではなく、HR部門の担当者が直接キャリアにかかわる面談を行うケースなどがそれに当たる。

また「面談への同席」ということでいえば、「面談プロセスの確認・観察」が主な目的となるが、組織の成熟状況に応じて「各種ハラスメントの防止」に結びつくような効果を持つ場合がある。面談制度を促進するHRMの立場から、適正でない面談が行われていないか確認することも重要な事項である。

本節の最後に、近接する他領域との関係を図表3-44に示しておこう。実行状況を観察・改善していくことで、成果創出活動のマネジメントは報酬プロセスとともに、成長、配置・再生プロセスに有効な情報を提供していく。また、報酬、成長、配置・再生の各プロセスから成果創出活動のマネジメントの是正・改善に必要な情報を得ることもできる。

図表3-44　「成果創出活動のマネジメント」と他の主要な領域との関係

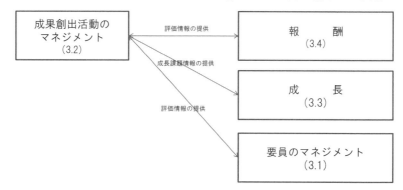

◆報酬プロセスとの関係

　報酬プロセスとの関係では、まず「評価の実施を通じて従業員の報酬の仕組みに対する納得性の向上を図ること」が第一のつながりである。また、報酬の分配プロセス（給与・賞与への反映）という観点でいえば、相対評価の情報を的確に伝えることで、結果として支払われる給与への公正感（納得感）を高めるという位置づけにある。

◆成長プロセスへの活用

　成果創出活動のマネジメントと成長プロセスとは、とても緊密な関係にあるといえる。成果創出活動のマネジメントにおいて得られた評価結果を人材ごとの役割の水準に照らしてみることで、ギャップを発見することができる。このギャップが成長課題となる。この成長課題は従業員個々人に対して提供され、個別の課題として認識されるとともに、職群や役割群あるいは年代群といった集合情報としてHR部門の能力開発課題へと変換されることになる。

◆要員のマネジメント（配置・再生プロセス）への活用

　成果創出活動のマネジメントから得られる評価情報は、報酬プロセス同様に配置・再生プロセスにも与えられる。この評価情報は大きく三つの側面で活用される。

　第一が資格等級、役職、部門、といった人事基本フレーム上の「タテ」「ヨコ」への配置の判断への活用、そして、第二が配置を決定した各人材の活動状況からの再配置や再生の判断への活用である。この二つの活用のあり方は、主にHR部門で管轄されることが多い。

　もう一つ、ライン部門でのジョブ・ローテーション、配置換えや人事異動提案における活用が挙げられる。ライン部門の管理者や被評価者本人が、成果創出活動の評価情報を活用して自己の仕事内容の適性を確認し、成長プロセスにより不足分を補完する、あるいは部門内でのローテーションや配置換えに活用する。また部門内で適性にあった仕事がみつからない場合には、部門間の異動を検討する情報として活用される。

図表3-45　人事評価の育成、配置等への活用

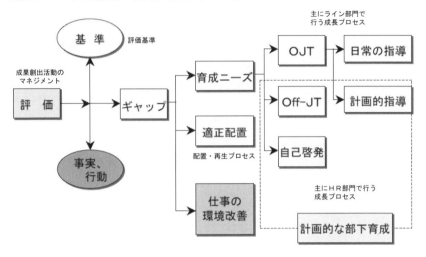

　図表3-45は、HRMにおける成果創出活動のマネジメントが育成や異動・再配置等に与える影響や、その流れを図式化したものである。施策検討の参考にしていただきたい。

3.3 組織と個人の成長を実現する仕組みづくり～成長～

　ここでは、企業が中長期的に経営目的を実現していくために個々の従業員と組織の能力をいかに高めていくべきなのか、その考え方と実施方法を扱う。

■ 1．「成長」の基本的な考え方

(1) 従業員の「成長」とHRMにおける「能力開発」の関係

　広辞苑によれば、「成長」とは「育って大きくなること。育って成熟すること」とある。人は誰しもが乳児から子供、そして成人へと成長するが、これは遺伝子の中に成長のプログラムが組み込まれていて、それに従って成長するからであると考えられている。それに対して、私たちが企業の中で成長するという仕組みはどうであろうか。仕事をすることを通じて「自然と」「いつの間にか」成長しているということは多々ある。目の前にある仕事を何とかやり遂げなければならないという想いで必死になって取り組んでいたときには、自分の成長のことなど何も考えていなかったが、後でそのことを振り返った際に、「あのとき自分は一回り大きくなった」と実感することがある。

　あるいは、毎日繰り返す仕事を通じても、1年前よりも仕事のこなし方がうまくなっている自分がいるということに気づくこともあるだろう。しかし、企業における人の成長には、「遺伝子の成長プログラム」のように誰にも同じようにそれが組み込まれているわけではない。多くの場合は、本人あるいは上司等の関係者、HRMの担当者が「意図して取り組む」ことによって、本人の成長が図られるものである。少なくとも、人の成長を意図することなく（成長するかどうかは）偶然に任せるのと、人の成長を意図して取り組むのとでは、人や組織の成長は大きく異なるということは間違いないであろう。

　本節の見出しに用いた**「成長」という表現は「仕事を通じて自然と育つ」という範疇も含めた意味合いで使っているが、経営として「意図して取り組む」ことに焦点を当てる意味で、ここからは主に「能力開発」という表現を用いることとする**。その方が、読者のみなさんも馴染みやすいであろう。

そして、企業における能力開発を考えるときに、まず前提として押さえておくべきことがある。以下では、その点について解説する。

(2) 能力開発は、ミクロの視点とマクロの視点で進める

「ミクロの視点」とは、例えば、ある営業部門において営業担当者がお客様のニーズを聴きとるためのスキルが不十分であった場合に、そのスキルを習熟させるための教育を行う場合などであり、個別具体的な能力開発を行うことである（図表3-46）。

一方、「マクロの視点」とは、企業や組織としての能力開発ニーズを限られた経営資源を活用して充足させるための取り組みであり、全体的な人材育成マネジメントである。営業の例でいえば、「御用きき営業」のスタイルから「顧客課題解決型の営業」スタイルへの変革が求められている場合に、営業関係者の意識とスキルの変革教育を行うとか、営業部門人材の高齢化に伴って他部門から営業部門に異動をかけ、営業教育を実施するといったことである（図表3-47）。

ミクロの視点がなければ個々の社員を具体的に成長させることはできないが、ミクロの視点ばかりにとらわれていると、全体的な方向性を見失ったり、能力開発への投資のあり方を誤ってしまうおそれがある。**能力開発には、ミクロとマクロの両方の視点を持つことが必要不可欠なのである。**

図表3-46　能力開発のミクロの視点

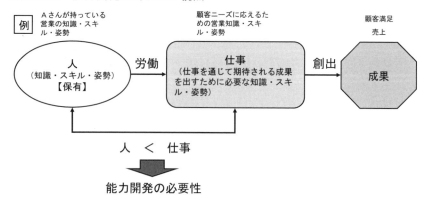

図表3-47　能力開発のマクロの視点[13]

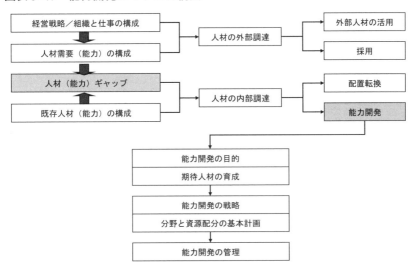

(3) 能力開発は、Make（育成）かBuy（調達）かによって考え方・方法を違える

　企業として、Make(育成)を軸とする人材マネジメントを行うのか、Buy(調達)を軸とする人材マネジメントを行うのかによって、従業員の能力開発へのかかわり方を違えることになる。

　2.2で紹介した「バリュー・プロポジション」を思い出してみてほしい。仮に「カスタマー・インティマシー」といった顧客提供価値に訴求するならば、その「密着」の仕方、その際の「感じの良さ」といったものは、マニュアルのような文物になりにくいものである。そうした暗黙的な技能を発達させるためには、一定期間、人材を雇い入れる必要があり、その間に相応のレベルの向上を図らなければならない。言い換えればMake(育成)を前提として長期的に従業員の能力開発に投資していくことになる。

　「プロダクト・リーダーシップ」の場合はどうだろう。仮に連続的にエポックな製品開発ができる専門家さえいればよいという状況であれば、そういった人をBuy(調達)することが事業戦略と適合的となる。よって、従業員の能

13　『マネジメント・テキスト 人事管理入門〈第2版〉』今野浩一郎・佐藤博樹（日本経済新聞出版社）から筆者が加工して作成している。

力開発に投資することはない。ただし、有能な専門人材を惹きつけるための方策として、能力開発を支援するということはあるだろう。

　また、同じ企業でも、人材ポートフォリオのどこに位置づけられる人材かによって能力開発への関与のあり方は異なってくる。長期雇用を前提とする経営幹部や、その候補となる従業員にはMake（育成）政策をとるが、短期雇用を前提とする専門職契約社員にはBuy（調達）政策として、能力開発への投資ではなく、その原資を賃金に回すことになる。

　Make（育成）を軸として人材マネジメントを行うのか、Buy（調達）を軸として人材マネジメントを行うべきかは各企業の戦略によるであろうから、それを踏まえて本節を読んでいただきたい。また、対象層によってMake（育成）かBuy（調達）かが異なる場合もあろう。その場合は、Make（育成）の対象層を思い浮かべながら読んでいただければと思う。

(4) 能力開発は、経営・組織の視点と個人の視点で進める。

　企業が従業員の能力開発を推進するのは、経営に必要な人材を育成するためである。つまり、企業が大切にする価値観を備えて、業務を行うのに必要な技術・スキルを身につけた人材を質的・量的に育成し、確保することが目的であるといえる。

　一方で、個々の従業員はそれぞれに持ち味があり、めざしたいことがある。このため、一人ひとりの個性や志向性を活かしながら、組織が求める方向と合致させていく必要がある。20世紀における企業の能力開発は、経営・組織の視点が非常に強く、経営・組織ニーズに基づく能力開発が行われていた感がある。しかし、21世紀に入り、個々の多様性を活かす能力開発が求められるようになってきた。**これからは、ますます個人の視点を尊重し、経営・組織の視点と統合することが大切になっていくものと思われる**[14]（図表3-48）。

14　経営・組織の視点と個人の視点は3-(4) のキャリア開発を考えるうえで特に重要となる。

図表3-48　経営・組織の視点と個人の視点

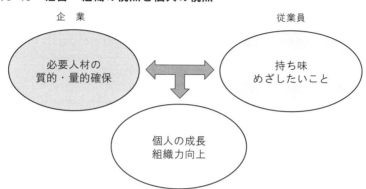

　また、経営・組織の視点と個人の視点の統合という観点でいえば、企業としては能力開発を従業員個々の成長にとどめることなく、組織力の向上につなげる必要がある。個々人の能力を高めたとしても、その能力を組織力につなげなければ、組織としての能力開発の効果はもの足りないものとなる。組織のめざすところを実現するために、**個々の持ち味を活かして組織の総合力につなげる**ことが、今後、企業における能力開発のあり方を考えるうえで重要となると思われる。この点に関しては、日常のマネジメントに負うところが大きいが、能力開発面でも、例えば、組織開発などにかかわるテーマといえるであろう。

2．能力開発の実践

　企業における能力開発の前提となる考え方を踏まえたうえで、ここでは、能力開発をどのような手続きで進めるのかについてみていこう。紙幅の関係上、能力開発実務の細部に触れることはできないが、基本的なプロセスについて押さえておきたい。

　能力開発の実践プロセスは、(1) 能力開発ニーズの把握、(2) 能力開発の計画策定と方法の企画、(3) 能力開発の推進・モニタリングから構成される。以下、これらを各ステップに沿って解説する（図表3-49）。

図表3-49 能力開発のステップ

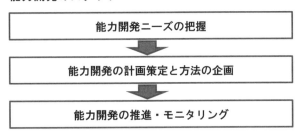

(1) 能力開発ニーズの把握

　企業がめざす人と組織のありたい姿については、第2章で述べたとおりである。経営のビジョンを実現するために、どのような従業員や組織活動のあり方を求めるのか、また、企業が大切にする理念や価値観を体現するとはどのような行動をとることなのかなどを明らかにすることになる。

　能力開発ニーズを把握するためには、「企業がめざす人と組織のありたい姿」と現実の人と組織の状態を照らし合わせて、「ありたい姿」と現状とのギャップを埋めるための「問題」を明らかにする必要がある。そのためには、経営層はもちろんのこと、各事業や業務分野をマネジメントする層の考えをヒアリングしたり、広く従業員にアンケート調査を行うことで情報収集し、自社の能力開発ニーズを深堀りして考えなければならない。能力開発ニーズをどのように把握し、認識したのかによって、能力開発の方向性はまったく違ってしまう。

　また、従業員の能力開発は、中長期的に継続して取り組まなければ解決できないことが多い。このため、将来的に求められる人や組織のありたい姿と現状の成り行きの姿との将来ギャップを把握して取り組む必要がある。またその際に、経営・事業・業務の側面だけでなく、人・組織の側面からも何が求められているかを押さえておくことも重要である。つまり、全社および各組織の従業員構成の変化や従業員の意識や志向性の変化なども考慮して検討する必要があるということである（図表3-50）。

図表3-50　能力開発ニーズの把握❶

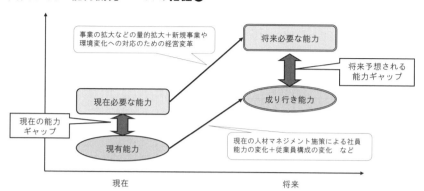

「企業がめざす人と組織のありたい姿」は全社的な視点で捉えたものであることが多いので、能力開発の仕組み・方法に展開するためには、より具体化する必要がある。そのためには、**組織や従業員をグループ化**[15]**して、それぞれにめざす姿を描き、成り行きとのギャップから課題を明らかにする**必要がある。それぞれのグループについて、どのような役割・活躍の仕方、知識・スキル、姿勢が求められるのかを描き、それに対して、現状とその成り行きがどうなるかを明らかにし、照らし合わせることでギャップが把握でき、より具体的な「課題」を設定することができる。

次に、ギャップの把握の仕方についてであるが、「現在必要な能力」と「現有能力」とのギャップは、問題顕在型ニーズ、すなわち、ギャップを生じさせている原因を分析することで明らかにする、いわゆる**原因追求型アプローチ**である。一方、「将来必要な能力」と「成り行き能力」とのギャップは、問題潜在型ニーズ、すなわち、あるべき姿を実現するためのファクターを抽出することで明らかにする、いわば**成功要因発見型アプローチ**である。そして、洗い出した問題・課題を、重要度（組織への影響度）と緊急度、相互関係から優先順位をつけて、取り組むべき事項を絞り込む（図表3-51）。

15　ここでいう「グループ」とは、2.4で示したような人材の層別を指す。例えば人材ポートフォリオでいえばそれぞれのゾーンの人材、人事基本フレームでいえば、職群、職種、等級といった基準で層別された人材を指す。

図表3-51 能力開発ニーズの把握❷

		テーマ		
		人と組織のありたい姿	成り行き	ギャップ
対象層	グループ1			
	グループ2			
	グループ3			

⬇

問題顕在型ニーズ：原因分析による抽出
問題潜在型ニーズ：あるべき姿実現のためのファクターによる抽出

(2) 能力開発の計画策定と方法の企画

　能力開発ニーズ＝取り組み事項を絞り込んだら、それぞれを解決するための計画を策定し、具体的な能力開発方法を企画する。以下で各段階ごとに紹介する。

① 能力開発の計画策定

　a. 能力開発の対象層と対象層ごとの能力開発テーマ、能力開発目標（能力開発でめざすゴール）

「企業がめざす人と組織のありたい姿」を実現するにあたって、まずどの層を対象に重点的に取り組むかを検討する（幅広い層を対象とする場合は、その優先順位を考える）。例えば、筆者らは過去に合併人事を多く扱ってきたが、こうしたケースにおいては、A社、B社の価値観やマネジメントスタイルを超えて、新会社の新たな価値観、マネジメントスタイルを作っていくことが要請される。そうした場合は、まず経営幹部、部門責任者クラスを対象に、「新会社がめざす人と組織のありたい姿」をともに描くことから始める。「ともに描く」というプロセスを通して、お互いの違いを理解し合い、かつ新会社における経営幹部、部門責任者としての考えや意識合わせを行うことをねらいとする。こうしたテーマは終わりのないようなテーマではあるが、限られた期間内で「どのような状態まで持っていくのか」を決めることが「能力開発目標を定める」ということである。

b. 開発すべき能力の仕分けと判断

また、上記のゴールに連動させる形で、どのような能力、スキルを発達させる必要があるのかを把握する必要がある。図表3-52をみてほしい。

図表3-52　能力の分類

能力分類1	概要	能力分類2	概要
企業特殊的能力 (Firm Specific Skill)	特定企業・団体に特有の経験や仕事機会に応じて得られる知識・能力	エキスパート技能	特定の仕事を上手く処理する知識・能力
		文脈的技能	特定の集団において、協調や協力を促進する知識・能力
		統合的技能	上記の「特定の仕事」の周辺業務に関する知識・能力
一般能力 (General Skill)	特定の企業・団体の文脈に留まらず、どのような場面でも活用できる知識・能力		

能力には、特定の企業においてのみ通用する能力（企業特殊的能力）と、特定企業の文脈に依存しない能力（一般能力）があるといわれている。企業特殊的能力は、固有の業務をこなす「エキスパート技能」や、固有の業務を協力して行ったり、問題解決を促進するための「文脈的技能」「統合的技能」から構成される。

こうした**スキルの種別ごとに、とりうる能力開発の計画や方法は変わってくる**。例えば、企業特殊的な能力を社外のセミナーで補うことは難しい。能力開発のゴールと照らし合わせて、どのような性質の能力を発達させるかを捉えておく必要がある。具体的な方法については次項で述べる。

c. 能力開発方法、コスト

能力開発方法には、大きく分けてOJT、Off-JT、自己啓発、ローテーション等の制度による方法などがある。上記の能力開発テーマに対してどのような方法が効果的であるかを考えなければならない。それぞれの方法の具体的内容やメリット、デメリットについては②で後述する。

また、**方法は一つではなく、複数の方法をミックスさせて実施した方が効果的である場合も多い**。例えば、「チームワーク強化」がテーマであれば、

チームワークに関する知識はe-ラーニングや書籍で学習しておいて、研修の場を使って自職場や自分自身のチームワークの状態について対話したり、内省したりして、あるべき姿や今後の取り組みを考え、職場で実践し、上司とともに振り返り、改善につなげるといった具合である。

また、通常、能力開発に投入できるコストは限られているので、そのコストの範囲内で相対的にパフォーマンスがよいと考えられる方法を選択することになる。

d．取り組みの順序関係と取り組みスケジュール

上記aの対象層やcのコストの問題ともかかわるが、**さまざまある能力開発テーマをどういった順序で取り組むことが、全体として効果的・効率的であるかを考える必要がある**。

例えば、先ほど例に挙げた合併人事の場合、取り組まなければならないテーマは、新たな価値観の確立・浸透、マネジメントの仕方や各職能における実務方法やスキルの標準化等々、山ほどあるが、その中で、まず取り組むべきは両社従業員の関係性の構築である。そこで、お互いを知るところから始める。新会社でめざすべきことは何かなどを語り合う中で、お互いの価値観や考え方に触れ、違いを理解し合う。そうした取り組みを土台として、より具体的な実務にかかわるテーマへと進めていくことになる。

スケジュールについては扱うテーマの大きさにもよるが、能力開発は短期では解決できないテーマが多いので、全体としての期間と当面のゴールとしての期間を設けることになる。

② 能力開発方法の企画

能力開発の計画策定の中で能力開発方法を選択するが、それを実施するためには、具体的な内容に落とし込まなければならない。ここでは、企業で一般的に実施されている能力開発方法とその選択・実施上の留意点について紹介しておく。

能力開発の方法には、一般的には図表3-53に示したようにOJT、Off-JT、自己啓発、制度・システムがある。

図表3-53 能力開発の方法

種類	内容	具体例
OJT	仕事を通じて教育を行い、仕事から学ぶ仕組みをつくる。	上司・先輩からの指示、報告、相談、同行、代行、仕事の配分　など
Off-JT	日常の仕事や職場から離れ、非日常の体験を通じて学ばせる。	社内研修、公開セミナー、講習会、展示会の参加　など
自己啓発	本人が自分自身で自発的に教育ニーズを充足する。	読書、通信教育の受講、業界誌・専門誌の購読　など
制度・システム	OJTではできない制度的な成長機会を、タイミングを捉えてつくりだす。(Off-JTの一部を含む)	ジョブ・ローテーション、プロジェクト参加、国内外留学、派遣・出向　など

　a．OJT(On the Job Training)

　私たちは、仕事に必要な能力の大半を仕事を通じて獲得している。米国のロミンガー社の調査によれば、能力開発の7割は仕事を通じた経験によって行われ、2割は模範となる人物(ロールモデル)から直に受ける薫陶や観察と模倣によるもの、残り1割が研修や書籍による学習であるという。それほど、**仕事を通じた経験や上司・先輩からの指導・助言が人の成長に与える影響度は極めて大きい**。

　図表3-54は、さまざまなOJTの方法を表している。直接的OJTは現在の仕事の習熟度を高めるために上司や先輩などの指導者が被指導者のスキル習得を直接指導するものであり、間接的OJTは新たな課題や役割を与える、担当範囲を変更する、新たなメンバーと仕事をさせる、改善活動に取り組ませるなどして、現在の業務の周辺能力や新たな能力を獲得させたりするものである。

図表3-54　OJTの種類

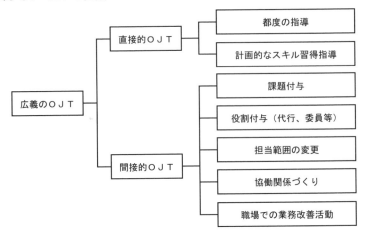

前述したとおり、**OJTは能力開発において最も重要な方法であるといえるが、その効果は指導者の育成能力や熱心さに大きく左右される**という問題がある。そこで、図表3-55のように仕組みとして運用するような取り組みを行うことによって、指導の仕方のばらつきを抑制することが有効である。

図表3-55　OJTの仕組み

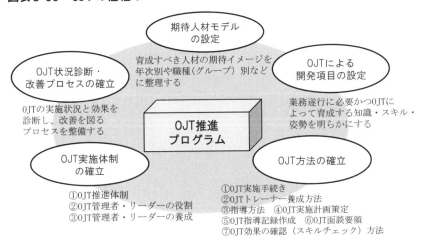

b.　Off－JT(Off the Job Training)

　Off-JTは、能力開発すべきテーマに関して、ケース演習をしたり、他の参加者や講師との直接的な対話、特に日頃は接点のない部門のメンバーとの討議、講師からの即時のフィードバック、ロールプレイングなどに代表される訓練を通じて、普段の仕事ではなかなか獲得できない気づきや学びを得ることに意義がある。

　Off-JTは一度に多数の参加者に対して、比較的均質な学びを提供できるというメリットはあるが、一方で「学習した内容を実践で活かすという保証がない」「個々人の能力レベルや問題意識に対応しにくい」「暗黙知的な内容を学習しづらい」という弱点もあることを踏まえて、適した学習テーマを選定する必要がある（「学習した内容を実践で活かすという保証がない」という点については、その解決策の一つを3-(2)で後述する）。

　図表3-56は、一般的な研修と自己啓発支援の体系図である。研修は、通常、階層別研修とテーマ別研修、部門ごとの職能研修などに区分される。

　階層別研修は、各階層における役割認識と特に求められる知識・スキルの習得をねらいとする場合が多いが、**恒常的に実施することで、企業としてのものの見方・考え方を継承する**という機能を持っている。

　一方で、テーマ別研修は、それぞれのテーマに応じた能力開発を行うことをねらいとしている。継続的に実施するものもあれば、喫緊の課題について一時的・集中的に実施する場合もある。

　そして職能研修は、各職能（部門）に求められる専門スキルの習得を目的としており、職能（部門）ごとに実施するものである。

図表3-56　一般的な教育・研修体系図例

階層	階層別研修	テーマ別研修					職能研修		自己啓発支援		
役員層	役員研修										
部長層	部長研修	次世代リーダー養成研修		各種コンセプチュアル／ヒューマンスキル研修	目標管理・評価研修	コンプライアンス研修	キャリア研修・ライフプラン研修	職能（部門）別専門能力研修	職場ぐるみ研修	通信教育・eラーニングによる支援	外部セミナーへの派遣	資格取得支援
課長層	課長研修											
係長層	係長研修		小集団リーダー研修									
中堅層	中堅社員研修			語学研修								
新入社員層	新入社員フォロー研修 新入社員研修											

　階層別研修のように該当する者全員を対象として教育を実施するもの、次世代リーダー養成のように会社が対象者を選抜して実施するもの、選択型研修のように本人が選んで受講するものなど、対象者の選別の仕方は教育のねらいによって異なる。また、社内で実施するか、外部セミナーに参加させるかも同様である（もちろん、対象者の数やコストの問題もあるが）。社内でも実施可能であるが、あえて外部のオープンセミナーに参加させることで「他流試合」をさせ、参加者に刺激を与えるケースもある。

　従来、Off-JTは、一般的に研修、セミナー、勉強会といった集合教育という形態をとることが多かったが、近年ではITの発達により、e-ラーニングをモバイル端末を使って行うケースが増えている。仕事に必要なノウハウのほとんどを情報化して、e-ラーニングで学べるようにしている企業もある。こうした方法を活用するのは、集合研修のコストを軽減するというねらいもあるが、時間と場所の制約をなくす、学習の継続性によって実践に結びつきやすくするというねらいもある。

c.　自己啓発

　自己啓発は、本人の主体的な学習への取り組みであり、会社はそれを支援

するものである。通信教育や外部セミナーの受講料の補助、資格取得の受験料補助、職場でのグループ学習の補助、e-ラーニングの提供などが代表的な取り組みである。通常は会社が補助する対象は会社が承認するものに限定されるが、近年では、何らかの基準によって従業員に一定のポイント（金銭に交換できるポイント）を付与し、そのポイントの範囲であればどのような学習ツールを使うかは本人に任せるという企業もある。

日本企業は昔から会社主導で従業員の教育を行ってきた。これは、終身雇用に代表される長期雇用を前提とした働き方とリンクしている。解雇することなく、何十年も働き続けてもらうためには、会社が必要とする能力を獲得してもらわなければならない。場合によっては、これまで獲得した能力とはまったく異なる能力を身につけてもらわなければならないケースも少なくないので、会社主導にならざるを得ない。

欧米では、仕事の能力を獲得するのは基本的に本人自身の責任であるとされる。より高度な能力を獲得することで、より条件のよい仕事を獲得できる。よって、能力開発は本人が「身銭を切って」行う（国の能力開発支援が非常に充実している国もあるが）ものという認識が強い。

今後、日本でも事業の変化スピードが速くなり、雇用のあり方が柔軟になっていくと、能力開発のあり方は会社主導から個人主導へシフトしていくことになるかもしれない。その意味において、企業が社員の自己啓発を支援するのは、個々に必要な知識・スキルの獲得をねらいとするものではあるが、**「個人が主体的に学習する風土を築く」というねらいも重要である**といえよう。

d. 制度・システム

ジョブ・ローテーション、プロジェクト参加、国内外留学、派遣・出向など、OJTやOff-JTでは経験できない学習機会を仕組みとして提供するものである。

かつて日本能率協会で実施した「技術者教育の研究─技術者に必要な能力とその開発方法」（1990年）[16]にも記載してあるが、**人が成長していく過程に**

---

16 『技術者教育の研究─技術者に必要な能力とその開発方法』日本能率協会　経営革新研究所（日本能率協会マネジメントセンター）

おいて「異文化との接触・交流」は重要なファクターである。普段の仕事の中（OJT）ではなかなか視野の拡大はできないし、通常のOff-JTでは「異文化を体験（体感）する」ことは難しい。その点において、こうした取り組みが持つ意味は大きい。しかし、ジョブ・ローテーションやプロジェクト参加など比較的社内で経験しやすい方法以外は、対象者が限定される。また、これまでと異なる職能の部署への異動や派遣・出向といったローテーションが単に異なる仕事を経験しただけに終わってしまう可能性もある。よって、**誰に経験させるかという対象者の選別と、そのねらいを本人に自覚させることが大切**である。

また、近年ではメンター制度を導入する企業が多くなった。「メンター制度」とは、直属の上司・先輩とは異なる先輩社員（メンター）が双方向の対話を通じて、後輩社員（メンティ）のキャリア形成上の問題・課題解決や悩みの解消を援助して個人の成長をサポートするというものである。当初、新入社員の定着化をねらいとして導入する企業が多かったが、今日では、女性活躍推進や次世代リーダー養成の面から実施する企業も増えている。

また、キャリアコンサルティング制度を設けている企業も増えている。職業能力開発促進法でキャリアコンサルティング機会の確保を掲げていることや、厚生労働省による「セルフ・キャリアドック」の推進がそれを後押ししている。キャリア開発については後述（3-(4)）するが、前述した**個人の主体的な学習とも関連して、企業におけるキャリア開発への取り組みは今後ますます重要なテーマとなってくる**であろう。

(3) 能力開発の推進・モニタリング

　従業員の能力開発を推進するためのポイントの一つは、どのような推進体制を確保するかである。よい推進体制を確保できれば、計画的・継続的に能力開発を推進することができる。また、能力開発というものは初めからベストな方法を企画・実施できることは少なく、より効果的で効率的な方法にブラッシュアップしていく必要がある。そのためには、OJTであれ、Off-JTであれ、各能力開発施策についてモニタリングすることが大切である。

① **推進体制**

　能力開発を推進する体制は、企業規模によって大きく異なる。大企業であれば能力開発を専門に扱う組織（教育機関）を持っていたり、全社能力開発委員会という機関の下に職能（研究、開発、生産、営業など）ごとの推進機関を持っていることが多い。一方、中小企業ではHR部門に担当者が1名いるだけというケースもある。企業によって体制のあり方に違いがあるのは仕方がないことであるが、能力開発は計画性を持って継続的に実施しないと効果が出ないことを考えると、中小企業であっても（たとえ実務担当者が1名であったとしても）**計画性・継続性を確保できる体制**は必要である。

　その意味でも、**経営トップとHR部門の責任者（部長クラス）が関与することが重要**である。特に、経営トップの関与の程度によって、その企業がどれだけ従業員の能力開発が経営にとって重要だと考えているかがわかる。社長あるいは副社長が全社能力開発委員会の委員長として能力開発計画にしっかりコミットしている企業や、新入社員研修や新任管理者研修など節目の大切な研修には必ず経営トップが顔を出して講話される企業がある一方で、経営トップがほとんど関与しない企業もある。

　また、HR部門だけが奮闘するのではなく、**ライン部門を巻き込んで進めることも大切**である。「HR部門が言うので、仕方なく研修を受けさせる」といったライン管理者をみかけることが少なくないが、これでは研修を実施しても現場で活かされる可能性は低いと思われる。また、OJTが効果的に実施されることも期待できないであろう。ライン管理者が部下の育成を重要事項と捉えて取り組む状態をつくるためにも、ライン部門の巻き込みは重要である。

　具体的な巻き込み方法としては、全社能力開発委員会の委員に各部門の責任者を任命し、委員の協議によって能力開発計画を策定するとか、ライン部門と一緒に教育プログラムをつくる、あるいは、HR部門で実施するプログラムとライン部門で実施するプログラムを分けて、後者はライン部門が主体的に実施する体制をつくる、といったことが考えられる。

② **モニタリング**

　図表3-57は、ある企業のモニタリングの仕組みである。各種教育プログラ

ム(研修等)を実施した後に参加者へのアンケートを行って、「どのように意識が変わったか」「どの程度知識が習得できたか、理解が進んだか」を調査し、プログラムの効果を確認する。また、広く全従業員を対象に人材育成に対するアンケート調査を行って、職場での育成の実態や期待人材像の充足状況、研修受講後の職場での実践状況などを確認する。こうした調査結果をもとに次期教育計画に反映する。また、教育のねらいや体系、プログラムへのフィードバック、ありたい姿へのフィードバックも行い、現状のままでよいのか、手を加える必要があるかどうかを検討する。このようなサイクルを継続的に回すことで、能力開発施策の効果性・効率性を高めていくのである。

経営からみた能力開発の大きな課題の一つは、**「相当なお金と時間と手間をかけているが、本当に経営にとって効果のあるプログラムを実施しているのか」**という問いに明快に答えられていないケースが多いということである。能力開発の取り組み効果を定量的に測定することは技術的に難しいことではあるが、少なくとも事例のような仕組みでPDCAを回す取り組みはなされるべきであろう。

図表3-57　能力開発のモニタリング例

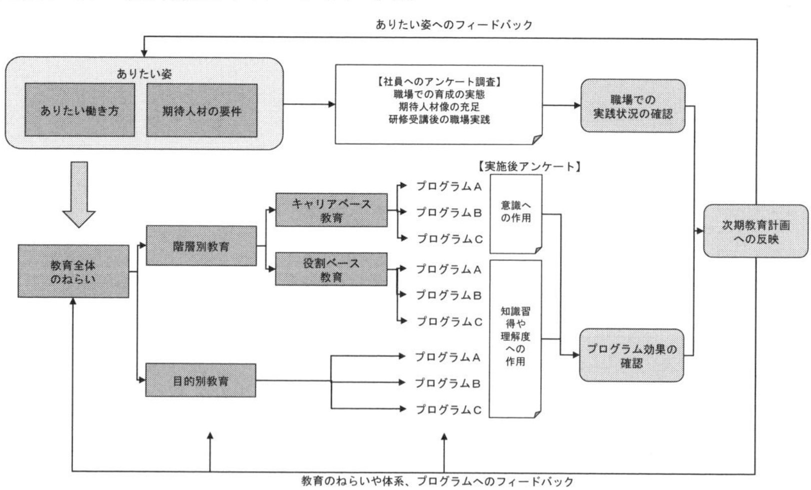

3. 補論：「能力開発」から「成長」へ

　これまで、企業における能力開発の前提となる考え方と実践プロセスのポイントについて解説してきた。内容的には、能力開発の基本的な部分であるので、企業や時代環境によって大きく異なるものではないであろう。少なくとも、組織のニーズ分析に立って能力開発施策のPDCAを回すことができる。
　1.2-1や3.3-1にも示したように「一人ひとりの個性や志向性を生かしながら、組織が求める方向と合致させていく」といった「個」という側面を強調するとき、また、HR部門とライン部門で協業しながら能力開発を推進していくときに、さらに押さえておかなければならないことがある。
　ここでは、<u>「(1) 学習能力を高める」「(2) 研修を意思決定の場とする」「(3) 組織を開発する」「(4) キャリアマネジメントと『成長』をリンクさせる」</u>という四つの観点について提言しておきたい。これらの観点は、経営として意図して取り組む「能力開発」を、より主体的でダイナミックな個や組織の「成長」へと導くことにつながるであろうと考えている。

(1) 学習能力を高める

　これまで数多くの企業の支援をさせていただいた経験に基づけば、先に述べたとおり、企業における能力開発の費用対効果は十分でないと言わざるを得ない状況にあると感じている。それは、「ニーズ分析が的確でない」「能力開発のねらいが的確でない」「能力開発方法の選択が適切でない」「継続性がなくロスが発生する」等々、企画・実施側に起因するさまざまな原因はあるものの、参加する側の問題、すなわち、従業員の学ぶ力＝学習力が十分でないという点にもあるのではないかと思われる。従業員の学習力が昔に比べて低くなったというよりも、時代環境として学習することの必要性が高まったことと、学習すべきことや学習の仕方が変化していることに対応できていないということからくる「相対的な低さ」ということであろう。
　今日のように「答え」のみえない時代では、個人にしても組織にしても学習のスピードと質を高めることがビジネスの成否に大きく影響する。また、個人の視点としても、昔は「学習する」ことは学生時代と入社から10年位までが中心であったかもしれないが、これからは生涯を通じて学習し続けるこ

とが求められる。それは、昔に比べて働き続ける期間が長くなることやAI等の技術革新が仕事のありようを大きく変えていくことにより、エンプロイアビリティ（雇用される力）を獲得し続ける必要があるということがいえる。加えて、経済的な豊かさ以上に精神的に豊かであることが充実した人生を歩むうえで大切であり、そのためにも「学習し続ける」ことが重要となる。

また、学習力を高めることは学習者本人に求められることではあるが、上司など支援的立場にいる人たちにも求められることである。なぜなら、学習するということの要点を理解していないと適切な支援ができないからである。

ここでは、学習力を高めるためのヒントになる二つの理論を紹介する。

① **経験学習**

組織行動学者のデービッド・コルブは、「学習」とは「知識を受動的に覚えることではなく、自らの経験から独自の知見（マイセオリー）を紡ぎだすことである」として、図表3-58のような「経験学習モデル」を提唱した。

図表3-58　経験学習のサイクル[17]

```
能動的実験              →    具体的経験
Active Experimentation       Concrete Experiences
     ↑                              ↓
抽象的概念化            ←    内省的観察
Abstract Conceptualization   Reflective Observation
```

四つのフェーズの意味は、次のとおりである。
　◆具体的経験：学習者が環境（他者・人工物など）に働きかけることで起こる
　　　　　　　相互作用のことである。

---

[17] Kolb,D.A.(1984) Experiential Learning: Experience as the Source of Learning and Development. New Jersey: Prentice Hall

◆内省的観察：ある個人がいったん実践・事業・仕事現場を離れ、自らの行為・経験・出来事の意味を、俯瞰的な観点、多様な観点から振り返ること、意味づけすることである。
◆抽象的概念化：経験を一般化、概念化、抽象化し、他の状況でも応用可能な知識、ルール、スキーマ、ルーチンを自らつくりあげることをいう。
◆能動的実験：以上の新しい状況下でつくりだした知識、ルール、スキーマ、ルーチンを実践することである。

　経験学習モデルにおいては「内省的観察・抽象的概念化」と「能動的実験・具体的経験」の二つのモードが循環しながら、知識が創造され、学習が生起すると考えられている。
　私たちは仕事を通じてこの経験学習のサイクルを繰り返しており、意識せずとも実施しているものの、このように理論として整理して提示されれば、「確かに」と思われる読者も多いことだろう。しかし、この経験学習サイクルをどのように回すかが重要であり、松尾睦氏は著書[18]の中で、**経験から学ぶための力として「ストレッチ」「リフレクション」「エンジョイメント」の3要素**を挙げている。
　「ストレッチ」とは、問題意識を持って、挑戦的で新規性のある課題に取り組む姿勢のことであり、「リフレクション」とは、行為の後に成功や失敗を振り返って教訓を抽出するだけでなく、行為の最中に試行錯誤を繰り返すことも含まれる。そして、「エンジョイメント」とは、自分の取り組む仕事にやりがいや意義をみつける姿勢をいう。この3要素がうまくつながると相乗効果的に経験学習が進むと考えられる。したがって、本人および支援者がそのポイントを押さえておくことが「単なる経験」に終わるのか、「学習につながる経験」になるのかの分岐点となる。
　こうした**「経験学習」の概念を意識して、OJTリーダーや上司が、仕事や能力開発機会を与えたり、もしくは育成的な異動・配置がなされたりする**ならば、本人や組織にとって有用な経験学習成果の意図的な蓄積に結びつける

---

18 『「経験学習」入門』松尾睦（ダイヤモンド社）

ことができるのではないだろうか。

② 習慣化

学習が一定の効果に結びつくためには「継続する」ことが必要である。しかし、新しい行動を身につけようとしたり、今の行動を変えようとするときに、「継続する」ことは容易でないことを私たちは経験的に知っているし、幾度もの挫折から「自分には継続力がない、意志が弱い」と思い込んでしまうことがある。

<u>「習慣化」は、ある行動を増加または減少させたい場合に、意志の力で解決するのではなく、行動が増加または減少しやすい環境を整えることで解決を図るもの</u>である。めざす行動を無理なく日常の中でできるようになるためには、この「習慣化」のスキルを身につけることが有効である。「習慣化」は次の八つのプロセスから構成される（図表3-59）。

図表3-59　習慣化の八つのプロセス

No.	プロセス	目的	実施すること
1	準備	自分のスタイルを知る	自分の得意な学習スタイルを知るとともに、状況に応じて複数のスタイルを使い分けることを意識する。学習スタイルには、例えば「理論重視」「観察重視」「行動重視」などがある。
2	計画	目標を行動に落とし込む	目的とゴール、達成のための目標行動をリストアップし、着手順、要継続行動、難易度を検討して、スモールステップで組み立てる。
3	着手	日常活動に組み入れる	過去の習慣化の成功・失敗事例から、自分が行動しやすくなる状況を分析して、そのような状況や条件を設定する。
4	記録	行動実績を見える化する	心地よく感じる記録のつけ方（つけやすさ、わかりやすさ、楽しさなど）をみつけて、記録をつけることを習慣化する。
5	省察	失敗を成功の糧にする	うまくいかなかったときに生じるマイナス感情を否定せずに受け入れて、本来なすべき行動に目を向ける。
6	矯正	成功への道筋を修正する	同じ失敗を繰り返さないために、「これだけは守る」というルールをつくる。
7	共走	続ける仕組みをつくる	マンネリ感や停滞に陥らないために、周囲との関りを持ち、よい刺激を受ける。
8	自走	次の習慣化も成功させる	うまくいったプロセスを分析し、うまくいくパターン（きっかけ・状況、記録方法、ご褒美、ルール、周囲のサポート）を知って、次の行動の挑戦に応用する。

今までOff-JTの研修においてアクションプランなどを立てても、一過性の

ものに終わるケースが多かった。こうした「習慣化」の概念を応用し、Off-JTのフォロープロセスの設計に工夫を加えることによって、個人レベルの学習の継続性を高めていくことができる。

(2) 研修を意思決定の場とする
「習慣化」の議論とも関連するが、先述したOff-JTの解説において、「学習した内容を実践で活かすという保証がない」というデメリットを挙げた。多くの能力開発担当者にとって頭の痛い問題であろう。Off-JT、特に集合研修は、これまではどちらかといえば知識や情報をインプットしたり、気づくことにねらいのウエイトがあって、それをもとにアウトプットすることのウエイトは小さかったといえる。

一方で、近年、ビジネスの現場で見聞きすることは、**「昔に比べて、失敗することが許されなくなっている。そのために、マネジャー層ですら自らの権限で意思決定することが許されず、意思決定行為が上の階層に移っている」**ということである。失敗という痛い経験を通して成長することが当たり前であった時代から、失敗することが許されない時代になると、自分で決められることが以前よりも小さなことになってしまい、大きな意思決定をするという経験機会が少なくなってしまう。このことは従業員の育成、特にマネジャー層の育成において大きな問題といえる。

そこで、「研修を意思決定の場とする」という取り組みがみられるようになってきた。例えば、アクションラーニングの一つの形として課題解決型の研修を単発ではなく一連のプロセスとして実施するケースがある。解決すべき課題をテーマ設定し、まずは個人でその解決策を考え、グループメンバーと相互検討を行い、参加者全員の前で発表してフィードバックをもらって、解決策をブラッシュアップする。そして、それを職場でトライアルしてみて、その結果を持ち寄って話し合い、よりよい解決策に改善したり、次のステップの対策をつくるといったプロセスを繰り返しながら、一定の成果を出すところまで実践していく。

これは、集合研修と職場での実践との統合である。テーマはビジネスや組織マネジメントにおいて重要なテーマであるから、以前であれば、各々の職場で実施されていたことであるが、上記のような背景もあって**研修という場**

を活用して、「考え、意思決定して、実践する」というプロセスを磨き上げる取り組みがなされている。研修の場を活用することで、解決策を考えるうえで他のメンバーから多様な視点からのアイデアをもらえるというメリットや自分の考えを振り返る（内省する）うえで、実践の場を離れて、客観的、冷静な目でみつめることができるというメリット、さらに他のメンバーとの切磋琢磨を通じて、チャレンジ意欲ややり切る意欲が刺激されるというメリットもある。

また、「研修」のカテゴリーに含めることは異論があるかもしれないが、いわゆる「ワークアウト」もインプットではなく、アウトプットを重視した取り組みである。ゼネラル・エレクトリック社（GE）での取り組み事例が紹介され、世の中に普及したものであるが、解決すべき課題を選定し、その課題に対して意思決定権のあるリーダーを選任するとともに、相応しいメンバーを組織や階層を超えて集めてチームをつくる。チームで解決策を考え、リーダーに提案する。リーダーはその場で実施するか否かを判断し、実施するとなれば、実行担当者を決めて権限委譲し、実行に移すことになる。

ワークアウトは課題を解決することにねらいがあるため、能力開発的な要素がない（薄い）ように思われるが、組織・階層を超えたメンバー間で話し合って解決策をまとめること、そして、自分たちが考えた案が実行されるという経験は、少なからずそこに参加したメンバーの成長につながるものである。

一方で、こうした取り組みはHR部門単独で行えるものではない。ライン部門の参画を必然的に伴う取り組みである。第1章においても、HRMの担い手としての「ラインの参画」について述べたが、能力開発という機会とライン部門における成果創出活動のマネジメントを融合することで、よりライン部門に貢献可能な能力開発の施策へとシフトさせることができるのである。

(3) 組織を開発する

「組織開発」という言葉も近年よく見聞きするようになったが、これも定義が多様である。中村和彦氏は著書[19]の中で、「組織開発の本来の意味は、『組

---

19 『入門 組織開発』中村和彦（光文社新書）

織内の当事者が自らの組織を効果的にしていく（よくしていく）ことや、そのための支援』」と説明している。また、さまざまな識者の定義に共通することとして、「行動科学の理論や手法を用いること、組織の効果性や健全性を高めていくこと、組織のプロセスに対して計画的な働きかけをする取り組みであること」を掲げている。

ここで組織の「プロセス」という言葉があるが、中村氏は同書の中で図表3-60の図を用いて、組織のマネジメント課題のハード面とソフト面を説明している。このソフト面（人と関係性）が組織の「プロセス」と概ね同義であると解釈できる。ただし、組織開発が組織のハード面を含まないということではなく、ソフト面を重視して変革（よくしていくこと）のための働きかけをするものだと理解した方がよい。

図表3-60　組織の六つのマネジメント課題

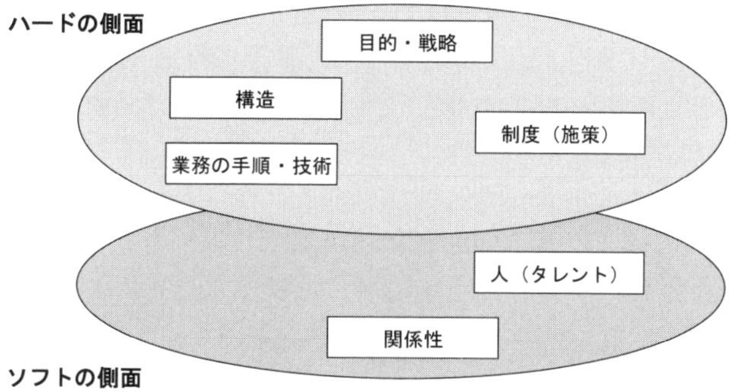

ハードの側面
- 目的・戦略
- 構造
- 制度（施策）
- 業務の手順・技術

ソフトの側面
- 人（タレント）
- 関係性

先に「組織開発という言葉を近年よく見聞きする」と書いたが、実は、日本における組織開発への取り組みは60年代後半から70年代において「感受性訓練」「ファミリートレーニング」「職場ぐるみ訓練」などの取り組みが多くの企業で実践され、さかんになった時期がある（その後、組織開発的な取り組みは下火となり、QC活動に移っていった）。

そして昨今、組織開発が脚光を浴びるようになったが、その背景として次のような事由が挙げられる。

一つは、バブル経済崩壊後に起こったリストラクチャリングや成果主義人

事など、組織のハード面に対する改革が断行されたが、その効果には限界があり、ハード面を変えたところで、ソフト面が変わらなければ得られるものが少ないということを多くの企業が経験したということがある。

二つめとして、メンタルヘルス不全の従業員が多くなったということが企業として看過できない問題となったことである。これはPCの普及により仕事が個別化し、職場メンバー間のフェイス・トゥ・フェイスのコミュニケーションが少なくなったこととも関係が深いであろう。

三つめは、「多様性」という言葉で表されるように、職場がさまざまな背景や属性を持った人たちで構成されるようになり、お互いの立場を尊重し、相互の関係性に従来以上に配慮する必要性が高まったことがある。

四つめとして、チームというものの重要性を改めて認識する時代になったということであろう。複雑さ、不透明さ、変化スピードの早い環境下において価値創造活動の重要性が高いビジネスにおいては、有機的なチームとしての機能を高めることが必要である。そして、チームが持つ**「役割の補完（共働）」「精神の補完（共生）」「知の補完（共創）」「成長の補完（共育・共進）」**の四つの機能をいかに発揮できるかが重要となる。このことは、組織開発を行うことそのものなのである。

図表3-61　チームの四つの機能

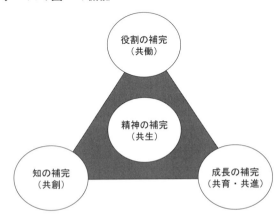

〈四つの機能の定義：JMAMにおける研究に基づく〉

■役割の補完（共働）
一人では実現できない大きな仕事（たとえば、ビルの建設、鉄道の運行、大量商品の生産・販売など）をメンバーが役割を分担し、協力して遂行すること。また、他のメンバーの仕事を手助けしたり、カバーすること。
■精神の補完（共生）
孤独ではなくチームの一員であるという安心感を得ること、組織に愛着を感じ、帰属意識をもつこと、お互いに励ましたり支えあう連帯感をもつこと、お互いの貢献を認めあうことで有能感を得られることによって、心の安定を確保し、働く意欲を高めること。
■知の補完（共創）
異質な知識や考え方、価値観、感じ方をもつ多彩なメンバーが相互に意見をぶつけあい刺激しあうことで、「新たな知」を生み出す創造活動を相乗的に行うこと。
■成長の補完（共育・共進）
メンバー相互が刺激し合い、教え合い、競争し合うことを通して、共に伸びようと共進し合い、成長を促進すること。

　本節の冒頭で「企業としては能力開発を社員個々の成長にとどめることなく、組織力の向上につなげる必要がある」と述べたが、個人の成長が組織の成長につながり、組織として成長することがさらに個人を高めていくことにつながるという好循環をつくることが求められているといえるのではないだろうか。

　そのために、**能力開発の担当者は、単に個別のプログラムを企画、実施するのにとどまらず、各職場のハード面、ソフト面の課題を把握し、当事者らが自らの職場をより効果的にしていけるように組織開発を支援していくことがますます求められる**ことと思われる。

(4) キャリア開発〜人事諸施策と成長プロセスをリンクさせる〜

　1-(4)で述べたとおり、「能力開発は、経営・組織の視点と個人の視点で進める」ことの必要性がますます高まっている。このことは短期的な能力開発についてもいえることであるが、長期的な視点で取り組むキャリア開発においては、より重要である。

　そして、キャリア開発は仕事を通してなされるものであり、本書で取り上げている「要員のマネジメント（獲得と輩出／配置と再生）」「成果創出活動のマ

ネジメント」などのプロセスにおける諸施策とリンクさせることによって、相乗効果を高めることができる。

① **キャリア開発と能力開発**

　キャリアとは、一般的に「経歴」「経験」「職務の連鎖」などと表現され、時間的持続性ないし継続性を持った「職業人生」といえる。そして、キャリア開発とは、職務経験の連鎖を通して職業能力を形成していくことである。キャリア開発の主体者は個人（従業員本人）であり、企業という枠を超えて実施していくものである。

　図表3-62は、企業におけるキャリア発達のイメージ図である。エントリーしてから組織の一員として認められるまでの間は、基本的には職場が主な活躍のステージとなるが、一人前になり、30歳前後の段階で、自らの外部労働市場における価値がどのようなものなのかについて視野が広がってくる。その段階で組織外に出る者もいるだろうが、留まる選択をした者は、自社におけるアイデンティティの形成に向けて専門性を高めたり、職場を越えて主体的に価値を発揮する方策を探り始める。その後、「管理」「専門」といった役割分化が発生し、主に企業における貢献価値を高めていくための方策を探り、実際に貢献を行う。この間の主な活躍のステージは、「企業」である。そして、退職するにあたって、再び地域社会といった社外の状況へと視野が拡大され、再び適応のための方策が模索されることになる。

　改めて、こうした**視野や関心の持ちようによって、本人が「何について」主体的に学習する状況、心境にあるかということに、より注意を向けていく必要がある。**

図表3-62　キャリア発達と視野の変遷のイメージ図

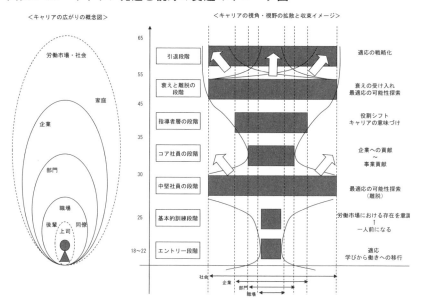

②　HRM施策とキャリア開発

一方で、こうした視野の拡大－縮小といった個々の世界観や、その時々のモチベーションのありようは、社内における個別の事情によって変わってくる。すなわち、昇進・昇格、異動・配置、役割分担、目標設定、評価といった諸施策のありようによっても、個々の社員のキャリアやそれをつかさどる世界像は、変わってくるということである。

改めて62ページ図表2-24の「経験学習ベースのキャリアマップ（例）（総合職）」をご覧いただきたい。このようなガイドラインを提示することによって、**これまでは、基本的に会社側が決めるという位置づけであったHRM諸施策は、今後は、最終的には会社側が決めるとしても、本人の参画、本人との対話を通じて本人のキャリア志向を十分考慮したうえで実施していくというスタンスに変わっていくことだろう。**

それを支える取り組みとして、キャリア目標の設定、自己申告、キャリア面接、ローテーション、社内公募、FA制度、キャリアカウンセリング、キャリア研修などが挙げられる[20]。また、本人の時々の状態をモニタリングし、計画的で効果的な配置、異動へと導くための「HR情報システム」の活用も期待されるところである。詳細は3.6で述べていきたい。

　最後に、成長と他のプロセスとの関係について触れておく。他のプロセスとの関係では、以下のようなことが課題となる（図表3-63）。

図表3-63　「成長」と他の主要な領域との関係

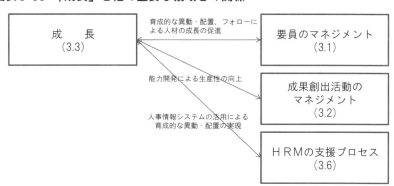

- ◆「要員のマネジメント」との関係でいえば、育成につながる異動・配置の実施やその後のフォローをどの程度実践できているかということが検討の課題となるだろう。
- ◆「成果創出活動のマネジメント」との関係では、能力開発することでどの程度個々人あるいは組織の生産性向上につながっているのかをインプット、スループット、アウトプットの各側面から把握し、検証ができているかということが課題となる。
- ◆「HRMの支援プロセス」との関係では、人事情報システムを活用して個々の強み・弱み・持ち味と職務とのマッチングを行うなどして、育成的な異動・配置につなげているかということが検討の課題となるだろう。

20　3.1において一部施策の解説を掲載している。

3.4 従業員の働きや貢献に適切に報いる ～報酬～

　ここでは、企業が労働市場から人材を獲得し、従業員として定着して、働きがいを持って働くことで、企業がめざす労働生産性を確保できるようにするために、従業員に対していかに報酬を支払うべきか、その考え方と実施方法について扱う。

1．「報酬」の基本的な考え方

(1) 報酬とは
① 報酬体系
　「報酬」という言葉は、一般的には労働の対価として企業が従業員に対して支払う賃金のことを指す。賃金は、企業にとっては必要な従業員を雇用し、経営目標の達成に向けて業務を遂行してもらうための費用であり、従業員にとっては所得の源泉であり、その企業と契約して働く重要な目的である。賃金は企業と従業員を結びつける重要なファクターであり、どのようにマネジメントするかが経営のあり方に大きく影響する。

　しかし、報酬は賃金等の金銭的なものだけを指すものではない。**「報酬」の広義の定義は誰かの労働や奉仕等の行為およびその結果に対して「報いる」ことである。** よって、金銭以外のもので報いるということも含まれる。例えば、表彰もその一つであるが、感謝の意を表することも「報いる」ことになる。要は、その行為者にとって「報いてもらえた」と思えるモノやコトはすべて「報酬」であると考えることができる。**賃金等の金銭によるものを「金銭的報酬」といい、表彰等の金銭以外のものを「非金銭的報酬」という。** 人が働くうえで金銭的報酬は欠かせないが、金銭的報酬よりも非金銭的報酬の方が従業員の働く意欲に大きく影響することがあるので、ここでは賃金等の金銭的報酬だけでなく、非金銭的報酬についても触れることとする。

　その前提に立ったうえで、報酬を代表するものが賃金であることは間違いないので、まずは、HRM戦略の実現に向けて、賃金をどのように従業員に支払うべきか（これをここでは個別賃金と呼ぶ）について論じ、次いで、その総

額である人件費をどのようにマネジメントすべきか（総額人件費と呼ぶ）について論じる。そのあとで、非金銭的報酬のあり方について論じることとしたい。

図表3-64　報酬体系

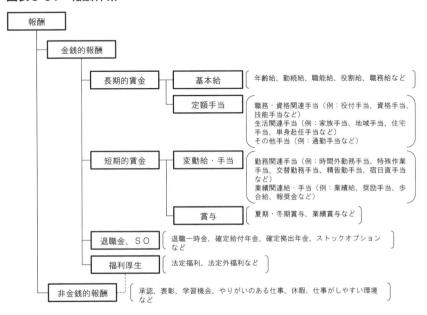

② **個別賃金と総額人件費の関係**

個別賃金とは従業員一人ひとりの金銭的報酬[21]のことであり、総額人件費とは全従業員の金銭的報酬の総額である。

21　金銭的報酬と賃金とは、厳密にいえば同じではない。労働基準法には「賃金とは、賃金、給料、手当、賞与その他名称の如何を問わず、労働の対償として使用者が労働者に支払うすべてのもの」と定義されていて、賃金は労働契約、労働条件にもとづいて法的に使用者が労働者に対して支払う義務が生じるものであり、恩恵的・任意的に給付されるものや福利厚生として給付されるものは賃金には含まれない。したがって、就業規則等に支給条件が明記されておらず、恩恵的・任意的に支給される退職金は賃金ではなく、住宅の貸与や食事の供与などの福利厚生的給付も賃金には含まれない。しかしながら、金銭的報酬と賃金とを都度、区分して使用することは読者にわかりにくさを感じさせるであろうし、「金銭的報酬」という言葉よりも賃金という言葉の方が広く一般的に使用されていることから、本書では、金銭的報酬と賃金を区別して用いる必要がない場合は、「賃金」と表現することにしている。

個別賃金と総額人件費の関係は、図表3-65のように表すことができる。

個別賃金とは、実務的には**「賃金の構成」（＝賃金をどのような項目で支払うか）と「個別賃金水準」（＝どのような従業員に対していくら支払うか）から、賃金項目ごとの「賃金決定ルール」（＝賃金を何にもとづいて、どのように、いくら支払うか）を決めること**である。

「賃金の構成」は長期的賃金と短期的賃金に分けて考えることができる。長期的賃金は長期的に安定した賃金であり、短期的賃金は短期に変動する賃金のことである。長期的賃金の代表的な賃金は年齢給や職能給などの基本給であり、短期的賃金の代表的な賃金は業績給や業績賞与である。「個別賃金水準」は例えば大卒30歳であればいくら支払うかという、いわゆるモデル賃金である。

「賃金の構成」を決め、「個別賃金水準」の目安を決めると、賃金項目ごとにどのように賃金を決めるか、どのくらいの水準にするかを決めることになる。それが賃金項目ごとの「賃金決定ルール」である。

総額人件費は、従業員全員の個別賃金および退職金、法定・法定外福利費、教育費などの総額である。総額人件費は当然にして会社の支払能力によってその限度額が決まる。

図表3-65　個別賃金と総額人件費

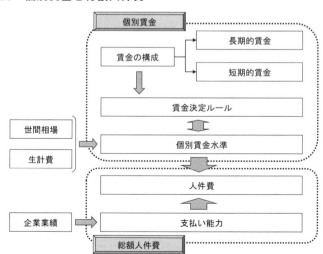

(2) 報酬の検討ポイント

従業員への報酬の支払い方を考えるときに、まず前提として押さえておくべきことがある。ここでは、その点について解説をする。

① 報酬は人材ポートフォリオや人事基本フレームの考え方に従う

人材ポートフォリオと人事基本フレームについては、2.4で解説しているのでそちらをご確認いただきたいが、人材ポートフォリオや人事基本フレームは、従業員に求められることの違いによって従業員をグループ分けすることであり、**「報酬は人材ポートフォリオや人事基本フレームの考え方に従う」とは、それぞれのグループに相応しい賃金の支払い方をするということである**。なぜなら、それぞれのグループに求められる成果や働き方に応じた支払い方をすることで、人材の獲得・確保、活躍、成長など人材マネジメントによい効果をもたらすためである。

② 内部公平性と外部競争性を重視する

賃金と働く意欲の関係を考えるうえで考慮しておかなければならないのは、会社内部における**「公平性」**である。人は、自分に与えられている賃金が他の人と比較して公平でないと感じると、働く意欲を低下させてしまう。

公平性の概念は、時代によってその軸を変えてきた。戦後〜高度成長時代は、電算型賃金体系に代表されるように年齢給や勤続給といった**「平等性」**の高い賃金、あるいは家族手当や寒冷地手当など**「必要性」**の観点からの賃金が重視されてきた。オイルショック以降の低成長時代（70年代後半〜80年代）は**「能力による衡平性」**[22]が、バブル経済崩壊後の90年代は**「成果による衡平性」**が多くの企業の公平性の軸になってきた。何をもって公平であるとするのかは、基本的には各社のHRM戦略の考え方による。

一方で、労働市場における**「競争性」**も考慮する必要がある。つまり、他社や世間相場と比較した場合に相応の報酬水準であるかどうかということである。報酬水準が低く、外部競争性が低い企業は労働市場からの人材の獲得

---

22 「衡平性」とは、言い換えれば「均衡」「バランス」のことを指す。この文脈でいえば、「能力」のバランスや違いによって賃金の差をつけてきたことが「公平」だと受け取られてきた、ということである。

がままならず、従業員の定着性も悪くなる。必要な人材を獲得・確保できるだけの魅力ある報酬水準が必要である。

内部公平性と外部競争性はともに考慮すべきことであるが、どちらをより重視するかはHRM戦略によって違ってくる。

③ **長期的賃金と短期的賃金を効果的に用いる**

長期的賃金は安定性があり、従業員にとっては将来の見込みが立つので安心して働くことができ、長期的雇用をするうえでの人材の獲得・確保という点では効果的であるといえる。一方で、短期的賃金は短期的雇用の人材の獲得・確保を行うためには当然必要であるが、長期的雇用においても社員の働きや成果を即時的に賃金としてフィードバックすることで労働意欲につなげるという効果や、景気等による収益の変動に応じて短期的賃金を変動させることで雇用の安定を保つという機能がある。

長期的賃金と短期的賃金のどちらを軸にするかはHRM戦略や人材ポートフォリオによって違ってくるが、実際には長期的賃金と短期的賃金を組み合わせて、**安定感と短期的な変動による刺激の両方によって定着性と労働意欲を喚起する**ような仕組みとすることになる。

④ **会社の意向と従業員の志向のバランスをとる**

会社としては、従業員が企業経営の目的実現に向けてやる気をもって仕事に従事してくれるように仕向けなければならない。また、組織全体として従業員の働き方が効果的・効率的になるように報酬の仕組みを活用する必要がある。その際に、会社の意向を重視するか、あるいは個人の志向を重視するかという問題がある。

これまで、報酬をどのように支払うかは、会社の専権事項であるか、労働組合との協定事項であることが多かった。従業員の志向は会社のアンケート調査や労働組合の意見集約という形で反映される程度であって、あくまでも集団としての志向でしかなかった。しかし、**これからは、従業員の多様性に対応すべく、個々の従業員の志向に対しても考慮する必要性が高まっているといえる**。例えば、ハイリスク・ハイリターンの報酬とローリスク・ローリターンの報酬の2パターンを用意して、どちらを選択するかは本人の意志も

尊重したうえで決定するといった企業も出てきている（実際には、報酬のパターンを選択するというより、職群やコースを選択することによって、報酬パターンを選択するというケースが多いようである）。

⑤ 非金銭的報酬を有効に活用する

非金銭的報酬が従業員の働く意欲にどの程度影響するかは、その社会の経済的豊かさや、その企業の賃金水準、また、個々の従業員が働くうえで求めていること（欲求）にもよるが、一般的には、成熟度が高く、経済的な豊かさが一定水準にある社会では、非金銭的報酬の持つ意味は大きいといえる。よって、これからの日本企業において報酬施策を考えるうえでは非金銭的報酬は避けて通れない。むしろ、HRM戦略の実現に向けて積極的に活用する方策を考える必要がある。

2.「報酬」の実践

それでは、上記の基本的な考え方を踏まえつつ、賃金の具体的な決め方について説明する。大きくは、以下の三つの観点から検討を進めていく。

図表3-66 「報酬」の検討ステップ

まずは、「いかに個別賃金を決めるか」ということである。HRM戦略で設定した人材ポートフォリオをベースとした時、どのような人材群にどのような金銭的報酬を支払うか、ということを中心に検討していく。

他方で、「企業の支払い能力を確保する」ということも報酬検討のうえでの重要な観点となる。「いかに総額人件費をコントロールしていくか」という組織側の見方に立った検討を進めていく。

そして、最後に「非金銭的報酬」について検討を進める。金銭的報酬を補完し、個々人の動機づけに良好に作用する、広い意味での報酬のあり方について検討を進めていく。

(1) 個別賃金

まず、金銭的報酬としての個別賃金から論じる。個別賃金は、賃金の構成、個別賃金水準、賃金決定ルールによって形作られるものであるので、それぞれについて検討していくこととする。

① 賃金の構成

賃金の構成とは、「賃金をどのような項目で支払うか」ということである。賃金には、一般的に基本給や諸手当、賞与、退職金などがある。基本給にも職能給や職務給がある。「賃金の構成を考える」とは、個々の従業員に対してどのような種類の賃金を支給すべきかを定めることである。

図表3-67　金銭的報酬（賃金）体系

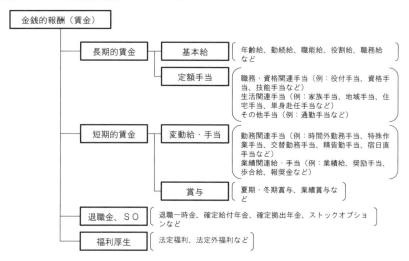

では、賃金の構成はどのように決めればよいのであろうか。

　それを考えるうえで押さえるべきポイントの一つは、先に述べた「報酬は人材ポートフォリオや人事基本フレームの考え方に従う」(1-(2)-①参照)である。

　ここでは、2.4で紹介した「職務の貢献価値によるポートフォリオ」の例を用いて解説しよう。横軸の専門性は「職務や仕事に求められる専門性の度合い」であり、縦軸のマネジリアル度は、専門性や専門機能を活かして付加価値につなげていく過程や機能（例えば、チームやプロジェクトを率いて、個々の専門性、ノウハウの総和より量的、質的双方の側面においてより高い価値をもたらすこと）である。この2軸で作られた空間を使って、職務における貢献価値に応じたポートフォリオとして、VMP（バリュー・メイク・プロセス）、PMP（パフォーマンス・マネジメント・プロセス）、OCP（オペレーション・コントロール・プロセス）の三つのプロセスを設定している。

　横軸、縦軸ともに高いVMPにある職務の貢献とは、事業全体の付加価値を決定するような戦略的な構想を策定・決定し、その実現に向けて組織やプロジェクト全体をリードすることである。VMPの職務例としては、事業責任者や大規模プロジェクトの統括プロデューサーなどが挙げられる。

　そして、VMPによって策定された構想がブレークダウンされ、下位の組織・プロセスで達成すべき内容へと展開される。それがPMPにおける職務の貢献内容となる。PMPの職務としては、マネジャーのように組織活動を統括することによって貢献するという職務もあれば、高度専門職のように個人の高い専門性を発揮することによって貢献する職務もあり、その両方の面を持った職務もある。

　さらに、PMPにおいて実現すべき組織的な成果を分業・分担のもと、遂行的なレベルとしての職務に変換したものがOCPの職務となる。OCPにもPMPと同様に、特定分野の専門職や熟練者のように横軸（専門性）的な力量を発揮して貢献する職と、縦軸（マネジリアル）的な力量を発揮して貢献する職、2軸ともに低い水準の定型業務者など、さまざまな職務が存在する。

図表3-68 職務の貢献価値による人材ポートフォリオ

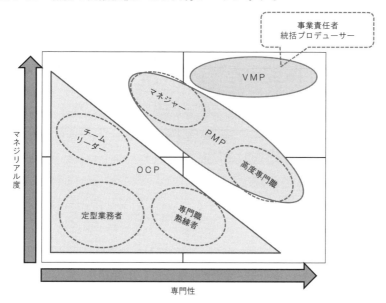

 この人材ポートフォリオを使って、グループ分けされた従業員に対してどのような賃金を支給することが人材の獲得・確保、活躍、成長につながるのかを検討してみよう。
 まず、賃金を目的・機能の視点から仕分けしてみる。
 長期的賃金には、(a) 長期的な成長、熟達を促すという機能と、(b) 長期的に在籍し、貢献すること促すという機能がある。短期的賃金には、(c) 貢献に対する刺激を与えるという機能と、(d) 短期間の働きに報いる(貢献を短期決済する)という機能がある。ただし、この仕分け方は、今回使用する人材ポートフォリオに対応するものとして設定した事例であって、各企業がどのような人材ポートフォリオを描くかによって違ってくる。

図表3-69　目的・機能による賃金の仕分け[23]

区分	No.	目的・機能	賃金例
長期的賃金	i	長期的な成長、熟達を促す	職能給（年齢給、勤続給）、資格手当など
	ii	長期的に在籍し、貢献すること促す	役割給、職務給、退職金・年金、ストックオプション、長期的報奨金など
短期的賃金	iii	貢献に対する刺激を与える	賞与、業績給、奨励手当、報奨金など
	iv	短期間の働きに報いる（貢献を短期決済する）	時給、日給、契約型職務給、契約型年俸など

　目的・機能の視点から仕分けした賃金を、人材ポートフォリオの各グループに対してどのように適用することがそれぞれの獲得・確保、活躍、成長など人材マネジメントによい効果をもたらすかを検討する。

図表3-70　人材ポートフォリオと賃金の適用例

職務ポートフォリオ	職務例	目的・機能	適用賃金例
VMP	事業責任者、統括プロデューサー	ii、iii	市場相場に見合った役割給＋事業業績に連動した賞与＋ストックオプション＋付加給付（獲得）
PMP	マネジャー	ii、iii	マネジメント責任に応じた役割給＋貢献度に応じた業績賞与＋貢献度を反映した退職金（年金）
	高度専門職	ii、iii、(iv)	市場相場に見合った職務給＋貢献度に応じた業績賞与＋貢献度を反映した退職金（年金）＋発明・特許等に対する長期的報奨金
OCP	チームリーダー	i、ii、iii	能力レベルに応じた職能給＋役職手当＋チームの貢献度と能力レベルの両面による賞与＋勤続と能力レベルを反映した退職金（年金）
	専門職、熟練者	i、ii、iii	能力レベルに応じた職能給＋個人の貢献度と能力レベルの両面による賞与＋勤続と能力レベルを反映した退職金（年金）＋専門職は発明・特許等に対する長期的報奨金、熟練者は技能資格手当
	定型業務者	(ii)、iii、iv	時給、日給、奨励手当、貢献度に応じた賞与、（必要に応じて）勤続による退職金

23　職能給、職務給、役割給などの基本給の種類の違いについては、後述する③賃金決定ルールを参照されたい。仕事の価値や世間相場にリンクする職務給や役割給は、その運用の仕方によって、図表3-69のiiにもivにも該当することになる。

図表3-70のそれぞれ事例について、以下に解説する[24]。

a　事業責任者等の賃金

VMPである事業責任者、統括プロデューサーには「市場相場に見合った役割給＋事業業績に連動した賞与＋ストックオプション＋付加給付（役得）」を支給する。これらの役割を担える人材は希少であるとともに、その人材の働きが企業業績に大きく影響する。そこで、事業責任者等の人材が長期的に在籍し、より良い貢献をし続けてもらう賃金を支給する必要がある。

「市場相場に見合った役割給」とは、本人が担っている役割の大きさに応じた、市場相場からみて遜色がない水準の基本給である。「事業業績に連動した賞与」は、その人材が担当する事業の業績やそれが企業全体の業績に及ぼす影響を反映した賞与であり、「ストックオプション」は会社の有形・無形の価値が反映される長期性のある報酬である。担当事業を通じて企業価値の最大化を使命とする人材には適している。

「付加給付」は一般的な福利厚生とは別に、その立場だからこそ提供される「付加」である。例えば、新幹線・特急のグリーン車利用、飛行機のビジネスクラス利用、高級な社宅利用、ハイヤーの利用などもそれに含まれる。こうした役得的な付加もあるであろうが、むしろ、その人が長期にわたって最も活躍できる環境を提供することこそが付加給付に相応しいと考える。

これは後述する非金銭的報酬とも重なる面があるが、例えば、技術系の人材であれば、自分がやりたい研究や開発ができる環境を提供することであったり、海外の研究機関や企業を視察するなど、自分が得ている賃金ではなかなかできない活動費用を会社が提供するといったことである。現金以外のこうした付加給付はその内容が適してさえいれば優秀な人材を惹きつけ、引き留める効果があるだろう[25]。

b　マネジャー、高度専門職の賃金

PMPであるマネジャーには、「マネジメント責任に応じた役割給＋貢献度

---

[24] これは人材ポートフォリオと賃金の種類における適用方法の考え方を示すための例示であることを理解されたい。
[25] ストックオプションや付加給付は、一般的には「賃金」の範囲外である

に応じた業績賞与＋貢献度を反映した退職金（年金）」を支給する。マネジャーは担当する組織によって担う責任の大きさが異なること、そして、担当する組織の業績を上げることを通じて、上位組織の業績に貢献する立場であることから、より大きな役割を担うこと、組織としての業績を出すことに対してコミットするような賃金を支給する。よって、基本給となる役割給はマネジメント責任に応じた水準を支給する。賞与は担当組織の業績やそれが上位組織の業績に及ぼす影響を反映した賞与とする。退職金（年金）は、マネジメント責任と業績貢献度合いを反映した退職金（年金）とする。

同じPMPでも、高度専門職はマネジャーとは役割が異なり、市場競争力の高い専門性を発揮することによって組織業績に貢献する立場である。高度専門職にも自らの専門性を発揮するのみならず、関係者を巻き込んで組織的な業績を生み出す立場と、課題解決に自らの高度な専門性を活かすことこそが求められる立場とがある。後者は、正社員としての長期雇用よりも短期雇用の契約社員として活躍してもらう方が適している場合がある。ここでは、前者を想定して賃金の支払い方を説明する。

高度専門職は、「市場相場に見合った職務給＋貢献度に応じた業績賞与＋貢献度を反映した退職金（年金）＋発明・特許等に対する長期的報奨金」を支給する。高度専門職は、専門領域が明確であり、市場相場も比較的把握しやすいが、その専門性によって市場相場は大きく異なる。

労働市場から獲得する場合でも、現存社員を確保し続けるためにも市場相場に見合っていることが必要で、そのために役割給よりもさらに範囲が明確な職務に対する基本給とする。賞与や退職金は、マネジャーとは貢献度を測る対象範囲が異なるものの、考え方としては同様である。

発明・特許等に対する長期的報奨金とは、例えば、本人が発明・獲得した特許を用いた製品の売上に対する報奨金の支給である。即時的であるとともに、長期性もあるので、技術者等の高度専門職には適している。

　c　チームリーダー、専門職等の賃金

OCP人材は、チームリーダーや専門職、熟練者と、定型業務者とでは、企業としての基本的な期待が異なる。チームリーダーや専門職、熟練者は長く企業で経験を積むことで能力を高め、より大きな貢献ができる人材に成長し

てもらうことが期待されている。それに対して、定型業務者には、所定の業務を所定の方法で正しく、効率よく行い、所定のアウトプットを出すことが期待されており、比較的短期間で習熟できる職務なので、必ずしも長期の勤務を期待しているわけではない。よって、賃金の支払い方は異なる。

まず、チームリーダーの場合は、「能力レベルに応じた職能給＋役職手当＋チームの貢献度と能力レベルの両面による賞与＋勤続と能力レベルを反映した退職金（年金）」を支給する。能力レベルに応じた職能給を支給することで、より高度な能力を習得し、より大きな役割を担えることを期待する。役職手当はチームをまとめて、チームとしての成果を出すことに対する責任を反映するものである。

賞与は、チームとしての貢献度だけでなく、能力レベルを反映した賞与を支給する。なぜなら、チームリーダーは組織的にはPMPであるマネジャーの下位階層に位置しており、マネジャーが果たすべきことに対して手段的な役割を担うことになる。そのため、マネジャーは比較的、結果責任が問われる立場であるのに対して、チームリーダーは遂行責任が問われる立場である。したがって、結果としての貢献度以上に求められる能力を発揮したかどうかが問われるのである。退職金についても同様の考え方に基づくものである。

専門職、熟練者は、「能力レベルに応じた職能給＋個人の貢献度と能力レベルの両面による賞与＋勤続と能力レベルを反映した退職金（年金）＋専門職は発明・特許等に対する長期的報奨金、熟練者は技能資格手当」を支給する。

専門職、熟練者は、自らの専門性や熟練技能を発揮することで担当業務を遂行し、組織業績に貢献する立場であり、評価すべき貢献内容や能力発揮内容は異なるものの、企業から期待されているところは近いものがある。また、基本給や賞与、退職金の支払い方は概ね同じ内容となる。明らかな違いは、専門職には発明・特許等に対する長期的報奨金を支給し、熟練者には技能資格手当を支給することである。これらは、それぞれの専門性、熟練度を高めてもらうことがねらいである。

定型業務者は、「時給や日給、奨励手当、貢献度に応じた賞与、（必要に応じて）勤続による退職金」を支給する。時給や日給は職務給のように仕事ベースの賃金である。月給でもよいが、その場合も職務ベースで支給する。奨励

手当や貢献度に応じた賞与は組織が求める活動を奨励し、喚起するための刺激給である。なお、「勤続による退職金を支給する必要がある場合」とは、継続して働いてもらった方が企業としてメリットがある場合である。

　以上、人材ポートフォリオと賃金の支払い方の関係について事例を使って説明したが、要は、**人材に求めるところに合致した賃金の支払い方をすることで、人材の獲得・確保、活躍、成長を効果的にすることがポイントとなる。**

②　個別賃金水準

　次に個別賃金水準、すなわち、各人にどれだけの賃金を支払うかを検討する。個別賃金水準は上記で説明した賃金の構成を決め、この後で説明する賃金決定のルールを決めることで結果的に決まっていくことになるが、**賃金決定のルールを決めるためには、誰に対してどのくらいの賃金を支払うべきかを決める必要がある**。もちろん、賃金は企業の支払い能力の範囲でしか支給することができないため、後述する総額人件費を踏まえて検討しなければならないが、まずは人材の獲得・確保、活躍、成長という観点から個別賃金水準の「あるべき姿」を検討してみる。

　個別賃金水準を検討するうえで押さえるべき基本的な考え方は「内部公平性と外部競争性を重視する（1-(2)-②参照）」である。まず、内部公平性の考え方について説明しよう。

　内部公平性の「公平性」の視点は時代や企業によってさまざまあることは前述したとおりである。ここでは、わかりやすい例として、職位階層（役職）間のバランスについてみてみよう。

　図表3-71は2001年〜2016年までの大学（学部）新卒者、係長、課長、部長の給与の平均値の推移を表したものである。大学（学部）新卒者の給与水準に対する倍率は、係長が1.9〜2.0倍、課長が2.6〜2.7倍、部長が3.2〜3.3倍であり、15年間のバランスは概ね同じであるといえる。日本企業の場合は賃金の年功性が強いため、このバランスが職位階層（役職）間の能力や職務、役割の大きさを反映しているとは言い難い面はあるものの、実態としてこれが職位階層（役職）間のバランスを示すものとして存在していることは事実である。

図表3-71　職位階層別の賃金水準

職階	2001年		2006年		2011年		2016年	
	平均年齢	給与	平均年齢	給与	平均年齢	給与	平均年齢	給与
部長	51.9	632,300	51.7	643,300	51.8	646,000	52.3	661,800
課長	47.3	520,100	47.1	514,000	47.4	515,500	47.8	524,200
係長	42.6	397,400	43.0	391,800	43.5	388,400	43.9	388,600
大学(学部)新卒者		195,100		196,300		202,000		203,400

職階	大学(学部)新卒者の給与に対する倍率			
	2001年	2006年	2011年	2016年
部長	3.2	3.3	3.2	3.3
課長	2.7	2.6	2.6	2.6
係長	2.0	2.0	1.9	1.9
大学(学部)新卒者	1.0	1.0	1.0	1.0

厚生労働省「賃金構造基本統計調査」から作成。
部長～係長は全産業、100人以上企業の平均値。給与は所定内給与。
大学(学部)新卒者は全産業、全規模の企業平均値。

　さて、自社の内部公平性を考える場合、どのように考えるべきか。まず、**自社における「公平性」の視点を決める必要がある**。公平性の視点の代表例をいくつか挙げると図表3-72のとおりとなる。

　通常、一つの視点だけで賃金を設計することはなく、複数の視点から賃金項目を構成することになるが、特に基本給など賃金の中核となる部分については、自社としての基本的な考え方を明確にすべきである。先に人材ポートフォリオと賃金の支払い方の関係の事例で説明したように、能力レベルでの衡平性によって基本給を支給することが効果的であれば職能給を、職務レベルでの衡平性によって基本給を支給することが効果的であれば、職務給を支給することになる。

図表3-72　公平性の視点

視点	代表例
平等性	個人差に関わらず一律支給（提供）するもの（例：食事補助）
必要性	年齢給、家族手当、住宅手当、単身赴任手当など各人の必要に応じて支給（提供）するもの
衡平性	職能給、職務給、役割給、業績給、役職手当、特殊勤務手当、賞与の成果配分など、各人の能力や働きに応じて支給（提供）するもの

公平性の視点を決めたら、どの程度の差を設けることが妥当であるかを決

めることになるが、これには三つの捉え方がある。

一つめは、数値的な算定根拠に基づいて決める方法である。例えば、家族手当や住宅手当などは世帯人数によって生計費がどの程度違うものなのかを調査して費用とのバランスで妥当な水準を決める。

二つめは、世の中の水準をベンチマークとすることである。例えば、役職手当は一般社員の時間外手当相当分との見合いで水準を検討するという場合は、一つめの決め方に基づくことになるが、世の中がどの程度の役職手当を支給しているかという世間相場も手当額の妥当性を測る根拠となる。

三つめは従業員の実感である。例えば、同じ立場の従業員がいて、貢献度に差がある場合、賞与の配分でどの程度の差を設けることが「衡平」であると感じるのかといったことである。これは人によって感覚は異なるので、正解のないことではあるが、従業員（特に会社が重要視する従業員）が衡平だと感じることができていないとすれば、より適切な水準となるようにしなければならない。

これらの視点を用いながら検討し、自社なりの適正なバランスを探り出していくというのが実際であろう。内部公平性の問題は正社員間のバランスだけでなく、非正社員と正社員のバランスにおいても重要であり、自社としての考え方、根拠をもって社内外に明確に説明できることが大切である。

次に、外部競争性の考え方についてであるが、外部競争性を企業が最も意識するのは外部労働市場からの人材の獲得の時である。新規採用、中途採用ともに労働市場における相場や同業他社の水準を考慮せざるをえない。また、在籍社員についても賃金水準が理由で退社することのないようにするという意味からも、外部競争性は重要である。

外部競争性を考えるためには、外部データとの比較と、世間相場とのバランスのとり方を考える必要がある。

まず、外部データとの比較についてであるが、(a) 公開情報を入手する、(b) 同業他社等特定のベンチマークデータを入手する、(c) 個人データから推測するという方法がある。(a) は厚生労働省「賃金構造基本統計調査」など行政機関等が開示しているデータや人事労務専門誌が調査した結果などである。(b) はコンサルティングファームが行っている賃金データサーベイに参加したり、転職エージェント会社から情報を入手したり、同業社間でデータ

交換の場を設けるという方法がある。(c)は中途採用者からの情報入手である。こうして入手したデータと自社の社員の賃金水準とを比較分析する。

次に、世間相場とのバランスのとり方についてであるが、すべての従業員の水準を世間相場以上にすることは、企業の労働生産性が世間水準以上に高くなければ難しい。限られた総額人件費の中で、どのような人材に対して、どの賃金項目で競争力のある水準を確保するのかを検討することになる。

③ 賃金決定ルール

賃金の構成を決め、あるべき個別賃金水準を定めたら、実際に従業員に支払うための賃金決定ルールを決める。**賃金決定ルールは、個々の賃金項目について、「何に基づいて」「どのように」「いくら」支払うかのルールを決めることである。**

賃金項目には基本給、諸手当、賞与、退職金（年金）などさまざまなものがあるが、ここでは、賃金の中核となる基本給と賞与について決定ルールのポイントを説明する。

説明内容として、前述の①と②で既に説明した内容と重複する部分が出てくるが、この項は①と②をつなぐ内容であるので、その点はご了承いただきたい。

a 基本給
◆**基本給の種類と選択の考え方**

基本給には年齢給や職能給、職務給、役割給、業績給などの種類がある。それぞれの概要は図表3-73のとおりである。

図表3-73　基本給の種類

種類	概要
年齢給	年齢に応じて水準が決まる。ライフステージに応じた賃金を支給することがねらいである。
職能給	職務遂行能力のレベル（等級）に応じて水準が高くなる。一般的には、経験を積むことで職務遂行能力は高まると考えるため、同じレベル（等級）にあっても一定水準までは昇給する。
職務給	担当する職務のレベル（等級）に応じて水準が高くなる。同じ職務レベル（等級）であれば同じ水準とする場合（単一給）と、同じ職務レベル（等級）であっても個人の習熟度の高まりに応じて昇給する場合（範囲給）がある。職能給との違いは職務に対する賃金なので、担当職務が変わることで低い職務給になることがある、という点である。
役割給	支給する根拠が人ではなく仕事にある、という点では職務給と同じであるが、個別の仕事の内容よりも、その仕事を通して果たす役割の大きさに着目をする。そのため、職務給よりも大括りな捉え方になり、幅のある範囲給であって、本人の取り組みによって水準が異なる。
業績給	本人に求められる業績に対する達成度、貢献度によって水準が決まる。そのため、変動性が高い。

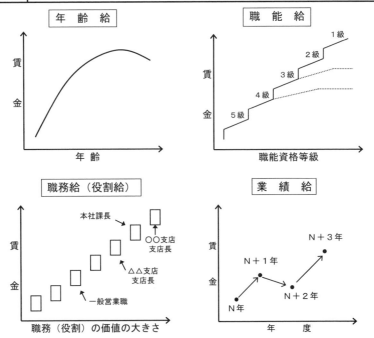

ここでは、こうした性格の異なる基本給をどのような考え方によって選択するのか、また、どのように昇給（あるいは降給）させるのかについて解説する。

　まず、基本給の種類の選択の仕方についてである。人材ポートフォリオと賃金の支払い方で説明したことと重複する点はあるが、改めて解説する。

　図表3-73の基本給の種類にあるように、年齢給は年齢という基準に基づいて支給することが、職能給は本人の能力レベルに応じて水準を決めることが、自社の人材の獲得・確保、活躍、成長につながる場合に採用する。職務給や役割給は、担当する職務や役割のレベルに応じて水準を決めることが、業績給は本人が結果として達成した業績や貢献度によって水準を決めることが人材の獲得・確保、活躍、成長につながる場合に採用することになる。

　もちろん、ある基本給（例えば職能給）の採用が獲得・確保、活躍、成長のどのプロセスにも一様の効果があるということはなく、**プロセスによって効果は異なるであろうが、その場合は、HRM戦略としてどのプロセスへの効果を重視するかによって決めることになる**。

　また、併せて**内部の序列によって決めるのか、市場の相場によって決めるのかという点も考慮しておく必要がある**。例えば、一般的に職能給は内部の等級序列によって水準を決めるのに対して、職務給は市場相場を参考に水準を決めるといった具合である。ただし、現在の日本では、市場相場を知る仕組みが社会的に未整備であって、市場相場によって基本給が決まる職務は限定的である。しかし、今後は欧米のように市場相場を参考に賃金水準を決めるようになる時代が来るのではないだろうかと筆者らは考える。

◎　昇給（あるいは降給）の仕方

　次に、どのように昇給（あるいは降給）させるのかであるが、単一給（一つの等級に対して一つの賃金額のみ）の場合は、レベル（等級）が変わらない限り動きはないが、範囲給の場合は昇給（あるいは降給）がある。

　まず、代表的な昇給方法を紹介し、それらの特性について説明する。

A **昇給額表**：等級別・評価別昇給額に基づいて昇給する（図表3-74）。

図表3-74　昇給額表の例

	S評価	A評価	B評価	C評価	C評価	評価差
1等級	4,200	3,600	3,000	2,400	1,800	600
2等級	5,600	4,800	4,000	3,200	2,400	800
3等級	7,000	6,000	5,000	4,000	3,000	1,000

B **段階号俸表**：等級別の号俸が定められており、評価によって進む号俸数が決まる。例えば、A評価＝6号俸、B評価＝5号俸、C評価＝4号俸など。（図表3-75）。

図表3-75　段階号俸表の例

	1等級	2等級	3等級
昇給ピッチ	600	800	1,000
1号	150,000	200,000	250,000
2号	150,600	200,800	251,000
3号	151,200	201,600	252,000
4号	151,800	202,400	253,000
5号	152,400	203,200	254,000
6号	153,000	204,000	255,000
7号	153,600	204,800	256,000
8号	154,200	205,600	257,000
9号	154,800	206,400	258,000
10号	155,400	207,200	259,000
11号	156,000	208,000	260,000
12号	156,600	208,800	261,000
13号	157,200	209,600	262,000
14号	157,800	210,400	263,000
15号	158,400	211,200	264,000

（15号以降の表あり。但し、上限あり）

C **複数賃率表**：等級別に各号俸に対して評価ごとの金額が定められている。通常は一年ごとに1号俸進み、その時の評価によって金額が決まる。例えば、1等級2号俸B評価から1等級3号俸A評価になれば、153,000から157,500になる（図表3-76）。

図表3-76　複数賃率表の例

等級	S評価 加算額	A評価 加算額	B評価	C評価 減算額	D評価 減算額
1等級	3,000	1,500	3,000	-1,500	-3,000
2等級	4,000	2,000	4,000	-2,000	-4,000
3等級	5,000	2,500	5,000	-2,500	-5,000

→

等級-号	S評価	A評価	B評価	C評価	D評価
1-1	154,200	151,500	150,000	148,500	147,000
1-2	157,200	154,500	153,000	151,500	154,800
1-3	160,200	157,500	156,000	154,500	157,800
(1-4以降の表あり)					
2-1	205,600	204,800	200,000	203,200	202,400
2-2	209,600	208,800	204,000	207,200	206,400
2-3	213,600	212,800	208,000	211,200	210,400
(2-4以降の表あり)					
3-1	257,000	256,000	250,000	254,000	253,000
3-2	262,000	261,000	255,000	259,000	258,000
3-3	267,000	266,000	260,000	264,000	263,000
(3-4以降の表あり)					

D　範囲給表：等級内に複数レンジ（範囲区分）を設け、どのレンジにいるかによって、評価ごとの昇給額が決まる（図表3-77）。

図表3-77　範囲給表の例

等級	レンジ	金額範囲		評価－昇給額					評価差
		下限	～ 上限	評価S	評価A	評価B	評価C	評価D	
3等級	Ⅲ	263,300	～ 280,000	4,500	3,500	2,500	1,500	500	1,000
	Ⅱ	246,700	～ 263,300	7,000	6,000	5,000	4,000	3,000	1,000
	Ⅰ	230,000	～ 246,700	9,500	8,500	7,500	6,500	5,500	1,000
2等級	Ⅲ	216,700	～ 230,000	3,600	2,800	2,000	1,200	400	800
	Ⅱ	203,300	～ 216,700	5,600	4,800	4,000	3,200	2,400	800
	Ⅰ	190,000	～ 203,300	7,600	6,800	6,000	5,200	4,400	800
1等級	Ⅲ	180,000	～ 190,000	2,700	2,100	1,500	900	300	600
	Ⅱ	170,000	～ 180,000	4,200	3,600	3,000	2,400	1,800	600
	Ⅰ	160,000	～ 170,000	5,700	5,100	4,500	3,900	3,300	600

E　洗い替え表：等級内に複数ランクを設け、ランクが上がれば昇給する。同一ランク内は評価による洗い替えとなる。ランクは職務によって決定する場合や複数年の評価によって決定する場合などがある（図表3-78）。

図表3-78　洗い替え表の例

等級	S評価 加算額	A評価 加算額	ランク差	C評価 減算額	D評価 減算額
6等級	30,000	15,000	30,000	-15,000	-30,000
7等級	34,000	17,000	35,000	-17,000	-34,000
8等級	40,000	20,000	40,000	-20,000	-40,000

→

等級-ランク	S評価	A評価	B評価	C評価	D評価
6-1	430,000	415,000	400,000	385,000	370,000
6-2	460,000	445,000	430,000	415,000	400,000
6-3	490,000	475,000	460,000	445,000	430,000
7-1	529,000	512,000	495,000	478,000	461,000
7-2	564,000	547,000	530,000	513,000	496,000
7-3	599,000	582,000	565,000	548,000	531,000
8-1	645,000	625,000	605,000	585,000	565,000
8-2	685,000	665,000	645,000	625,000	605,000
8-3	725,000	705,000	685,000	665,000	645,000

昇給表の種類と昇給方法との関係（適合性）に関して、年齢給は除いて、職能給、職務給（役割給）、業績給の3種類について整理してみる。

一つめは**「時系列的な連続性の強さ・弱さ」**という視点での整理である。職能給は能力の変化にリンクするため、時系列的な連続性が強いといえるが、職務給（役割給）や業績給は仕事やその結果としての業績によるため、時系列的な連続性が弱い（時系列に沿った変化はしない）といえる。

二つめの視点は**「内部基準と外部基準」**である。職能給や業績給は会社内の相対的な序列に基づく決定の仕方になる。職務給（役割給）も内部基準（序列）に基づくものの、外部基準（相場）も比較的反映しやすい、言い換えれば、外部基準（相場）を反映する場合は職務給（役割給）を選択することになるといえる。

これら「時系列的な連続性の強さ・弱さ」と「内部基準と外部基準」の二つの視点で各昇給方法を整理すると、図表3-79のようになる。

基本給の種類を決めたら、こうした考え方に基づいて、どの昇給方法を選択するかを決める。

図表3-79　昇給方法の適合

昇給表の種類	時系列的な連続性		内部・外部基準	
	強い	弱い	内部基準	外部基準
	職能給	職務給（役割給）、業績給	職能給、業績給	職務給（役割給）
A：昇給額表	○	×	△	△
B：段階号俸表	○	×	○	△
C：複数賃率表	○	△	○	△
D：範囲給表	○	△	○	○
E：洗い替え表	×	○	○	○

○：適合する、△：ある条件下で適合する、×：適合しない

また、「昇給の仕方」という点でもう一つの捉え方を提示すると、長期の「時間軸としてどのような昇給カーブを描くか」ということがある。図表3-80は特定の等級における長期視点で昇給カーブを表している。

Aは右肩上がりで昇給し、Bは途中から昇給カーブの傾斜が緩くなる(昇給額が少なくなる)。そしてCは途中で昇給ストップし、Dは途中から降給することを表している。なお、これらは、時系列的な連続性が強い場合の昇給の仕方である(時系列的な連続性が弱い場合はこのように連続性のある昇給はしないため、そもそも長期の昇給カーブを描くことができない)。

図表3-80 長期的な昇給カーブ

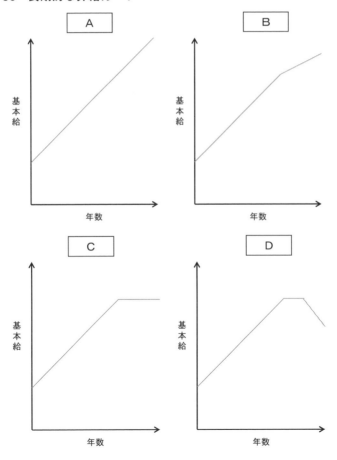

これらの昇給カーブを「賃金生産性」と「従業員の意欲」の視点から捉えると図表3-81のように整理することができる（なお、「賃金生産性」とは、賃金単位あたりの成果の程度のことである）。

「賃金生産性」と「従業員の意欲」は相反することも多いため、自社の事業の成熟度や仕事の熟達スピードの特性、社員の年齢構成や等級構成等を検討し、どのような昇給カーブを選択することが、トータルとして自社のHRM戦略に適合することになるのかを検討したうえで、具体的な基本給表を設計する必要がある。

図表3-81　賃金生産性と従業員の意欲でとらえた昇給カーブ

タイプ	賃金生産性	従業員の意欲
A	事業の成長期や社員が若い時代は良いが、成熟化していくと適合しなくなる。	努力していれば昇給するので、励みになるとともに経済的に豊かになれる。ただし、上位等級への昇級意欲が刺激されにくい。
B	同じ業務に従事している場合、一般的に熟達によって成果が大きくなったり効率は良くなるものの、その伸び率は下がるので、昇給額は小さくすべきである。よって、昇給がダウンするタイミングとその程度によっては適合する。	昇給がダウンするタイミングとその程度によっては社員の意欲にマイナスに影響する。一方で、上位等級への昇級意欲を刺激することになる。
C	仕事の熟達の限界に応じて昇給ストップすれば適合する。	努力することが基本給に反映されないため、頑張る意欲を喚起できない（高評価の場合のみ昇給させる等の工夫が必要）。一方で、上位等級への昇級意欲を刺激することになる。
D	仕事の熟達の限界、更に相対的な低下に応じて昇給ストップ・ダウンすれば適合する（相対的な低下とは、保有する能力が時代に合わなくなること）。	なぜ降給するのかという理由が納得できなければ、不満が生じる（時系列による能力カーブの客観的な証明と本人の努力によって新たな能力獲得ができる機会の提供が必要）。一方で、上位等級への昇級意欲を刺激することになる。

b　賞与

賞与は、図表3-82にあるように、〈1〉賞与原資を決めるプロセスと〈2〉賞与原資の個人への配分を決めるプロセスとからなる。ここでは、〈2〉賞与原資の個人への配分を決めるプロセスについて論じ、〈1〉賞与原資を決めるプロセスについては、次の(2)総額人件費で説明する。

図表3-82　賞与の枠組み

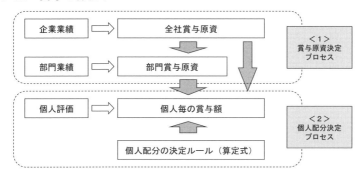

賞与の個人配分の決定ルールにおいて検討すべき視点は**「賞与算定の基礎を何に置くか」「賞与額の変動の基準を何に置くか」「賞与額の変動の幅をどの程度にするか」**である。

◆賞与算定の基礎を何に置くか

一般的な方法としては、基本給を基礎に置く方法と、等級による定額を基礎とする方法がある。前者は「賞与額＝基本給×係数±評価による変動」となり、後者は「賞与額＝等級による定額±評価による変動」となる。前者が人による基本給の昇給差分を賞与に反映するのに対して、後者はそれをしないということである。

その点の違いはあるが、基本給が人材ポートフォリオに合致した性格の賃金（年齢給、職能給、職務給、役割給など）を採用するのと同様に、賞与にもそれを反映するという点では共通している。これら以外の方法としては、基本給や等級にかかわらず一律の定額を基礎とする方法や、特に算定基礎を設けることなく組織内の貢献度に応じて相対的に配分する方法を採用している企業もある。

◆賞与額の変動の基準を何に置くか

一般的には評価を反映することで賞与額を変動させるが、その「評価の対象が何か」ということである。能力、勤務態度、業績貢献など、何に重点を置いて評価し、賞与に反映するかによって決まる。

前述した職務の貢献価値による人材ポートフォリオでいえば、事業責任者は担当する事業の業績やそれが企業全体の業績に及ぼす影響を反映する、マネジャーは担当組織の業績やそれが上位組織の業績に及ぼす影響を反映する、専門職は担当業務の業績貢献度と能力の発揮レベルを評価して反映する——ということになるであろう。

◆賞与額の変動の幅をどの程度にするか

変動の程度を捉える際には、賞与額そのものに対する変動率で捉える場合と、年収に占める変動率で捉える場合がある。

事業責任者やマネジャーは年収ベースで業績貢献度をどの程度反映させる

かを検討し、専門職であれば給与は安定的な賃金として、賞与に対する変動率で捉えるという考え方がよいのではないだろうか。事業責任者＞マネジャー＞専門職の順に組織に対する業績責任は大きいので、年収ベースに対する変動率も同じ順で変動率を高くすべきであろう。

なお、組織業績を直接的に把握しやすい営業等の職種と人事・総務など直接的には把握しにくい職種とでは、一般的に賞与に対する変動率が異なるものである（制度としては同じであっても、評価の結果として、直接的に把握しやすい職種の方の変動率が高くなりやすい）。

(2) 総額人件費

これまで、各社員にどのように賃金を支給するかを賃金の代表格である基本給と賞与で説明してきた。ここでは「会社全体としてどれだけの原資を賃金等の支払いに使うことができるか」「それをどのように判断するか」、また「短期だけでなく中長期的な支払い能力をどのように確保するか」というテーマについて説明する。

総額人件費を考えるうえでの基本的な考え方は、「一定の指標をもとに総額人件費を適正水準に保つ」と「中長期・短期の時間軸によるコスト・パフォーマンスを適正化する」ということである。

まず「一定の指標をもとに総額人件費を適正水準に保つ」ことについて説明する。

総額人件費の適正さは、労働分配率をみる、つまり労働分配率を同業他社と比較することによって判断する。労働分配率が同業他社に比べて低いということは同業他社に比べて人件費効率のよい経営を行っているといえ、逆に高いということは人件費効率が悪いといえる（ただし、賃金水準が世間相場からみて妥当な水準にあることが前提）。

図表3-83 総額人件費管理の方向づけ

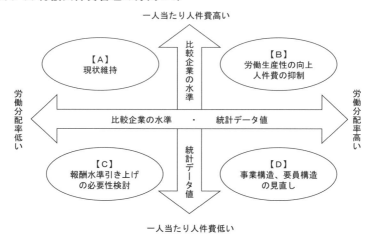

図表3-83の【A】～【D】の各象限には、次のような意味がある。

【A】良好な状態にあるので、現在の状況を成立させている要因を把握してそれを継続させる。

【B】労働生産性を高める方策を検討するとともに、人件費の抑制策を検討する。賃金水準だけでなく、社員数の面についても検討する。

【C】一人当たりの人件費の低さによって離職率が高いなどの問題がないか、あるいは若年層が多いために現在は人件費が低いが、将来的に高くなる可能性があるといった問題はないかなどを検証する必要がある。

【D】事業構造や要員構造的な問題がないか、経営的な観点からの見直しが必要である。

自社が現在どの象限にあって、また将来はどの象限に入る可能性があるのかを判断して、必要な措置をとることになる。

そこで次に、「中長期・短期の時間軸によるコスト・パフォーマンスを適正化する」ということについて説明する。まず、図表3-84をみていただきたい。

図表3-84　総額人件費分析の視点

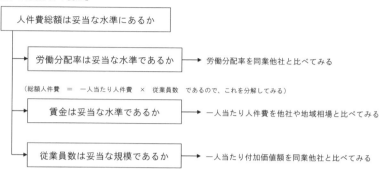

　総額人件費は「一人当たり人件費×従業員数」という算式で表すことができる。総額人件費のマネジメントは、一人当たり人件費と従業員数の両面から検討しなければならない。
　ここでは、総額人件費のマネジメントの仕方について一つの事例で解説する。

図表3-85 人件費計画の例

項目	記号	単位	N年度	対売上高	N+1年度	対売上高	対前期比	N+2年度	対売上高	対前期比	N+3年度	対売上高	対前期比
売上高	a	円	17,500,000,000	100.0%	17,850,000,000	100.0%	102.0%	18,207,000,000	100.0%	102.0%	18,571,140,000	100.0%	102.0%
外部購入価値(変動費)	b	円	13,125,000,000	75.0%	13,119,750,000	73.5%	100.0%	13,114,502,100	72.0%	100.0%	13,109,256,299	70.6%	100.0%
付加価値	c=a-b	円	4,375,000,000	25.0%	4,730,250,000	26.5%	108.1%	5,092,497,900	28.0%	107.7%	5,461,883,701	29.4%	107.3%
人件費	d	円	2,925,000,000	16.7%	2,952,050,000	16.5%	100.9%	3,006,691,000	16.5%	101.9%	3,076,358,275	16.6%	102.3%
役員報酬	d1	円	150,000,000	0.9%	150,000,000	0.8%	100.0%	150,000,000	0.8%	100.0%	150,000,000	0.8%	100.0%
従業員賃金	d2	円	2,205,000,000	12.6%	2,227,050,000	12.5%	101.0%	2,271,591,000	12.5%	102.0%	2,328,380,775	12.5%	102.5%
退職給付	d3	円	200,000,000	1.1%	202,000,000	1.1%	101.0%	206,040,000	1.1%	102.0%	211,191,000	1.1%	102.5%
法定福利費	d4	円	300,000,000	1.7%	303,000,000	1.7%	101.0%	309,060,000	1.7%	102.0%	316,786,500	1.7%	102.5%
法定外福利費	d5	円	70,000,000	0.4%	70,000,000	0.4%	100.0%	70,000,000	0.4%	100.0%	70,000,000	0.4%	100.0%
企業維持費	e	円	1,400,000,000	8.0%	1,355,000,000	7.6%	96.8%	1,312,250,000	7.2%	96.8%	1,271,637,500	6.8%	96.9%
原価償却費	e-1	円	500,000,000	2.9%	500,000,000	2.8%	100.0%	500,000,000	2.7%	100.0%	500,000,000	2.7%	100.0%
差引支払利息	e-2	円	600,000,000	3.4%	570,000,000	3.2%	95.0%	541,500,000	3.0%	95.0%	514,425,000	2.8%	95.0%
その他経費	e-3	円	300,000,000	1.7%	285,000,000	1.6%	95.0%	270,750,000	1.5%	95.0%	257,212,500	1.4%	95.0%
経常利益	f=c-d-e	円	50,000,000	0.3%	423,200,000	2.4%	846.4%	773,556,900	4.2%	182.8%	1,113,887,926	6.0%	144.0%
要員数	g	人	500		500		100.0%	500		100.0%	500		100.0%
役員数	g1	人	10		10		100.0%	10		100.0%	10		100.0%
従業員数	g2	人	490		490		100.0%	490		100.0%	490		100.0%
役員一人当たり年間報酬	h=d1/g1	円	15,000,000		15,000,000		100.0%	15,000,000		100.0%	15,000,000		100.0%
従業員一人当たり年間賃金	i=d2/g2	円	4,500,000		4,545,000		101.0%	4,635,900		102.0%	4,751,798		102.5%
一人当たり 売上高	j1=d/g	円	5,850,000		5,904,100		100.9%	6,013,382		101.9%	6,152,717		102.3%
一人当たり 付加価値	j2=a/g	円	35,000,000		35,700,000		102.0%	36,414,000		102.0%	37,142,280		102.0%
一人当たり 付加価値	j3=c/g	円	8,750,000		9,460,500		108.1%	10,184,996		107.7%	10,923,767		107.3%
一人当たり 経常利益	j4=f/g	円	100,000		846,400		846.4%	1,547,114		182.8%	2,227,776		144.0%
付加価値率	k=c/a	%	25.0%		26.5%		1.5%	28%		1.5%	29%		1.4%
労働分配率	l=d/c	%	66.9%		62.4%		-4.4%	59%		-3.4%	56%		-2.7%
損益分岐点売上高	m=(d+e)/k	円	17,300,000,000		16,253,018,868		93.9%	15,441,333,572		95.0%	14,783,771,072		95.7%
損益分岐点売上高比率	n=m/a		98.3%		91.1%		-7.8%	0.85		-6.2%	0.80		-5.2%

図表3-85はN年度（当年度）の実績をもとに向こう3年間（N＋1年度〜N＋3年度）の中期経営計画を策定したものである。N年度の実績は経常利益率0.3％、損益分岐点売上高比率98.9％と赤字に転落する手前の状況であるため、計画策定方針として「N＋3年度に経常利益率6％を達成する」ことを大目標としている。そのために売上高、外部購入価値、企業維持費の改善目標を立案するとともに、人件費についても目標値を設定している。

　人件費については、一人当たりの売上高は伸ばすが要員数は据え置き、賃金の上昇を抑制し、N＋1年度は1％、N＋2年度以降も昇給率は2％程度としている。それにより、労働分配率はN年度66.9％からN＋3年度には56％まで引き下げる計画になっている。

　この事例は計画数値のみを表示しているが、実際にはこの数値を達成するために商品開発・設計、製造、販売、スタッフ等経営諸機能の方策を立案し、人事部門も各部門との整合をとるとともに、人件費目標を達成するための施策を、一人当たり人件費と従業員数の両面から検討することになる。

　年度の計画は、中長期計画に基づいて、より詳細にわたり具体的な計画に落とし込むことになる。中長期計画の数値および数値達成のための施策が「あるべき論」で立案する向きが強いのに対して、単年度計画（＝翌期予算）は現実の詳細なデータをもとに実現できる目標、実際に来期打てる対策という観点から立案することになる。いわば、あるべき論を現実論として展開することになる。

　また、中長期計画立案時の環境や見通しと現時点とのズレを是正する。ただし、現実を前提に計画を立てようとすると中長期計画が「絵に描いた餅」となってしまうため、位置づけとしては、あくまでも中長期計画を実現するための実行プランと考えるべきである。特に、人件費構造は単年度で大きく変えるということが難しいので、中長期的な観点で立案、実行しなければならない。

　このように、総額人件費は中長期計画に基づいて短期の実行プランを策定し、推進することでコントロールすることになる。ただし、プランどおりにはならないことも多いのが現実であり、中長期と短期で状況変化に応じた策を講じることが求められる。

(3) 非金銭的報酬

　報酬には、大きく分けて金銭的報酬と非金銭的報酬とがあることは既に述べたとおりである。これまでは、金銭的報酬について戦略的な考え方を説明してきたが、金銭的報酬が社員のモチベーションに与える負の側面について理解しておく必要があるだろう。

　金銭的報酬には、次のような三つの側面があるといわれている。**一つは、金銭が本人の内発的動機を損ねてしまうという点**である。仕事自体がおもしろく、やりがいを感じているにもかかわらず、その対価として金銭をもらうことで、仕事のおもしろさややりがいよりも金銭をもらうことの刺激の方が強くなり、「金銭をもらうので仕事をする⇒金銭がもらえないなら仕事をしない」というようにマインドが置き換わってしまうといったことである。

　二つめは、「マルチタスク問題」といわれるものである。金銭的報酬はその人の働きや貢献に応じて支払われるが、その人の働きや貢献のすべてを適切に評価することは難しい。評価可能なことだけを評価したり、評価のバランスが本人にとって適切でない場合は、会社にとって不都合な行動をとってしまう可能性がある。例えば、売上・利益の大きさで評価が決まるとすれば、売上・利益を上げることには一生懸命になるが、他のことは手を抜いてしまうといった行動をとる人が出てくるということである。90年代から広がった成果主義人事では、そのようなことが多々生じてしまった。

　三つめは、一定の所得がある人にとっては、金銭的報酬はあまり動機づけにならないという点である。ダニエル・カーネマン氏らの米国調査では、7万5000ドルを超えると所得と幸福度の相関関係はみられなくなるといった報告があり、日本の内閣府の調査では、年収400〜600万円までは所得と幸福度は相関するが、それを超えると相関がないことを示している。経済的に豊かになることによって手に入れられるものが増えていくことが働くモチベーションにつながる場合は金銭は刺激的なものであるが、一定水準を超えるとあまり有効な手段ではなくなるようだ。

　内発的動機の提唱者であるエドワード・L・デシは、モチベーションを高める内発的動機づけには、人間の持つ三つの基本的な欲求が影響しているという。それは、「有能性の欲求」「自律性の欲求」「関係性の欲求」である。「有能性の欲求」とは自分はできるという自信からステップアップしたいと

いう欲求であり、「自律性の欲求」は自分の意思で自由に選択したいという欲求、「関係性の欲求」は誰かと結びついていたいという欲求である。これらの内発的動機につながる欲求は非金銭的報酬とも深くつながっているといえるだろう。主な非金銭的報酬には図表3-86に示すようなものがある。

図表3-86　非金銭的報酬

種類	内容例
承認・賞賛	会社からの表彰、上司の承認、同僚からの賞賛・感謝など
学習	学習機会、キャリア開発、資格取得、コーチング、成長実感など
仕事	やりがいのある仕事、やりたい仕事、新たなことへのチャレンジ、仕事の自由裁量、権限など
就労環境	仕事がしやすい環境、就労時間の自由さ、休暇、良好な人間関係、心理的に安全な職場、メンターや相談できる関係など
文化	オープンに意見が言える風土、個を尊重する風土、連帯感や一体感が感じられる風土など

「承認・賞賛」の「会社からの表彰」は、昔から多くの企業で実施されてきたが、昨今では本人だけでなく、家族に対しても感謝の意を表する企業もある。「上司の承認」は、昨今、1 on 1などの上司と部下の面談や日々のかかわりの中で重視されてきている。「同僚からの賞賛・感謝」は、サンクスカードといった形で実施する企業が増えている。

「学習」は、有能性の欲求とつながっているといえるだろう。学習することで新たな知識やスキルを習得し、それを活用することで仕事の質が向上したり、仕事の範囲が広がることは有能感の向上につながる。

「仕事」と「就労環境」は自律性の欲求とつながっており、最も重要な要素といえるのではないだろうか。過去の研究者や技術者のモチベーションの研究結果でも、自律性の獲得（自由な研究ができることや裁量権の拡大）、仕事の達成感、能力の発揮といった要素がモチベーションに強く影響していることがわかっている。

　この中で「文化」までも報酬に含めることには違和感を覚える読者の方もあるかもしれないが、人材がその企業に魅力を感じ、一員として貢献したい

と思わせる要因は、その人材にとってはそこで働くことの価値であり、広義の意味で報酬に加えてよいであろう。

　企業側としても、人材の獲得・確保、活躍、成長につながる組織的な要因を増やし、強化することが重要であり、それが必ずしも賃金である必要はない。そのことに「費用をかける」ことが重要なのである。金銭的報酬と非金銭的報酬を合わせて、「トータル・リワード」と呼ぶことが多いが、この**トータル・リワードとして多様な報酬の中からそれぞれの人材に適したものを提供していく**ことが有効だと思われる。

　そこで、1-(2)-④で挙げた「会社の意向と従業員の志向のバランスをとる」という点に触れておきたい。非金銭的報酬も含めて、報酬が単なる労働の対価だけでなく、人材を惹きつけ、人材のコミットメントやエンゲージメントを引き出すためのものと考えると、**会社側からのプロダクト・アウト的な思考ではなく、個々の従業員の立場に立った報酬のあり方を検討すべき**であろう。従業員が100人いたら100通りの報酬がある、というのは現実的ではないかもしれないが、人材ポートフォリオによる従業員群ごとに適した報酬の組み合わせにするとか、いくつかの報酬の組み合わせの中なら本人が選択できるようにするとか、従業員が望み、かつ、従業員のパフォーマンスにより効果的に作用する報酬プログラムになるよう定期的に改定するといったことはできるのではないだろうか。

　企業は金銭的報酬、非金銭的報酬に膨大な費用をかけているわけであり、その費用を人材の獲得・確保、活躍、成長により有効に活用できるように創意工夫することが重要である。

　最後に、報酬と他のプロセスとの関係について触れておく。他のプロセスとの関係では、以下のようなことが課題となる（図表3-87）。

　「要員のマネジメント」との関係でいえば、経営に必要な人材を労働市場から確実に獲得し、確保し続けることができる報酬を提供できているか、また、会社・従業員双方にとって有効な輩出機能を維持できるような報酬になっているかということが検討の課題となるだろう。

　「成果創出活動のマネジメント」との関係では、従業員の成果創出に向けた活動を促進するように評価結果を適切に報酬に反映することで、従業員が報

われている実感を持てているかということが課題となる。

そして、「成長」との関係では、成長することが自らの報酬を高めることになるといった成長へのモチベーションに良い影響を与えることができているか、ということが検討の課題となるだろう。

図表3-87 「報酬」と他の主要な領域との関係

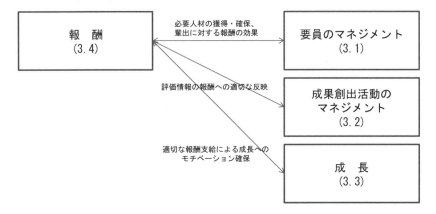

3.5 多様なニーズに応え、働き方改革を促進する～働く環境のマネジメント～

ここでは、企業で働く人々が働きやすく、働きがいの持てる環境づくりをどのように行うべきか、その考え方と実施方法について扱う。

1.「働く環境のマネジメント」の基本的な考え方

(1) 働く環境とは

一言で「働く環境」といっても、物理的・制度的・身体的な環境から心理的な環境までさまざまな要素がある。米国の臨床心理学者フレデリック・ハーズバーグは、二要因理論（動機付け・衛生理論）によって、「満足」にかかわる要因（動機付け要因）と「不満足」にかかわる要因（衛生要因）は別のものであることを発表した（図表3-88）。すなわち、「動機づけ要因は職務満足を高め、働く意欲を向上させる一方、衛生要因が欠如していると不満を感じ、働く意欲を低下させるが、衛生要因を満たしても働く意欲が向上するわけではない」ということである。また、動機づけ要因は仕事にかかわることや、それによって引き起こされる本人の内的な要因であって、衛生要因は仕事を取り巻く外的な要因である[26]。ただし、これは動機づけ要因と衛生要因が明確に異なるということではなく、動機づけにつながりやすい要因、不満につながりやすい要因と理解しておいた方がよいであろう。

そして、二要因理論の衛生要因が本節の内容に近く、動機付け要因が3.4での非金銭的報酬の内容に近いといえる。ただし、例えば、人間関係やコミュニケーションをよりよくすることがチームワークを高め、働く意欲の向上につながるなど、「働く環境」の内容を充実させることは、動機づけ要因につながることもある。

---

26 『仕事と人間性：動機づけ―衛生理論の新展開』F. ハーズバーグ（東洋経済新報社）

図表3-88　ハーズバーグの二要因理論

衛生要因	動機づけ要因
1. 会社の政策および管理施策 2. 監督のあり方 3. 作業条件 4. 対人関係 5. 金銭 6. 身分 7. 安全	1. 達成 2. 承認 3. 仕事そのもの 4. 責任の増大 5. 昇進 6. 成長

　また、我が国の状況として、少子高齢化、労働力人口の減少、長時間労働の多さ、労働生産性の低さなどを背景に、2016年9月に「働き方改革実現会議」が設置され、2017年3月に「働き方改革実行計画」が発表された。「同一労働同一賃金など非正規雇用の処遇改善」「賃金引上げと労働生産性向上」と併せて、「長時間労働の是正」「柔軟な働き方がしやすい環境整備（テレワーク、副業・兼業）」「女性・若者の人材育成など活躍しやすい環境整備」「病気の治療と仕事の両立」「子育て・介護等と仕事の両立、障害者の就労」「高齢者の就業促進」などのテーマが掲げられた。経済界でも経団連が「働き方改革」を宣言し、「長時間労働の是正」「年次有給休暇の取得促進」「柔軟な働き方の促進」を主な取り組みテーマとして掲げた。こうした政府・行政、経済界の動きを背景に、各社において働き方を見直す動きが活発化していった。
　ここでは、こうした働く環境の要素として、図表3-89の項目を取り上げることとする。

図表3-89　働く環境要因一覧

No.	項目	内容
1	雇用	雇用の安定、休業補償、副業
2	勤務時間・休暇	時間外労働、労働時間制、休暇
3	勤務場所	在宅勤務、リモートワーク
4	安全と健康	健康経営
5	人間関係・コミュニケーション	タテの関係、ヨコの関係

(2) 「働く環境のマネジメント」の検討ポイント

　働く環境の個々の要素を解説する前に、働く環境のマネジメントを立案、実行するうえで押さえておきたいポイントについて触れておく。

① 従業員の職務満足を低下させている要因を明確にする

　従業員へのインタビューやアンケート調査によって職務満足を低下させている要因を把握するというのが、一般的な方法である。不満足要因を把握するうえでのポイントの一つは、インタビューやアンケートで把握した事実データをストレートに不満足要因として捉えてよい場合と、事実データの深層を探って真因をみつける必要がある場合とがあって、そこを見極めることと、後者の場合にその構造を明らかにすることである。

　例えば、図表3-90は「残業時間が多く、それによって社員が疲弊している」というケースの要因例を示している。残業が多くなる要因として「付き合い残業をする社員が多い」「仕事量に対して人手が足りない」という声が多かった場合に、それぞれの要因を掘り下げて検討する。真因に突き当たるのには3〜5段階の深堀りをしなければならない場合もある。部門や階層によっても要因は異なるであろうから、**組織として対策効果が大きいと見込める要因を明らかにする**ことである。

図表3-90　職務不満足要因の把握（例：残業時間が多い）

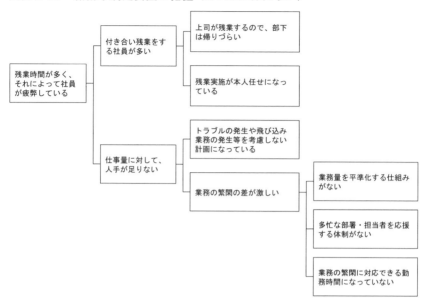

　また、要因の分析のどこに焦点を当てるかによって、打つべき施策は変わってくる。上段の「付き合い残業…」の側に焦点を当てるなら、従業員意識の啓蒙などを実施しなければならないし、下段の「仕事量…」の側に焦点を当てるならば、ライン部門を巻き込んだ実務的な改善施策が要求される。こういった分析を抜きにして「残業時間一律○○時間以下」などとやっても、効果は限定的であろう。

② **経営トップと管理者のコミットメントから始める**

　働く環境の不満足をもたらす要因が従業員側にある場合ももちろんあるが、会社や組織としての体制や仕組み、風土に起因するものが少なくない。例えば、図表3-90の例のように、残業時間の削減をするには、従業員の意識啓蒙は必要であっても、それだけで本質的に解決することは少なく、経営トップや管理者が残業時間削減にコミットしなければならない。経営トップの立場としては、「労働生産性の低い事業や業務はアウトソーシングする」「バリューチェーンの観点から全社の業務プロセスを見直す」「労働生産性の向上

を経営目標として掲げる」「経営トップが管理者や従業員全員とタウンミーティングするなどして残業時間削減について話し合う」といったことが求められるであろうし、管理者の立場であれば、「相対的に付加価値の低い業務は廃止する」「抜本的に業務プロセスを効率化できる方法を導入する」「各部署の負荷バランスが平準化される仕事の割り振りや支援体制をとる」「残業時間削減につながる施策をメンバーとともに検討することで職場としての意思統一を図る」といったことに取り組むことである。具体的な実施策は重要であるが、**経営トップや管理者の本気度を示す**ことも、従業員の働く環境づくりへのコミットメントを引き出すうえで大切である。

③ 働く環境を改善することのメリットを共有し、改善効果を確認する

経営トップのコミットメントを取り付けるうえで、「働く環境を改善することは、企業経営にとってメリットがある」ということを経営トップと共通認識する必要がある。政府・行政や経団連の働きかけ以前に、独自に働く環境の改善に取り組んできた企業は少なくない。それは、企業理念や経営者のポリシーとして実施されているケースもあるが、働く環境をよくすることが企業の持続的成長に効果があるということを経験的に確信しているからであろう。あるいは、これからの時代環境を考えたときに、働く環境の改善に努めることがHRM戦略の一つとして有効だと判断している企業もある。

例えば、「タレント」と呼ばれる優秀な人材を獲得・確保しようとしたときに、働く環境のよさはそうした人材を惹きつけるうえで有効な要素である。今日では、「働きやすい企業ランキング」といったデータがさまざまな機関の調査結果として公表されていたり、現存従業員や過去に勤めた経験のある従業員による自社評価という形で働く側からの魅力度を集計、公開しているサイトもある。

働く環境と労働生産性との関係については、働く環境を改善することが労働生産性の向上に結びつくとは、必ずしもいえない。筆者のコンサルティング経験からすれば、働く環境に対する不満足が著しく低い企業においてそれを改善することは、従業員の働く意欲の改善に結びつくケースが多かったが、ある程度の満足度がある企業において働く環境のいくつかを改善をしたとしても、労働生産性が向上するとは限らなかった。逆に、職務満足度が高

い企業において経営トップが「ぬるま湯感覚なのではないか」と危機感を感じている企業すらあった。ポイントは、**働く環境のどの要因を改善することが労働生産性を引き上げることに寄与するのかを明らかにすること**である。これは各企業において事情が異なるであろうから、自社における仮説検証を繰り返して明らかにするしかないであろう。そのためには、打ち手とその改善効果を継続的に測定する必要がある。

④ 施策は単発ではなく、より大きな目的のもとに施策の組み合わせで実施する

　例えば、年次有給休暇（年休）の取得を促進しようとした場合、その促進策を打っても自ずと限界がある。個々の従業員にとって「仕事量は変わらない」「他のメンバーに負担をかける」といった事情があるからである。このため、これらの事情も含めて解決できる施策を打つ必要がある。また、年休を取った分だけ時間外労働が増えたのでは意味がない。時間外労働の対策と併せて施策を打った方がよい。そのために、個々の施策のねらいを包含しつつ、例えば「ワーク・ライフ・バランスの改善」といった、**より大きな目的をめざして施策群を打ち出していく**ことが取り組み効果につながりやすいであろう。

■ 2．「働く環境のマネジメント」の実践

　ここでは、先に示した働く環境要因について、企業事例も交えながら、どのような取り組みが方法論としてあるのかを解説する。ただし、ここで提示するものは働く環境の改善を考えるうえでの視点や方法のいくつかのヒントであって、もちろん、これ以外にもさまざまな視点や方法が存在する。

(1) 雇用

　雇用に関することを働く環境のマネジメントに含めることには異論があるかもしれないが、働く者にとって雇用の安定等は働きやすさの土台になるものであるため含めることにした。

① 雇用の安定

「雇用の安定」は、その前提として「企業経営が安定している」ということではあるが、ここで扱う「雇用の安定」とは、経営のスタンス・方針として、従業員の雇用を守るということに対して経営が真摯であるかという問題である。もちろん、日本の場合は、従業員の雇用は法的に守られており、解雇権の乱用は許されないが[27]、業績の短期的な変動に対して安易に早期退職などのリストラ策を打ったり、成績の思わしくない従業員に対して退職勧奨を行うようでは、従業員はその企業で働くこと自体に不安を感じるであろう。

ただし、今日の企業経営においては、すべての従業員の雇用を守りきると約束することは極めて困難であろう。経営として最大限の努力をしてもなお、早期退職等の施策を打たなければ企業の存続自体が危うい状況であれば、そのことをできるだけ早期に従業員に詳しく説明し、公明正大な手続きにより早期退職等の施策をとるべきである。

重要なことは、**従業員とその家族の不安や不利益を極力小さくすることである。人事部門としては、「雇用の安定」に関する自社としての基本的な考え方や方針を経営トップ層とともに確立すべきである。そして、企業経営が厳しくなったときにこそ、その考え方に基づいた行動がとれるように、経営トップ層と足並みを揃えることである**。「雇用の安定」の最後の砦（ラストマン）はHR部門であることを肝に銘じておきたい。

② 休業補償

ここでいう「休業補償」とは、業務上の負傷・疾病に対しては労災保険からの給付が、私傷病に対しては健康保険からの給付があるが、それを上回る給付を企業あるいは企業の健康保険組合として行うことである。「もしものとき」に対して、安心して生活ができる補償があることは、従業員としては安心して働けるベースとなる。

③ 副業

前述の「働き方改革」の動きもあって、近年は副業を認める、もしくは推

---

[27] 労働契約法16条　解雇は、客観的に合理的な理由を欠き、社会通念上相当であると認められない場合は、その権利を濫用したものとして、無効とする。

奨する企業も増えてきている。その背景としては、企業という枠を超えて活躍することで、新たな経験を通して気づきや学びを得たり、人的ネットワークを形成する、さらには新事業の創出につなげるといったねらいがある。また、優秀な従業員ほど自分が成長できる機会を欲しており、優秀人材の確保策として捉えている企業もある。

ヤフー株式会社（以下『ヤフー』）は人事制度のコアバリューとして「社員が安全・安心・豊かさのもと才能と情熱を解き放ち、世の中に貢献ができる会社になる」を掲げており、副業制度をこのコアバリューを実現する一つの取り組みとして位置づけている。すなわち、ヤフー外のネットワークを形成したり、ヤフーではできない経験を通じてサービスへの還元や本人の成長につながること、ヤフー社員が持っているスキル・経験が世の中の課題解決に寄与することを期待しているようである。本人からの副業希望申請に対して、(a)ヤフーの業務を優先できる業務内容、業務量か、(b)健康に支障を来さないか、(c)ヤフーと競業の可能性がないかを確認し、HR部門と上司の承認によって許可している。ヤフーでは副業制度がよく活用されているようであるが、その背景として、上記のような理念があるとともに、フレックスタイムや課題解決休暇（「誰かの課題解決」につながる活動を支援するための休暇、年3日）、サバティカル制度（自分のキャリアや経験、働き方をみつめ直し、考えるための休暇制度、最長3か月）などの周辺の勤務制度があることも副業制度を活用しやすい環境を作っているといえるだろう[28]。

ただし、副業制度の導入・運用には、ヤフーが掲げている (a)〜(c) の条件に関することや、副業先も含めた労働時間管理という実務上の複雑さや情報漏洩リスク、優秀人材の流出リスクといった問題が伴う。**こうしたリスクを十分踏まえつつも、従業員にとって活用しやすい仕組みとすることが肝要**である。規則上は副業を認めていながら、さまざまな条件でがんじがらめにしたのでは、実質的に認めていないのも同じになってしまう。

(2) 勤務時間・休暇

① 時間外労働

長時間労働が従業員の心身に及ぼす影響については説明するまでもないで

---

[28] 『労政時報』（第3943号　労務行政研究所）

あろう。海外では「KAROUSHI」というワードが使われるくらいである。「働き方改革」のテーマの中でも重要なテーマとなっているが、「働き方改革」以前から、ワーク・ライフ・バランス[29]を実現するための大きな課題として企業・行政ともに取り組んできた。

経団連が実施した「2017年労働時間等実態調査」によれば、長時間労働につながりやすい商慣行と職場慣行の主な要因と実施されている改善策は図表3-91のとおりである。

図表3-91　2017年労働時間等実態調査（抜粋）

項目	主な要因	改善策
商慣行	客先からの短納期要求32.9% 顧客要望対応15.7% 海外顧客、拠点との時差による対応9.2% トラブル対応8.0%　他	顧客・外部（役所）の理解28.9% 適正なスケジュール・納期18.9% 人員配置の見直し13.3% フレックスタイム制、シフト勤務8.0%　他
職場慣行	業務の属人化27.3% 時間管理意識の低さ21.7% 業務効率の悪さ18.5% 業務の標準化不足13.7% 残業が当たり前、美徳とする雰囲気12.9% 過剰な品質追及11.2% 資料作成11.2%　他	業務の効率化28.5% 定時退社日の設定23.3% 会議の効率化13.7% ICTツール導入11.6% 業務の標準化10.4% 適正な人員配置10.4% 時間管理の意識改革9.6% 他

また、長時間労働の是正に向けた数値目標を達成するための施策としては、(a) 経営トップメッセージ発信（20%）、(b) 時間外勤務に上限値設定（19%）、(c) 残業状況の管理・共有・フォロー（15%）、(d) 残業の事前申請制（13%）などが挙がっている。

上記の調査結果と重複する点もあるが、筆者がコンサルティング活動を通して経験的に把握した要因としては図表3-92のような要因が挙げられる。

---

[29] 2007年12月に、内閣府は「仕事と生活の調和（ワーク・ライフ・バランス）憲章」と「仕事と生活の調和推進のための行動指針」を策定した。

図表3-92　時間外勤務の発生要因例

要因の視点	要因の例示
仕事の特性・やり方	営業時間が長い、繁閑の差が激しい、一時期に業務が集中する、突発業務が発生しやすい、部署や担当者による業務量に差がある、締め切りや納期にゆとりがない、会議が多い、など
部下の意識	付き合い残業をする、生活残業をする、なりゆきまかせで仕事をして残業をする、自己満足で過剰な仕事をして残業する、自分で仕事を抱え込んで残業をする、仕事熱心で残業する、早く仕事を覚えようとして残業するなど
部下の能力	仕事に慣れていない、仕事が遅い（処理能力が低い）、仕事の優先順位がつけられない、仕様確認漏れでミスが出る、など
管理の仕方（上司の問題）	自分自身の残業が多い、部下の残業を管理しようという意識がない、残業が多い部下を評価する、残業を前提として仕事の指示をする、部下の業務分担のあり方を考えていない、部下の業務の状況管理をしていない、など
管理の仕方（仕組みの問題）	一人ひとりの労働時間を管理する仕組みがない、業務の特性に合った労働時間制度になっていない、残業実施の判断が本人任せになっている、長時間残業を規制する仕組みがない、多忙な部署・担当者を応援する体制がない、など
その他	必要な業務量と人員が合わない計画を組んでいる、ムダな仕事と思いながらも止められない風土、費用対効果を考えない風土、など

　対応策としては、前述したとおりであるが、まずは**長時間労働の実態と、改善することの目的、ねらいを全従業員で共有し、真因を明らかにするところから始める**べきであろう。その点を抜きにした表層的な解決策はサービス残業を生み出すなど、むしろ逆効果となるおそれがある。

② **労働時間制**

　法律上認められた労働時間制を職場の実態に合わせて活用することで、社員の働きやすさや生産性の向上につなげることができる（図表3-93）。

図表3-93 主要な労働時間制

労働時間制		概要
変形労働時間制		一定期間を平均し、1週間当たりの労働時間が法定の労働時間を超えない範囲内において、特定の日又は週に法定労働時間を超えて労働させることができる。「変形労働時間制」には、1か月単位、1年単位、1週間単位のものがある。
フレックスタイム制		一定期間（1か月以内）を平均し1週間当たりの労働時間が法定の労働時間を超えない範囲内において、その期間における総労働時間を定めた場合に、その範囲内で始業・終業時刻・労働者がそれぞれ自主的に決定することができる。
みなし労働時間制	事業場外みなし労働時間制	事業場外で労働する場合で労働時間の算定が困難な場合に、原則として所定労働時間労働したものとみなす。
	専門業務型裁量労働制	デザイナーやシステムエンジニアなど、業務遂行の手段や時間配分などに関して使用者が具体的な指示をしない特定業務について、実際の労働時間数とはかかわりなく、労使協定で定めた労働時間数を働いたものとみなす。
	企画業務型裁量労働制	事業運営の企画、立案、調査及び分析の業務であって、業務遂行の手段や時間配分などに関して使用者が具体的な指示をしない業務について、実際の労働時間数とはかかわりなく、労使委員会で定めた労働時間数を働いたものとみなす。

　製造業の工場で生産ラインに入って作業する場合やオフィスで定型業務に従事する場合は、勤務時間は明確に定まっていた方が働きやすいであろうが、自ら価値を生み出す業務に従事している場合は、一定の時間働いたから一定の成果が出るというわけではないので、みなし労働時間制を適用した方が働きやすいという場合は多いであろう。しかし、みなし労働時間制の適用は対象が限定的であるため、それが適用できない職場、従業員に対して、一定の時間外労働分を手当として支給し、その時間内であれば所定労働時間を超えても働くことができるような仕組みを導入している企業もある。もちろん、労働時間管理は的確に行い、一定の時間外労働分を超えた分については時間外手当を支給する必要はあるが、フレックスタイム制とともに活用することで、仕事の成果にフォーカスした働き方がしやすいという利点はある。
　また、一方で、勤務時間を短くすることについては、育児・介護休業法で保障されている短時間勤務を実施することは当然であるが、法律の範囲を超

えた短時間勤務を実施している企業も多く、従業員の生の声をもとに、各社の実態に合わせたルールづくりが行われている。育児・介護だけでなく、定年後の継続雇用者に対しても短時間勤務や週3日勤務など、高齢であることに対する労働時間の配慮を仕組みとして取り入れている企業もある。

③ 休暇

年次有給休暇（年休）について、厚生労働省の調査[30]によれば、年休を取ることに約7割の人がためらいを感じており、その主な理由は、「みんなに迷惑がかかると感じるから」が74.2%、「後で多忙になるから」が44.3%、「職場の雰囲気で取得しづらいから」が30.7%である。

先の経団連の調査によれば、休暇取得促進に向けた数値目標達成のための施策は、「計画休暇の設定」が20.5%、「休暇取得状況の管理・共有・フォロー」が17.7%、「休暇取得の呼びかけ」が17.3%、「連続休暇の推奨」が10.4%、「有給取得推進日の設定」が9.2%であった。

また、年休以外の休暇として各社はさまざまな休暇を設けている。前述したヤフーもユニークな制度を設けているが、その他の事例をいくつか紹介しよう。

30　「労働時間等の設定の改善を通じた『仕事と生活の調和』の実現及び特別な休暇制度の普及促進に関する意識調査」厚生労働省（2014年）

図表3-94　各社独自の休暇制度

会社名	休暇制度の概要
アサヒ工業株式会社	学校行事休暇：年に2日間、ただし二人以上の中学校就学前の子がある場合は4日間。
住友林業株式会社	配偶者出産休暇：5日間、出産から2週間以内 家族の介護・傷病休暇：要介護状態の家族が一人の場合は年10日、二人以上の場合は年15日の有給休暇を取得可。時間単位で取得できる。
株式会社タニタハウジングウェア	積立安心休暇：失効する年次有給休暇を最大60日まで積み立てて、規定された事由に使用できる。例えば、自らの病気のためには60日まで、家族の看護や介護のためには一人あたり5日まで利用できる。
ネットラーニンググループ	不妊治療休暇：年間で20日間、時間単位でも取得可。無給。 研修休暇：勤続9年目に、連続5日間の有給の特別休暇が付与され、研修費用の補助として一律10万円が支給される。

（出典：厚生労働省「社員と会社が元気になる休暇制度導入事例集2016」）

　年休だけでは足りない個別事情（必要性）への対応、ワーク・ライフ・バランスの充実といった観点からの休暇付与を実施している企業は多いが、知識が価値を生み出す源である時代においては、ヤフーのサバティカル制度のように自分にインプットしたり、自分をみつめ直すための長期休暇を取得できることは大切ではないだろうか。もちろん、自分への投資の休暇であるから、無給で構わない。

(3)　勤務場所
①　在宅勤務

　労務行政研究所が2017年に実施した調査[31]によれば、36.4％の企業が在宅勤務を導入しているが、主な導入目的は、「育児による離職リスク軽減」が77.4％、「介護による離職リスク軽減」が65.1％、「通勤弱者（身障者、高齢者、妊娠・育児中の女性、けが等）への対応」が45.3％、「優秀な人材の獲得」が40.6％などとなっている。制度運用面の課題は、「労働時間の管理が難しい」が61.2％、「仕事の進捗状況の管理が難しい」が60.2％、「在宅勤務者と在社勤務者間のコミュニケーションに問題がある」が53.4％、「情報漏洩などのセ

31　『労政時報』（3935号　労務行政研究所）

キュリティ面で不安がある」が42.7％、「在宅勤務者の評価が難しい」が41.7％
といった内容が挙がっている。

② リモートワーク

　自宅以外での勤務を認める企業も増えている。既出のヤフーは「どこでもオフィス」といって、パフォーマンス向上のため、連絡がつき仕事ができる場所ならどこでも就業可として、場所に縛られない働き方ができる制度を導入している。また、サントリーホールディングスは、自宅限定であった在宅勤務制度を、所属長の許可を受けた場所であればどこでも働けるテレワーク制度に拡張した。週営業日の半分以上出社していればよく、10分単位で勤務できる。フレックスタイム制度を導入してはいるものの、適用単位が個人単位でコアタイムがないことから、テレワーク制度と併せて、個々の従業員の事情に合わせた柔軟な働き方ができているという。例えば、育児・介護など時間制約のある社員が保育園や介護施設への送迎前1時間を活用して仕事をしたりすることができる。また、外出時はサテライトオフィスの利用やモバイルワークにより移動時間を削減できるといったメリットがある[32]。

　上記の（2）や（3）に関するさまざまな施策は、柔軟な働き方ができるようにすることで働きやすい環境をつくるという点では推進すべきことではあるが、一方で、そのことによって従業員間の利害関係が発生し、不満が生じるということが起こる。休暇を例に挙げると、休暇を取れる従業員と取れない従業員が存在し、取れない従業員から不満が出るとか、ある従業員が休暇をとったり短時間勤務をすることでその負担が他の従業員にいく。またそのことによって不満が出るといったケースがある。
　在宅勤務でも同様のことが起こる。働きやすい環境を整えることがかえって職場内の人間関係を悪くすることになったのでは、会社としてデメリットが大きくなってしまう。**お互いの立場や想いを理解し合い、互助の精神に立てるための取り組みは必要であるが、有利不利の偏りが大きくなり過ぎないためのルールづくりも必要なことである。**

32　経団連「働き方改革事例集」（2017年）

(4) 安全と健康

労働契約法5条に基づく使用者の安全配慮義務や労働安全衛生法の定めを遵守することは企業の責任として当然であるが、近年では「健康経営」という概念が日本社会にも広がり、企業としての法的責任を超えて、より積極的に社員の健康増進に取り組む企業が増えている。

「健康経営」とは、NPO法人健康経営研究会の定義によると「『企業が従業員の健康に配慮することによって、経営面においても大きな成果が期待できる』との基盤に立って、健康管理を経営的視点から考え、戦略的に実践すること」とされる。

産業医科大学産業生態科学研究所の森晃爾教授は、企業が「健康経営」に取り組むにあたり、次のようなプログラムで進めていくことを提唱しており、安全・健康面から働きやすい環境をつくるうえでの視点となる。

レベル1は従来型の産業保健活動であり、まずはこれが確実に実施できている状態にすることである。レベル2は個別の事情・状況に対応すること、そして、レベル3はよりポジティブな健康増進への取り組みである。

図表3-95　プログラムの概要とレベルごとのアプローチ

レベル3 ポジティブヘルスアプローチ	⑨より生産性が高く、活力ある職場環境形成 ⑧従業員に働き掛け健康度を上げるフィットネス向上
レベル2 個別事例への対応	⑦個人的な要因を改善して生産性を向上させる対策 ⑥高年齢労働者が仕事を安全に継続できる対策 ⑤仕事と治療を両立できるための支援対策
レベル1 以前から行ってきた全従業員への基本対応	④生活習慣病等の個人に存在する健康リスク対策 ③さまざまな健康障害要因に曝露している従業員の健康影響を評価する対策 ②従業員の健康状態が安全に仕事の継続が可能な状態であるかを評価して、改善を図る対策 ①化学物質等の有害物質の曝露対策、労働時間の管理やストレス対策

(出典：森晃爾「『健康経営』の基本と取り組みの方向性」労政時報3905号51頁)

また、経済産業省は、企業で働く人を対象とした調査結果をもとに、オフィス環境の整備がどのように仕事のパフォーマンスにつながるのかを図表

3-96のように明らかにした。ポイントは、従業員の健康が保持・増進される行動が誘発されるオフィス環境をつくることであり、そのためには従業員と環境づくりにかかわる人が現状を把握し、何をどう変えていくかについて話し合い、計画的に取り組むことである、とされている。

図表3-96　健康経営オフィスの効果モデル

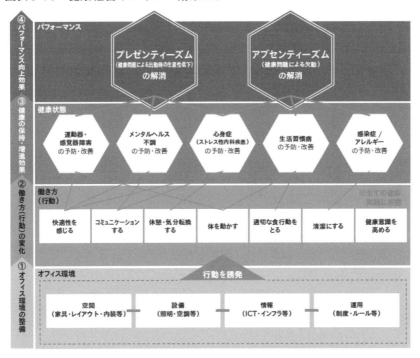

（出典：経済産業省「健康経営オフィスレポート」）

(5) 人間関係・コミュニケーション

　ハーズバーグの衛生要因にあったように、会社の政策および管理施策、監督のあり方、対人関係は働きやすさに大きな影響を及ぼす。ここでは、組織階層の「タテの関係」と「ヨコの関係」の二つの視点からポイントを解説する。

① **タテの関係**

「タテの関係」とは、トップは経営者、ミドルは管理者、ボトムは第一線担当者であって、意思決定、指示・命令の関係である。経営トップと第一線担当者との関係では、経営方針や経営者の考えが第一線担当者に正しく伝わっているか、現場の情報や第一線担当者の思いが正しく経営者に伝わっているかという問題がある。

一般的には、経営者と第一線担当者の間には溝あるいは壁があって、相互に情報が正しく伝わっていないことが多い。それは、中間にミドルがいて、情報の伝導率が悪くなる、あるいは屈折するということや、経営者と第一線担当者では立場が大きく異なることから、同じように情報を認識、解釈することが難しいといったことがあるためである。

こうしたギャップを埋めるために、経営者は各職場を回ってタウンミーティングを行ったり、非公式な場を設けてフランクな感じで直接対話できる場を作ったり、あるいは、誰でも経営者に直接メールを送ることを歓迎するといった取り組みを行うことが多い。他にも、「オープンドア」といって、経営者（役員）の部屋のドアはいつも開いていて、従業員が経営者（役員）に尋ねたいことや話したいことがあれば、時間が空いてさえいればいつでも自由に入ることができるようにしている会社や、「オープンブックマネジメント」といって、経営情報を極力従業員に開示するというものもある。情報漏洩のリスクはあるものの、それ以上に、情報開示することによって経営者と従業員の意思疎通や信頼関係を維持・強化することを重視するものである。

ミドルと第一線担当者の関係では、例えば、「部長－課長－担当者」といった3層になっている場合、一般的には課長と担当者の認識は比較的近いものの、部長と担当者とでは認識にギャップがあることが多い。これは、先に述べた経営者と第一線担当者との関係に似ている。ただし、第一線担当者にとって経営者の存在は、会社の方針や政策とその背景にある経営者の考え方に対して理解・納得できるかどうかということであるが、部長の場合はより直接的に担当者の仕事や処遇に影響するということや部長の「姿」がみえやすいということがあり、良くも悪くも実体としての影響者になる。

課長が直属上司である場合、課長と担当者との関係は最も身近な利害関係者であるので、働きやすさに最も影響する間柄といえる。これは、課長が担

当者に与える影響だけでなく、その逆もまた同じである。直接的に情報交換する関係であるので、本来は双方の情報が伝わらないという関係ではないはずであるが、利害関係が強いがゆえに両者の関係性が情報の共有度合いを左右してしまう。情報だけでなく、負の感情によって、働きにくさだけでなく、仕事のパフォーマンスにも大きく影響してしまう。部長や課長と担当者との関係を良好なものとするには、「お互いをよく理解し合うこと」「日頃から報告・連絡・相談をこまめにすること」「率直な思いを伝えるフラットな関係をつくること」などが有効である。

　HR部門としては、経営者と担当者の関係については、両者の接点の場を設けることや、経営者のメッセージを伝わりやすくするといった取り組みが考えられるし、「部長－課長－担当者」の関係については、これらの関係性を把握し、良好でない関係に対しては部長や課長に働きかけるといった介入を行ったり、場合によっては異動をかけることが必要な場合もあるであろう。

② **ヨコの関係**

「ヨコの関係」とは、職場内の同僚関係、他部門との関係である。

　職場内の同僚関係も働きやすさに大きく影響する。仕事の分担状況にもよるが、相互に密接な関係で仕事をする場合は、特に同僚関係の良否は直属上司との関係にも匹敵するくらいの影響があるであろう。同僚関係の良否の要因は相互の意思疎通ということもあるであろうが、合う・合わない、好き・嫌いといった感情的なものが影響することが少なくない。「お互いをよく理解し合う」「お互いの違いを認め合う」「自分の率直な思いを伝え、相手の思いを受け止める」といった関係性をつくるための基本を身につける必要がある。そのための教育ということも場合によっては必要であろう。

　他部門との関係については、同僚関係のように相互の人間関係が影響することもあるが、多くの場合、相互の利害関係が影響していることが多い。すなわち、他部門の都合よりも自部門の都合を優先することによる利害の相反である。あるいは、他部門に対する無関心、不干渉による意思疎通の悪さという場合もある。これについては、部長、課長という管理者が自らの役割として全体最適行動をとるようにしなければならない。

　HR部門として、ヨコの関係の維持・改善のためにできることは、前述し

た関係性をつくることの大切さを従業員が認識し、そのためのスキルを習得するための教育を実施すること、管理者としての役割認識を高めること、他部門のことを理解する機会を設けること、部門間の人事交流を促すことなどが考えられる。

　以上、働く環境をよりよいものとするための視点や方法をいくつか提示したが、働きやすさは個々の事情や考え方によって異なるであろうし、どこまでやればよいという到達点があるわけでもない。**ややもすると、自社の理念やビジョン実現とは関係のないことに時間とコストを費やすことになりかねない。1に掲げた「基本的な考え方」に基づいて、中長期的視点から自社の理念やビジョン実現にとって重要なことに焦点を当てて、取り組んでいくことが大切ではないだろうか。**
　本節の最後に他領域との関係を示しておこう（図表3-97）。

図表3-97　「働く環境のマネジメント」と他の主要な領域との関係

働く環境のマネジメント (3.5)	→ 女性活躍など、個別の事情にあわせた勤務制度が提供できているか →	要員のマネジメント (3.1)
	→ 高い生産性を実現できる環境づくりが実現できているか →	成果の創出 (3.2)
	→ ライン部門との協業を通じてスムーズな環境提供ができているか →	HRMの支援プロセス (3.6)

　働く環境のマネジメントは、従業員が企業に勤めるうえでの基盤を成す要素であるが、他のプロセスとの関係では、以下のようなことが課題となる。
　「要員のマネジメント」との関係でいえば、先述のような「柔軟な」時間管理の主たる対象者は出産、育児といったライフイベントを迎える、（主に）女性従業員となることが多い。そうした従業員の個別の事情にフィットした働く環境づくりがなされているかということは検討の課題となるだろう。

一方で、働く環境上のさまざまな工夫が、それぞれの業務における「成果」の創出につながっているか、ということも確かめる必要がある。テレワーク等のオフィスの分散傾向がどのように生産性に影響を及ぼしているのかということは、施策として新しいこともあり、評価の分かれるところである。自社の状況とも照らし合わせながら、効果の状況を見極めていく必要がある。

　そして、「HRMの支援プロセス」との関係では、働く環境を提供するプロセスで、ライン部門（当事者）や、経営トップと連携できており、スムーズに事を運んでいるかということが課題となる。働き方改革という複雑な課題を前に、一枚岩で取り組む状態になっているかということが問われているのである。

3.6　HRMの支援プロセス

　3.1から3.5においては、HRMに関連する主たる活動をいかにマネジメントするか、ということについて述べてきた。本節においては、その活動を実現させるための支援機能として、HRMにかかわる支援機能をどのように形づくっていくか、そして、主なアプローチの手段となる「人」(＝体制)と「情報」の扱いについて述べていくことにする。

■ 1．HRMの支援体制

　そもそもHRMを支援する体制はどのような部門が担うのだろうか。実際は企業によってまちまちである。一般的にはHR(人事)部門のほかに、経営企画部門や総務部門、人材開発部門、CSR部門などによって分担されていることがあるし、中小企業であれば総務部門に一極集中している可能性もある。
　ここではそれらをまとめて「HRMの支援体制」と呼ぶことにしたい。また「HRMの支援体制」には、支援機能を高めるためにプロセスに応じて必要なビジネスパートナー(外部取引先：以下BP)を活用することも含めることとする。
　では、まず支援体制を検討するにあたっての論点についてみていくことにしよう。

(1)　「HRMの支援プロセス」の基本的な考え方
① 　集権か分権か　〜HRMの実効性をいかに担保するか〜
　HRMの支援体制を考える際にまず考えなくてはならないのは、HRMにおける意思決定の権限配分にかかわる問題である。いかにHRMの仕組みを整えていっても、最終的に「誰が何を決める権限があるのか」といったことをないがしろにすると、その意味合いは限りなく希薄になってしまうことがある。
　顕著な例は「異動」「再配置」、いわゆるローテーションにかかわる意思決

定であろう。いくら全社的に「事業部門間の異動を通じて経営人材を育成する」という方針を出したところで、ライン部門における「人材の抱え込み」に遭ってしまっては、そのような方針が実現する見込みは少ない。

　HR部門の実行しようとしている施策が、どのような力学の作用によって達成し得るのか、もしくは何らか大きな阻害要因が発生し得るのか、HRMにおける「分権」「集権」という二つの視座を持って冷静に見極め、時にはその力学に変更を加える働きかけを行っていくことが求められる。

② 「HRMの支援体制」構築の基本コンセプトの再確認

　上記の「分権」「集権」の議論と関連するが、HRMという人の育成や配置にかかわる活動を、「誰が」「どのように」参画しながら運用していくことが望ましいのかということについて改めて考えていく必要があるだろう。

　かつては特に、そして現在においても大まかにその傾向は堅持されているといえるが、「強いHR（人事）部門」というモデルが一般的であった。主な労働力の源泉は新卒定期採用者で、基本的には終身雇用、育成的なローテーションや役職の人事などは本社でコントロールし、経営者選抜にも大きな影響力を発揮するといったイメージである。図表3-98の対比でいえば、左側のモデルに近いだろう。

図表3-98　HRM体制構築の考え方

	「伝統的認識」	「これからの認識」
HRMは誰のものか	HR部門。	全ての従業員。
HRMは誰のためのものか	経営のため。経営成果を高めるための経営からの預かりものである。	全ての従業員と経営のため。経営成果と従業員の幸せの両立をめざすものである。
ライン部門の役割は	求められた成果（PQCD等）に基づき、計画通りに上げる。HRMの諸活動とラインの経営・業務管理活動そのものとの関連は薄い。	HRMを確実に実行し経営・業務管理活動との同期化を図る。従業員はHRM機能を活用して自分の仕事のやりがいを高める。
HR部門の役割は	HR部門がHRMを主導する。	HR部門は経営への的確な提案とすべての従業員へのサービスレベルの向上を図る。

そういったHRMにライン部門が関与する余地は小さい。ところが、経営環境を取り巻く状況は変わってきている。M&A等による外国資本の参入や、競争環境が厳しくなる中での新たなイノベーション等への要請、あるいは働き方ニーズの多様化といった諸条件により、伝統型のモデルは通用しなくなってきている。

これからは、図表3-98における右欄、「これからの認識」にシフトしていくことを検討せざるを得ないのではないか。すなわち、**HRMにかかわるあらゆる領域にライン部門がより積極的に関与し、自分たちの行っている業務や事業運営との同期化を図りながら、より成果を高めていくための「道具」としていく必要がある。**

また、HR部門はそうした活動の存在を前提として、経営視点という全体最適的視点を堅持しつつも、ライン部門、個人の個別の期待や要望にいかに追随していくかという、しなやかな対応も求められるだろう。

(2) 「HRMの支援体制」構築の実践

では、具体的にはどのような点を検討していけばよいのだろうか。図表3-99に大まかなステップを示す。

まず前述したように、HRMにかかわる「集権」と「分権」の状況をチェックするところから始めよう。一概に「集権」「分権」といっても、その様相は個別である。HRMの実践プロセス別にみていくことで、自社におけるHRMの権限にかかわる力学がみえてくる（第一ステップ）。

では、その力学が良くバランスされ、経営成果や個々人の働きがいや安心に寄与していくためには、どのような状況を作っていくことが望ましいのだろうか。ここでは、試みとして本社－ライン組織間の協業モデルを設定する（第二ステップ）。

そして、それらを最適な状況に持っていくためにHRMに関与するそれぞれの立場の人たちはどのような役割を果たしていくべきなのか、自社で調達できない資源をどのように外部（ビジネスパートナー、以下BP）に求めていくべきなのか。そういった関係者を「アクター」と称し、それぞれの負うべき役割についてみていくことにする（第三ステップ）。

第3章　戦略人事の実践プロセス

図表3-99　「HRMの支援体制」のステップ

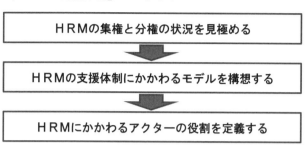

① HRMの各領域における集権、分権バランスの最適状態を想定する

まず、集権、分権について見極める視座についてみていく。そもそも、「集権化している状態」「分権化している状態」とは、HRMの領域でいえばどのような状態を指しているのだろうか。図表3-100にそのイメージを示す。

図表3-100　HRMにおける集権と分権

領域	集権的HRM	分権的HRM
異動・配置	・非正社員も含めた採用活動は基本的にHR部門が主導して行う。 ・各部門内の配置換えの状況を把握するとともに、部門を越えた配置・異動を主導的に行う。	・ライン部門において定期採用以外の独自の採用活動（非正社員、中途社員など）を実施する。 ・ライン管理者や本人の承諾がない限り、部内を超えた配置・異動は実現しない。
昇格・降格	・昇格枠や昇格者数、最終昇格の可否等について、HR部門が経営者とともに主導して意思決定する。	・昇格枠や昇格者数の範囲内で、実際の昇格の可否についてライン部門で意思決定を行う。
評価	・最終的な評価の調整および決定については、もっぱらHR部門で行う。	・一次評価者の絶対評価や、部門内調整の結果が最終の評価となる。
報酬	・昇給、賞与にかかわる原資の決定はHR部門によって行う。 ・HR部門によって調整された評価に従って、個別の報酬額が決定される。	・昇給・賞与にかかわる原資の決定が部門の収支に基づいて行われる。 ・報酬額の配分にかかわる権限はライン部門に与えられており、自由にすることができる。
能力開発	・全社的な階層別のOff-JTを中心に、HR部門が主導的に設計を行い、そのプログラムにライン部門メンバーを参加させる。 ・OJTについて、全社的に状況や進捗を共有しながら進める。	・ライン部門における独自のOff-JTプログラムやそのための予算が確保されており、その枠が大きい。 ・専門的スキルにかかわるOJTの仕組みやシステムを独自に構築する。

自社の状況に当てはめたときに、どちらの運用のイメージに近いだろう

221

か。概ね左に寄っていれば集権的、右に寄っていれば分権的ということができる。領域ごとに、濃淡が存在しているケースもあるだろう。

あまりに「集権」に寄っている場合には、経営の視点で本社中心の差配が自由に利くという利点がある一方、ライン部門は日常の活動を別次元で行っていることになり、ラインマネジメントにおける成果創出に貢献している状況とは言い難いだろう。一方で、「分権」に寄り過ぎている場合には、個別の事情が優勢となり過ぎ、全体としての調和がとれなくなっている状態も想定される。図表3-101に、集権、分権にかかわるメリット、デメリットを一表にまとめた。上記の見極めを行うとともに、デメリットとして挙げられている「問題のある状況」が出現していないかを確認してほしい。

図表3-101 「集権」「分権」による得失

	メリット	デメリット
[集権型]	・一貫した方針でHRMの各領域の推進が迅速に行える。 ・一定のタレント情報や基準・手続に沿った獲得・配置・再生・輩出が行えるため組織的な公平性が高まる。 ・部門を越えた異動（配置・再生）、成長や成果創出活動のマネジメント・報酬において透明性を保ちやすい。	・ライン部門の個々の職務特性を考慮した獲得（報酬条件の設定）が難しい。 ・ライン部門の中長期戦略や組織状況を考慮しにくい（輩出・配置・再生）。 ・共通性の高い範囲におけるHRM（配置・成長・成果創出活動のマネジメント・再生など）の実現にとどまりやすく、より現場活動に踏み込んだHRMへの転換が難しい。 ・本社管理部門の人的コストが高まる。
[分権型]	・ライン各部門の要員計画に応じた柔軟な獲得輩出が可能となる。 ・ライン部門個々の特性に応じた配置・成長・再生が進めやすい。 ・ライン部門の業務管理活動とHRMの関係が密接な成果創出活動のマネジメントが進められる。 ・本社管理部門の人的コストが低く、「小さな本社」が実現する。	・ライン部門が個々に獲得プロセスを進めることで全組織的な人員構成の最適維持が困難になる。 ・HRMの各領域（配置・成長・再生など）の部門間の整合性を担保しにくい。 ・ライン部門に依存した人材の輩出は権限（解雇権など）の乱用のリスクが高い。 ・全社戦略をHRMの側面から迅速に推進する際に障害となる。

② HRM支援体制にかかわるモデルを構想する

HRMにおける各プロセスの点検を経たら、**今後めざしていく事業価値のあり方等に照らして、最適な支援体制を構築していく。上記「メリット」「デメリット」で示したように、どちらの体制が良いか／悪いかということではない。**

「ライン部門が機敏に動けるか」が事業価値の生命線なのであれば、「分権型」が適合的であるし、事業そのものが成熟状況にあったり、より長期的にHRMを構想しなければならない状況では、「集権型」の度合いを強めることがよいのかもしれない。したがって一義的に決められるものではない。

そこで、HRMの支援体制づくりに際して起きているパラダイムの変化に対し、「集権」と「分権」それぞれのメリットを活かすと考えられる体制のあり方を、一つの「モデル」として示しておきたいと思う。

◆「集権」と「分権」の意図的なバランスモデル例

組織の持続的成長を、図表3-102のように、「成長性の向上」と「持続性の向上」に分解する。「成長性の向上」とは、事業を拡大させるための「価値の創造」「提供水準のレベルアップ」を指し、「持続性の向上」とは、組織能力や人材の能力を向上させるための「仕組みの設計」「運用の維持・改革」に関連する活動を指す。

それぞれが求めるレベルを漸次シフトアップさせていくような考え方を設定し、主に成長性を担う管理者（TASKマネジャー）と主に持続性を担う管理者（HRマネジャー）をライン部門に配置する。

図表3-102　組織の成長モデルと管理者の役割

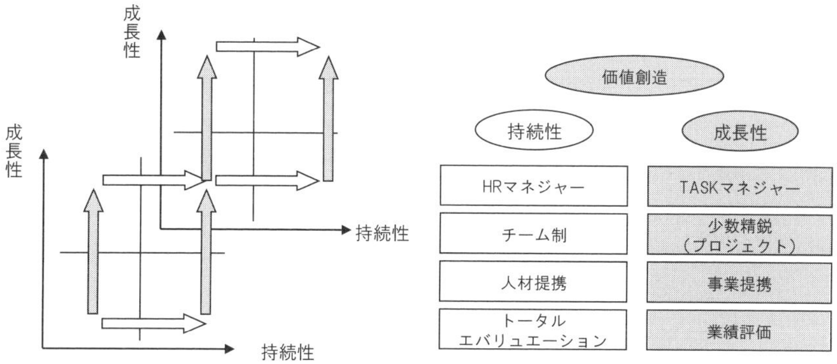

TASKマネジャーは、プロジェクト組織を軸にして有用かつ必要な人的経営資源を選抜し、さまざまな部門・事業連携を果たしながら経営が求める価

値創造を行う。このときに行う評価は主に「仕事：業績」に対してであり、業績に対して個人がどの程度の比率でどういった貢献を果たしたかのみを把握する。重要なことは、人別に評価するのではなく、仕事ごとの評価にとどめる点である。TASKマネジャーは人の管理まで範囲を拡げることなく、TASKに集中して成長性を担ってもらうためである。

　一方のHRマネジャーは、チーム制をとって人材のリソースとしての可能性の発掘・発見に努める。組織の壁を越えて人材の連携を促進し、学習・経験の共有を推し進めていく。そうした活動を通じて主に人の能力・可能性を軸に評価を行う。**ここで重要なのは、人材ごとの仕事を計画的に長期の時間軸で捉えて評価していくことで「伸びしろ」と「成長余力」を見極めることである。**こうした人の評価と、TASKマネジャーからもたらされる業績評価データを組み合わせて「トータル・エバリュエーション（総合評価）」を行う。こうした組織のバランスモデルは図表3-103のような構造となる。

図表3-103　集権と分権のバランスモデル例

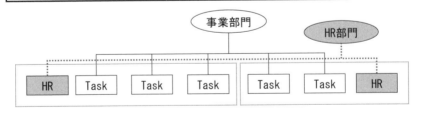

※ライン部門単位区分内のタスクグループのくくりを明確にし、HRグループを設置する。ライン部門とHR部門は部門レベルで持続性と成長性の両面から戦略を策定し実行に移す。タスクグループとHRグループは日常マネジメントの中で常に連携し持続性の向上と成長性の確保がアンバランスにならないように意思決定を行っていく。

　組織の規模にもよるが、例えば工場の勤労課、支店の総務課といった形で、ライン部門にHR部門が入り込んでいる組織は珍しくない。一方で、どちらかといえば、そういった組織は「本社の出先機関」のような位置づけになってしまっていることも多く、事業部のビジネスパートナーとして共に事業目的に貢献するような関係性が築かれているとは言い難い状況があるのも事実である。

　そうした状況にならぬよう、より事業運営への貢献や個別のニーズに訴求

する新たなHRM機能の設定や、TASKマネジャーの新たな役割の設定がHRマネジャーには求められている。こうして、**集権型と分権型の効用が最大化するような体制を構想していく必要がある**。

③ HRMにかかわるアクターの役割を想定する

HRMの支援体制を構想できたとして、そこに関与する人々（アクター）に対する期待役割も自ずと変わっていくことを想定しなければならない。

ここでは、そのアクターごとに期待されることとHRMを効果的に進めるための論点を挙げることにしよう。

a. 経営トップ

経営トップには、いうまでもなく組織のHRMの前提となるビジョンといった経営の方向性や戦略を意思決定し、発信することが期待される。また、そのうえで、事業バランス、戦略事業単位の決定や基本となる経営資源としての人のマネジメント（HRM）に対しての大きな方向性を示すことが望ましい。

経営活動を進めるにあたって、**経営トップはHRMを健全な状態に保てるようにしなければならない**。また経営活動とHRMにおいて相互に矛盾しないような内容の発信を行うことが必要とされる。

今日的に経営トップがHRMに対して負うべき責任の論点として、以下の点が挙げられる（図表3-104）。

図表3-104 経営トップがHRMに対して負うべき責任

- 経営の方向性や、戦略及びその前提となる組織の理念やビジョンについての外部・内部への発信が継続的に行われているか、またその内容は経営活動の将来に希望を感じさせるものとなっているか。
- 経営活動の持続的成長に望ましい組織文化や風土の醸成に貢献するとともに、HRMをそれに対する有効な施策として活用できているか。
- 経営トップ（層）の次世代以降の候補となる人材の将来を見据え計画的継続的に獲得・配置・成長を進めているか。
- 経営価値だけではなく、社会における自組織の存在価値を高めるようなHRMを促進できているか。

b. HRトップ

HRトップとは、マネジメントシステムとしてのHRMのオフィサー（責任者）のことを指す。多くの組織では人事担当役員もしくは人事部門長がその責を担っていると思われる。

HRトップは経営トップが示す経営の方向性と戦略を自らの意志で翻訳し、経営トップが示しているHRMの方向性を検証することが第一の使命である。経営トップの人的資源の方向性を鵜呑みにし、実現型を考えるだけの仕事ではなく、**HRMの最終責任者として経営の方向性や戦略への意見具申を怠ることがあってはならない**。いわばHRM分野の経営トップとしての働きが期待される。

今日的にHRトップがHRMに対して負うべき責任の論点として、以下の点が挙げられる。

図表3-105　HRトップがHRMに対して負うべき責任の論点

- HRM全体の整合性と経営活動への貢献の両面から、自組織のめざすHRMのコンディション（状態）の把握・構想がなされているか。
- HRMの視点から経営活動を、（経営トップ以上に）長期かつ広範囲に洞察しHRMの改善、最適化に向けて打ち手を模索できているか。
- HRM支援体制を構成する諸部門がライン部門に対してHRMの範として活動を進められているか。

c. ライン部門トップ

経営の方向性や戦略を実行する部門をここではライン部門と呼ぶ。バリューチェーンでいえば、主活動の活動別責任者である。

HRMにおけるライン部門長の役割を考える時には、先述のように、**ライン部門に対するHRMの権限の付与の仕方によって、期待されることが大きく変わってくる**。そのため、すべての組織に共通する役割を見出すのは難しいが、今後のHRMの観点を見据えたときに、以下のような役割認識や思考を持っていることが望まれる。

図表3-106　ライン部門トップがHRMに対して負うべき責任の論点

- 自事業、自部門の業績や利益といった最終的な成果だけでなく、持続的成長の基盤をなすHRMの仕組みの構築や活用への関心を持っているか。
- 自事業、自部門のことだけでなく、全体最適的なHRMの運用に向けて、本社部門と協力する準備状態が整っているか。
- 自事業、自部門のメンバーの動機付けのポイントやその充足状況を把握し、それへの対応について、自身が発信するメッセージに適宜反映させることができているか。

d. 一般従業員

　HRMの対象となるすべての従業員を指す。すなわち、役員以外のHRMトップやライン部門トップ、そして後述するHRスタッフも含まれる。

　一般従業員はHRMがもたらすサービスや価値を受益者として受け取る立場である。しかし同時にHRMをそれぞれが運用する立場でもある。今日的に一般従業員がHRMに対して負うべき責任の論点として以下の点が挙げられる。

図表3-107　一般従業員がHRMに対して負うべき責任の論点

- HRMの利用を通じた自分自身の働き方の改善とやりがいの向上への努力をどのように促進するか。
- HRMサービスの価値を確実に享受するための啓蒙や教育に積極的に取り組んでいけるか。
- HRM全体の見直し、レベルアップにむけて関心を持ち、自分の問題として捉えられるか。

　ここで重要となるのが、HRMを支援する側からいえば、**「一般従業員に受動的な姿勢を醸成させないような支援のあり方」を工夫することである。多様性を尊重していく時代にあって、一律的にHRMサービスの価値を受け取らせることだけがHRMの役割ではない。**

　所属していれば平等に与えられるサービス、個別の事情や希望を尊重して与えられるサービスを仕分けて、それぞれが自らの意思や希望を申告しやすいように促していくとともに、従業員自身が仕事を通じてやりがいや有能感・中心性を高めていく努力を促進していくことがポイントとなる。

e. HRスタッフ

HRMを主管する部門に所属する、HR部門トップ以外の構成メンバーを指す。

経営の方向性や戦略をより効果的に推進するための実行力・組織能力の向上を図り、各々が担うHRMに関連する仕組み、仕掛けを効果的に活用することが役割となる。

今日的にHRスタッフがHRMに対して負うべき責任の論点として、以下の点が挙げられる。

図表3-108　HRスタッフがHRMに対して負うべき責任の論点

・自組織のめざすHRMのオペレーションの状況、すなわちHRMの活動がラインにおける業務管理活動と確実に連動している状況を具体的に想定しているか。
・ラインにおける業務管理活動について、HRMの視点から（ライン部門のトップ以上に）把握し、HRMの改善、最適化に向けて打ち手を模索できているか。
・HRM支援体制を構成する部門のメンバーとして、範となる活動を進められているか。

f. ビジネスパートナー（BP）の活用

HRMを推進する上でBPを活用する目的は、単なるアウトソーシング、コスト削減、ということから、自社内で賄いきれないリソースを補完し、戦略人事に貢献することまで、そのレベルは幅広い。

自社のどのような機能を補ってもらいたいのか、そのために求められるのはどのようなことか、という検討プロセスを踏んだうえで、BP活用や評価を行っていくことが求められる。

◆BPに何を求めるのか、ということの検討チェックポイント

●チェック1：BPに支援を期待するHRMのモードは？

一般的に、HRMにかかわる機能をアウトソースして、何かを改善しようとする時には、その効果、効用を二つの側面に仕分けて考えることができる。**一つは社員の意識や行動スタイルを変容させるために、HRM戦略を構築し各種制度をはじめとする施策を設計・導入すること**である。これを「ハードモード」と呼ぶ。**もう一つは、優れたリーダーシップのように、各種制度や施策を設計・導入・運用といったあらゆる段階でメンバーへの働きかけを**

通じて、個々の意識や行動スタイルを実際に変えさせていくことである。これを「ソフトモード」と呼ぶ[33]。

従業員の意識が変わる（ソフトモードの変革）までを期待していたのに、仕組みやマニュアルの成果物一式（ハードモード）のみを置いて去っていたという齟齬が起きないように、「何を」「どこまで」期待するのか、また、BP側はそれらを実施可能なのかをすり合わせておくとよいだろう。

●チェック2：BPにアウトソーシングを依頼したいHRM領域の影響度は？

アウトソーシングしようとしているHRM領域が企業競争力に与える影響を考慮する必要がある。HRMには、「他社と比較して経営目的の実現性や収益性にHRMが影響を与えることが大きく、自社のHRMを差別化していくことが求められる」競合的な領域と、「HRMの各プロセスにおいて、他社との差別化を図ることが、経営目的の実現性や収益性にほとんど影響を与えない場合、あるいは、他社と同じHRMを行った方が企業にとって効率が高まると判断される」同質的な領域とに分けることができる。これらは、**「どの領域が競合的か、どれは同質的でよいのか」という答えがあるわけではない。**組織の成熟状況や外部環境によって変化するものである。

例えば、販売組織に歩合のインセンティブシステムを導入するなどといったことは、経営成果や差別化に直結する「競合的」領域といえるだろう。一方で、給与計算のシステムを効率化するといったものは、特段企業競争力に直接的な影響を持たない「同質的」領域といえる。

経営目的の実現可能性を高めるために、HRMをして"何に対して（What）、どのように（How）"競合性を発揮せしめるか、という観点でアウトソーシングしようとしている内容を点検する必要がある。

なお、競合的HRMを進めたい場合に、安易にビジネスパートナーを活用することは、高いリスクを負うことになるので、注意が必要である。

●チェック3：BPに依頼したいHRM領域に求められる「鮮度」は？

HRMはすべてが最先端のものである必要があるとは限らないものであ

33　157ページ図表3-60の「ソフトの側面」「ハードの側面」に対応する。

る。また、業界リーダーのHRMを模倣しても、成功は約束されない。他業界のエクセレントカンパニーのHRMについても同様である。特に、前述した「ソフトモード」にかかわる改革に関しては、顕著にその傾向が強いといえるだろう。

　一方で、採用条件や労働条件といった雇用にかかわる魅力度をつかさどる領域については、定期的にベンチマーキングを行うなど、変化を機敏に察知することが、ことさら重要性を帯びることがある。

　HR部門は、アウトソーシングしようとしているプロセスにかかわる自社のニーズを正確に判断するとともに、BPがそれに応えうる情報量と知識量、知見を有しているかをよく見極める必要がある。

　上記のような観点で、BPに依頼する内容や保つべき関係性について検討していくとよい。ソフトモード、競合的領域においては特に、難易度が高まれば高まるほど、自組織のHRM戦略の立案から各領域にいたる基本的な考え方や内容をBPと共有しておく必要がある。

　HRMに関連する領域別のBPへの活用可能性とポイントを一覧にしたので、参考にしてただきたい。

図表3-109　BP活用の可能性と留意すべきポイント

領域	BP活用の可能性	ポイント
HRM戦略の立案	経営戦略再構築	HRMよりも上位の経営戦略の再構築の一部としてHRM戦略が示されるケースである。HR部門としては、経営サイドに立ちすぎる戦略とならないよう、従業員やHRM支援部門の役割までの配慮がなされているかが留意すべきポイントである。
	HRM全体の再構築	HRM全体の再構築のための戦略立案を依頼するケースである。HRMトータルの範囲で対応できるBPかが見極めのポイントである（報酬だけ、評価だけ、といったHRMの内部での専門性の偏りは、全体の整合性を欠くリスクがある）。
	従業員満足度の把握	HRMの結果把握の指標の一つである従業員満足度を測るケースである。組織内部に分析能力を有していない場合は、一緒に提言内容を考えてくれるBPかどうかがポイントになる。
HRM戦略の展開（成果創出活動）	方針・業績管理システム構築	成果創出活動の構築・運用を行うケースである。仕組みづくりからIT化、現場教育までのワンストップで行えるかがポイントとなる。
HRMガイドラインの提示（配置・再生）	組織戦略再構築	HRMよりも上位概念として、組織戦略の再構築の一部も含んでHRM戦略のガイドラインを構築、発信するケースである。組織の変更や移行を想定した上での人事基本フレームや再格付けプロセスを示せるかがポイントである。
	人事基本フレーム（資格制度・昇格・昇進制度）	資格・昇格・昇進の人事基本フレームの設計・運用を行うケースである。自組織の職種や業務内容の特性を把握した基準・手順設計が行えるかがポイントとなる。
獲得・輩出	新卒採用応募者数／内定者数増加	人材獲得における採用応募者増をめざすケースである。BPの信頼性と労働市場からの情報鮮度、労働市場とのネットワークと獲得実績がポイントとなる。
	中途採用の促進	候補となる人材にかかわる質のよい、鮮度の高いデータベースやマッチングのロジックを保有しているかがポイントとなる。
	輩出支援	人材の輩出支援を行うケースである。実績と利用者の評価がポイントとなる。

領域	BP活用の可能性	ポイント
成果創出活動のマネジメント	目標管理制度構築	HRMの仕組みとしての各種制度の構築・運用のケースである。多様な仕組みづくりの実績と実行・定着化までのノウハウの蓄積度合いがポイントとなる。育成のための講師の力量（経験）もポイントである。
	評価制度構築	
	評価者育成	
報酬	総額人件費戦略構築	経営へのHRMのコストの影響度を予測し必要な対応を打つケースである。広範囲な報酬にかかわる知見と将来軸を持ったシミュレーション能力の両面を持っていることがポイントである。
	報酬制度構築	報酬全般の構築・移行・運用を行うケースである。広範囲な報酬への知見と判断軸、およびさまざまな報酬項目の世間水準にかかわる情報量がポイントとなる。
成長	教育研修体系構築	人材育成にかかわる教育研修の整備を行うケースである。偏りのない教育研修に対する知見豊富な人材（コンサルタント）や、アセスメント、通信教育、e-ラーニング等の広範なツールの保有やブレンディング技術などがポイントとなる。
	各教育の実施	各教育の実施を支援するケースである。研修などの講師・教育諸ツール・教育環境の鮮度管理や標準化度合いがポイントとなる。
	OJT・自己啓発などの教育施策の構築	
働く環境	労務管理・福利厚生管理	労務管理・福利厚生管理などのHRMにおけるアドミニストレーションサポートのケースである。対応の正確性はもとより、迅速さと柔軟性、実績と利用者の評価がポイントとなる。
	労働衛生支援	EAP（Employee Assistance Program）などの従業員支援にかかわるBPのケースである。情報の秘匿性や対応の柔軟性、実績と利用者の評価がポイントとなる。
支援（情報・BP）	HR情報体系の構築	HR情報の技術にかかわる支援を行うケースである。情報技術に偏らない広範囲な経営・HRMにかかわる情報蓄積と知見を持っているかがポイントである。

2. HR情報のマネジメント

　HRMの支援体制に続いて、ここではHR情報にかかわるマネジメントについて取り扱う。HR情報とは、そもそもどのようなものを指すのだろうか。今まで述べてきたようなHRMの領域のさまざまな局面に活用できる情報という観点でいえば、それらは非常に多岐にわたる。生産性や報酬・賃金にかかわるハード的、定量的な情報から、個々人の意識状態といった定性的な情報、もしくはアンケート調査データといった中間的（主観的だが、数値に置きなおしている）ものまで、さまざまに存在する。例えば第2章において問題把握のために行った「基礎調査（p44〜45）」にかかわる情報や、後に3.7で示す指標にかかわる情報などを参照していけば、そのことがわかるだろう。

　そういった情報は、HR部門のデータベースにのみ由来するものではなく、経営管理のシステム、業務システムといったさまざまなシステムをソースとするものである。まず重要なのは、そうした情報群を、HR部門で活用できる状態に一元化したり、整理しておくことである。ただし、そうした議論は、HR情報の上位に位置する経営情報システムとのリンクを含むものであり、本書のねらいとする範囲から逸脱していく。

　本節においては、HRMにかかわる情報マネジメント、という本来の主旨に立ち戻り、文字どおり「人的資源」、すなわち**人材の特性や保有能力、発揮能力といったことにかかわる情報をいかに蓄積、活用、管理し、従業員個人と会社の間での活用レベルを上げていくか**ということを中心に述べていく。

(1) 「HR情報のマネジメント」の基本的な考え方
① HRMの主要な活動における活用可能性を検討する

「HR情報」というテーマは、かつてはHRMの中心的な議論とはなっていなかったが、ITの発達によって、より幅広い活用が検討されるようになってきている。そうした議論の内容をみていくと、情報活用のいくつかの方向性を見出すことができる。

a. 異動や配置、獲得や輩出プロセスにおける活用

一つの特徴としては、それらが**採用や異動、獲得や輩出といった「要員」にかかわるプロセスと密接に結びついている**ことである。例えば、3.1の異動、配置の解説において9boxという概念図を示したが、それを支えるのがHR情報である。本人の適性にかかわる情報、能力発揮にかかわる情報といったものがないと、そもそも9boxに人をプロットすることができない。または、リテンション（既存社員の雇用維持）に向けて、社員の満足状況や職場適応のデータを活用して退職意向を察知する、といったものもある。また、経営者の選抜、育成にかかわる候補者選抜に従業員のパフォーマンスにかかわるデータを用いることもある。

共通することは、社内、社外にかかわらず、ある場所からある場所へと人が再配置される（異動する）際に、どのような情報をもとにして、どのような判断を行うのかという文脈の議論とITの活用が同期しているということだろう。

b. 成長プロセスにおける能力開発やキャリアマネジメントにおける活用

HR情報活用をめぐる議論のもう一つの特徴は、**成長や能力開発、といった個々人のパフォーマンスの向上に向けた支援をいかに行っていくかという「成長」プロセスとのかかわりが強調されていること**である。シンプルな議論では、個々人の能力情報（ゼネラルスキル／テクニカルスキル両面）を蓄積し、組織や上司、本人にフィードバックしながら育成課題を発見するということへの活用である。こうしたプロセスはITの活用によって活性化する可能性がある。

また、個々人のキャリア開発の側面でいえば、従業員個々が自分の適性やキャリアを蓄積された情報から知ったり、それをもとにした職務のマッチングの可能性を探るという側面での活用も考えられるところだろう。

a～bにおける情報活用に関して、ITの発達が一つの促進要因であることはもちろんだが、上記プロセスにおける判断を情報的側面からどのように支援するかということは、テーマとしては普遍的なものである。ITツールにすべてを委ねるのではなく、そもそものHR情報の所在や獲得の方法について

幅広く検討し、経営者、HR部門、従業員個々の判断の精度や納得度をいかにして高めていくかを考えていくことが重要であろう。

② 情報活用プロセスの「実際」を考慮する

①で想定されるような活用の幅の広がりを考慮すると、HR情報にかかわる多様な立場や、活用の熟練度といったことを想定しておかなければならなくなる。例えば経営者、HRトップといった人事意思決定をつかさどるポジションの人は当然のこととしても、部門内育成にかかわるライン管理者、監督者も十分に活用の可能性が出てくるし、本人が自分のことを改めて知る、という意味合いもより重みが増してくると想定される。

そこに至って、HR情報の元締めたる機能を持つ**HR部門として、立場やスキルレベルの異なるさまざまな人に、どのように情報を提供したり、管理するかということに一層の「工夫」と「注意」を行う必要が出てきている。**

まず、「工夫」の側面でいえば、「活用する人がさまざまになる」ということは、それを扱う人たちのリテラシーのレベルにもばらつきが生ずるということである。「どのような形に加工して、どのような場面で提供を図るか」というインターフェース上の工夫は、今後ますます重要性の増す分野だろう。特に、部門ごとの要員や育成の計画に活用を図る場合などは、活用に向けた働きかけ方も含め、よく検討する必要がある。

もう一つは、「注意」である。直接的な意味合いにおいては、「『情報管理』をいかに行うか」ということである。経営者のアクセスできる情報、HRトップのアクセスできる情報、個々人のアクセスできる情報といったことを注意深く設計し、個人的な情報が流出しないようにきちんとした管理を講じる必要がある。

上記のようなインターフェース上の工夫や情報管理は、ITによる促進が期待される分野である。しかし、技術や特定のパッケージ先行となってしまっては、現実のニーズと合致せずにシステムが形骸化することが懸念される。自分たちのHR情報活用の可能性などを注意深くみつめ、技術導入の要否や可否を検討することが重要である。

(2) 「HR情報のマネジメント」の実践プロセス

それでは、上記のような考え方を考慮に入れて、いくつかの側面からHR情報のマネジメントのあり方をみていこう。ここでは、三つのステップに沿ってみていく（図表3-110）。

図表3-110 「HR情報のマネジメント」のステップ

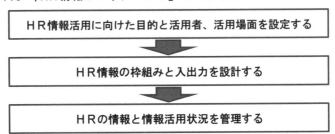

① HR情報活用に向けた目的と活用者・活用場面を設定する

一つは、HR情報をどのように活用するのか、それに誰がどのようにかかわるのか、という全体感を明らかにすることであろう。

まず、どのような情報を扱いうるかについて検討するにあたっては、**人のパフォーマンスにかかわる構造を一定の枠組みとして押さえておくことが重要になる**だろう。

a. 人のパフォーマンス発揮にかかわる構造とHR情報

図表3-111は、人がパフォーマンスを発揮するまでの過程にかかわるモデルである。

図表3-111　人のパフォーマンス発揮の構造

まず、最下層に「特性」や「基礎能力」、すなわちその人がそもそも備えている性格であるとか、知能であるといった基盤となる領域がある。

そして、その上に保有している「スキル」や「意欲」「知識」といった、目にはみえないが、もともと備わっていたというよりは後天的に開発される領域の層がある。スキルや知識には、どのような職務においても共通で求められる汎用的（ゼネラル）なものや、職務や職種特有に求められる専門的（テクニカル）なものがある。

そして、それらがある状況によって発揮されたものが「行動」となる。そしてその行動の発揮の結果としての「業績・成果」の層がある、という構造である。

こうした構造を念頭に置きながらHR情報にかかわる枠組みを設定しておくと、現状において散在している情報の内容や質を分類する時に便利である。

例えば、新入社員の採用テストで抽出された「適性」「性格」といったデータは、「特性」にあたるものである。また、360度評価のアセスメント等によって抽出された行動のありようは、まさに「行動」のデータである。現状の職場での適応の状況を自己申告書の「仕事のやりがい」などで訊いている場合、それは「意欲」に当たる。

　まずは、現在ある情報を上記のような枠組みを使って棚卸ししてみるということも、重要な作業となるだろう。そして、今ある情報を念頭に置きながら、**「誰が何のために、これらの情報を活用するのか」という大きな構想を描く**とよい。

　b．HR情報活用の目的の整理

図表3-112　HR情報活用の目的整理（例）

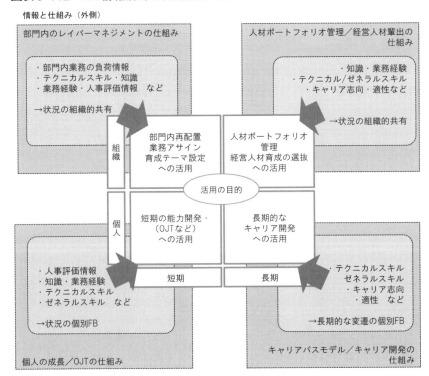

図表3-112は、HR情報の活用目的について、組織のための活用、個人のための活用という被提供者の軸と、短期か長期かという時間軸によって整理し、そのためにどのような情報が必要であるか、そして、その情報がどのような仕組みの中で、どう活用され得るかを整理したものである。

　個人にとっての短期的なニーズは、能力開発や直近で身につけなければならないことになるであろうし、長期的にはキャリア開発への活用、といったことが考えられるだろう。

　組織にとっての短期的な活用は、例えばその時点での保有スキルと発揮スキル、発揮パフォーマンスの状況フィット、ギャップのあり方から、再配置や育成課題を考えるといった活用があるだろう。また、長期的な観点からいえば、理想とする人材のフォーメーション、すなわち人材ポートフォリオの充足状況の管理や、経営人材育成に向けたさまざまな施策を講ずる、といったことの参考にすることが考えられる（図表3-112の中央部分）。

　図の外側部分は、それぞれの目的のために役立つ仕組みやそのうえに乗ってやりとりされる情報群を示している。個人が活用、参照するもの、組織が活用、参照するもの、経営や人事が活用、参照するもの、といったかたちで場面と内容が自ずと決まってくるところもあるだろう。

　このような個人、組織、長期、短期といった基軸の作り方は普遍性が高いため、こうした分析を自社の状況にあわせて行い、施策や仕組み、HR情報の関係性を整理するとよいだろう。

c. HR情報の種類と活用者、使用目的の再整理

上記のような目的の検討を経て、具体的にどのような情報を誰がどのような目的で活用するのか、といったことを図表3-113のように整理してみよう。

図表3-113　人事データの種類と活用者、活用目的の整理例

No.	データ	活用目的						
		部下育成 能力開発 自己啓発	キャリア開発・サクセッションプラン	要員管理 異動 採用	昇格 降格	目標管理 評価	労務管理	社員情報の共有
1	現職務・職務履歴		○	○	○			○
2	保有資格	○	○	○				○
3	保有知識・スキル	○	○	○				○
4	教育受講歴	○						○
5	目標管理	○		○		○		○
6	人事評価		○	○	○	○		
7	キャリアプラン	○	○	○	○			
8	異動希望		○	○				
9	職務（職場）満足			○			○	
10	家族状況			○			○	
11	本人特性（アセスメント、上司所見、本人価値観）	○	○	○	○		○	
12	人脈（社内、社外）			○				
	活用者	人事 上司 本人	経営 人事 上司 本人	経営 人事 部門長	経営 人事	上司 本人	人事 上司 本人	経営 人事 部門長

② HR情報の枠組みと入出力を設計する

活用者、活用目的といった要件が定まったところで、情報の入出力の関係について触れておこう。

a. 情報の入力

上記のように整理、整備した情報はいかにして取得することができるのだろうか。職務経歴や保有資格といった目にみえる情報は人事データベースに登録を義務づけたりしていれば比較的入手・管理がしやすい領域ではあるが、保有している能力やキャリア志向性といった態度にかかわる情報は、本人すら自覚していない場合が多い。そのため、意図して情報を集める努力をしなければならない。

例えば、先ほど示した人のパフォーマンス発揮の状況のモデルの構成要因別に、情報取得の方法を洗い出してみると、図表3-114のようになる。

図表3-114　パフォーマンス発揮のモデルと情報取得方法

領域	方法	主な取得場面
業績・成果（Performance）	業績評価	人事評価
行動（Behavior）	プロセス評価　360度評価　行動観察	人事評価　昇格審査　教育研修
スキル（Skill）	スキル・アセスメント　行動観察	部門等で実施のスキル診断時　昇格審査　教育研修
意欲（Motivation）	態度・姿勢評価　自己申告	人事評価　自己申告書
知識（Knowledge）	知識テスト	昇格審査　採用審査　教育研修
特性（Trait）	適性等のアセスメント	採用審査　教育研修
基礎能力（Ability）	知能テスト	採用審査　教育研修

業績、行動、意欲といった項目については、（評価制度の設計にもよるが）評価の要素に充当していることも多いため、一義的には一次評価結果として取得することができる。上司によって日常的に観察されたデータとしては一定の利用価値があるだろう。ただし、これらの項目は上司による主観が強く入り込む可能性があるため、そのまま数値化したり比較したりすることには一定の注意を払わなければならない。

それを補う意味で有効性があるのは360度評価であろう。上司だけではなく、同僚、部下といった複数の視点を入れることによって、日常的な行動にアクセスできるとともに、一定の客観性を保つこともできる。

　では、一時点に本人が持っているもの、すなわち保有している能力や特性についてはどのように取得すればよいだろうか。

　スキルについては、部門等で都度実施しているスキル測定や技能測定のデータを活用するという方法がある。特に製造部門などにおいては技能マップなどを作成して、要員管理とセットにして運用しているケースがあるため、精度も高いものが得られる可能性がある。また、昇格時に人事アセスメントなどを実施すれば、いわゆる汎用的な（ゼネラル）スキル・知識の保有状況を客観的に把握する機会となるだろう。

　意欲については、上述したように「評価でみる」ということもできるが、自己申告（本人の状況や意向を会社に上申するためのコミュニケーションシート）の欄等を活用し、本人の職場における意欲の状態をみていくこともできる（図表3-115）。また、キャリア志向性といった将来展望を意欲の領域とみるならば、同様に自己申告を活用することは一定の価値があるだろう。ただし、本人が自己申告しているため、本音が書かれているかには注意が必要である。

図表3-115　自己申告書における職場満足状況の把握（例）

業務の満足度

(1) 仕事の量	□多すぎる	□適当	□物足りない
(2) 仕事の難しさ	□難しい	□適当	□やさしい
(3) 仕事の面白さ	□興味が持てる	□普通	□あまり興味が持てない
(4) 能力の発揮	□発揮できる	□普通	□発揮できない
(5) 適　性	□向いている	□普通	□向いていない
(6) 満足度	□満足している	□普通	□不満足である
(7) 人間関係	□良い	□普通	□悪い

　知識や特性、基礎能力といったものは、特に本人もよくわかっていないことが多く、周囲からも把握することは難しい。こういった領域はテスティングやアセスメントを中心にみていくことになるだろう。入社時に行う適性検査や知能テストといったものは、その代表的なものになる。また、入社した後も教育研修の機会などでテスティングやアセスメントを絡めたプログラム設計が行われるのはよくあることだ。教育研修で行ったアセスメントの結果

は「本人に返してお終い」というケースもよくみられるが、HR情報の収集という意味合いにおいては損失である。アセスメントやテストを純粋に教育研修目的に特化することも一つの意義、意味を持つことはあるとしても、できればHR情報取得の機会としたいものである。

一方で、昇格や教育研修といった主要なHR情報取得の機会は、全員に平等に訪れるものではない。順調に昇格する人ほど定期的に、そうでない人ほどその間隔がまばらになっていく可能性が高い。キャリア開発にかかわる研修のように、ある程度平等な機会に上記のHR情報取得機会を組み込むとしても、間が空いてしまう可能性も高い。そうした状況を受けて、人事評価のように、定期的に当該従業員の特性、行動等の状況を棚卸しする意味での機会を設ける企業も出てきている。いわばビジネス版健康診断のようなイメージだろうか。図表3-116にその実施イメージについて挙げておきたい。

図表3-116 スキルや行動、特性の棚卸し機会の設置例

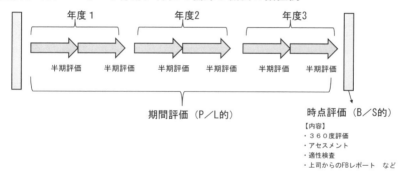

半期ごとに人事評価を実施したとして、人事評価は基本的には「期間評価」であることが多いため、その期間に起きたこと(行動の事実や上げた業績)がベースとなる。比喩として「P/L(損益計算書)的」としている。一方で、特に適性検査といったものは期間に関係なく、一時点での状況を示している。そのための比喩として「B/S(貸借対照表)的」としている。この「時点評価」を定期的に行うことで、本人にとっては今後のキャリアや能力開発を考える機会に活用し、企業としては定期的に情報を更新し、今まで述べてきたような異動、配置といった側面に活かしていくというメリットをねらって設置されてい

る。今後、このような取り組みは増えていくことが予想される。

　b．情報の出力

　こうして入力した情報に対し、一定の加工を行い、さまざまな意思決定場面への活用を図る。この加工の仕方については、ITをどれだけ活用できるかに左右される部分が大きいため、一概に述べることは難しい（それがソフトやツールの「売り＝差別化要因」になることもあるだろう）。以下は、ソフトウエアによる特殊な処理などを前提としないレベルで、どのようなアウトプットが可能か、ということをいくつかの「例」でみていくことにしよう。

◆HR情報整理の基本：一人1行のアウトプットにする

　HR情報の整理の基本は、一人1行にデータを集約することである。実はこれだけでもそれぞれの個別の側面がみえてきたりすることがある。図表3-117にイメージを示す。

図表3-117　一人1行のデータベース例

氏名	人事記入							部門長記入							本人記入							
	人事データ				人事評価			仕事		キャリア					仕事						キャリア	
								①適性	②難易度	②能力	①異動可能性				②キャリアタイプ	①満足	②量	③質	④適性	⑤やりがい	⑥人間関係	①異動可能性	②キャリアタイプ
	①年齢	②勤続	③現等級滞留	④異動の有無	①直近	②前年	③前々年				①異動可否	②年限	③異動先	④理由									
A								2	3	2	1	3	品営業管	1	1	4	3	2	1	3	2	1	2

人事にて作成 ／ 部門長記入シートをもとに作成 ／ 自己申告書をもとに作成

　例えば、上記のような形で、散在しているデータを個別の行に紐付けて管理するようにする。本ケースは本人が自己申告書の記入を行うだけでなく、

部門長が本人を観察したうえで、同じ項目で上長からの見立てを行うというものである。上長が異動させたがっているのか、本人とのギャップはあるのかないのか、適性やキャリア志向性の認識にズレはないのかといったことの確認を行うことができる。素朴な一覧表だが、こうしたデータを眺めていると、意向がすれ違っているところなどに気づくことができ、HR部門としてどのような介入が必要かを検討することができる。

一方で、こうした一人1行のデータにしておくことによって、以下に示す情報の加工がやりやすくなるというメリットもある。

◆組織のデータにする：政策的な意思決定

上記のようにして得られたキャリア志向性のデータなどを組織のデータとして集積することで、全体的に打たなければならない手について検討することができる。

例えば、キャリアの志向性についていくつかのタイプの中から、自らに当てはまるものを選択してもらったとして、それらの集積をグラフ等に表現することができる。図表3-118はキャリア志向性を得点化し、管理職対一般社員といった階層で比較したものである。こうしたギャップから、組織としての施策を打たなければならないか（例えば、もっと経営人材の育成にかかわる潜在的な人材を増やすために、どのような動機付けの仕組みや仕掛けを講じていくか、など）を検討することができる。

図表3-118　キャリア志向性にかかわる集積データ（例）

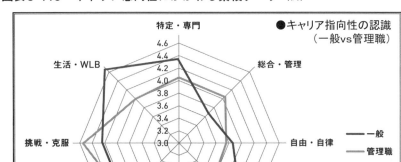

◆個別のデータをマッピングする：配置や異動への活用

　個別のデータをマッピングすることによって、配置や異動のための資料として活用することができる。これまでの説明で紹介している9boxなどはその表示の仕方の典型といってよいだろう。例えば、図表3-119のような表示の仕方もできる。

図表3-119　適性と発揮によるマッピング（例）

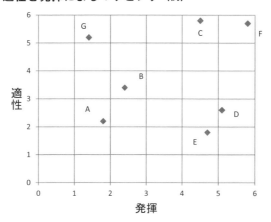

　部門のマネジャーなどに、当該職務の遂行にあたって、こうしたデータを提供し、育成や配置に活かすための判断材料とすることができる。

◆**育成のデータにする：上司と部下の活用**
　また、上司と部下とが能力開発課題についてお互い話し合ったりするために有効な情報の提供は、どのようなものであろうか。例えば、上司が部下に対して行ったスキルチェックの結果について、職務における重点度合いを得点化したものなどと比較し、ギャップの大きいところについて、いかに能力開発を促すかといったことが考えられるだろう。

図表3-120　個別のゼネラルスキル（汎用的スキル）結果のフィードバック（例）

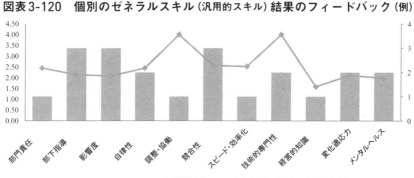

図表3-120は一つの表し方の例である。部門の重点は4段階で設定されており、棒グラフで表されている。一方で、本人のスキルの充足状況は折れ線グラフで示されている。部下指導や影響度といった項目が、期待度が高い一方で得点が低いことが分かる。こういったフィット、ギャップをみながら、能力開発にかかわる課題を考えていく。

③　HR情報と情報活用状況を管理する

　ここまでは、人材にかかわる情報をいかに収集し、プールしたうえで活用を図るかといったことについて述べてきた。本節の最後に、HRMにかかわる情報をいかに管理していくかについて触れておきたい。

　a．情報の鮮度のメンテナンス

　人材の情報について、情報の「鮮度」をメンテナンスしようとする時、人材にかかわる情報の特性について着目する必要がある。先ほど示したような人材情報の分類を振り返りながら、情報更新のニーズについて考えてみよう（図表3-121）。

図表3-121　人材のパフォーマンス発揮の構造と情報の質

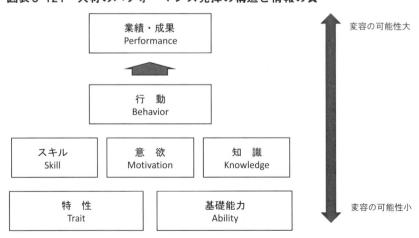

特性、基礎能力といったレベルのものは、そもそもその人材が持ち合わせている要素が強いため、最も短期的に変容する可能性が少ないといえるだろう。一方で、業績・成果といったレベルのものは、状況に応じて変わる性質のものなので、変容の可能性が高いといえる。行動、スキル、意欲、知識、といったものについてはその中間に位置するといってよいだろう。

こうした**情報の特性にかかわる目安を持ちながら、情報が適切に更新されているかを確認することが求められる**。一方で、先述したように、昇進昇格の時期やタイミングにばらつきが大きい中で、情報の鮮度や質を均一に保てないと判断する場合には、定期的に能力の棚卸しの機会を設け、半ば自動的に情報の収集が図られるようにするといったことも有効な手段である。

b. 経営・部門におけるHR情報の活用成熟度のマネジメント

人材の配置や育成にかかわる情報をライン部門や経営トップとやりとりするにあたって、それぞれのHR情報の活用レベルを見定め、適切なアプローチについてよく検討することが重要となる。

HR情報は何もHR部門だけが有しているというものではない。ライン部門にもラインスタッフがおり、そういった役割の人たちがHR情報に近接する情報を既に得ていたり、部門内のOJT等の育成施策へと展開していることも珍しくない。そのような部門に彼ら、彼女らが持っているような情報を画一的に提供しても、ありがたがられることはないだろう。

ライン部門、ひいては経営の、HR情報の収集〜活用の度合い、能力といった成熟状況を見極め、かかわりのあり方をマネジメントする必要がある。

図表3-122　部門、経営におけるHR情報の活用度

　図表3-122は、部門レベルでのHR情報の活用をみる枠組みの概念モデルである。

　Aのレベルは、各部門において、職務、職種といった専門的なスキルや知識にかかわる情報（テクニカルスキル情報）の見える化、すなわち整備や整理がなされていない状況を指している。必然的にOJTは場当たり的なものになるし、部門での育成計画の精度も低いことが予想される。部門担当者の活用に対する取り組み意欲も概して低い。

　Bのレベルになると、主にHRM支援プロセスから提供されるゼネラル（汎用的な）知識・スキル情報や、部門内のテクニカル（汎用的な）知識・スキル情報が適宜活用され、OJTや部門内育成の検討材料として活用されている状態を想定している。OJTの体制や部門内育成の計画なども、ある程度は整備されていることが予想される。

　Cのレベルは、育成だけではなく、配置や再配置に用いられていたり、同じ育成でも短期的なニーズだけでなく、長期的なキャリア開発ニーズ等に基づいて行われているレベルを指している。C-1は、前者、すなわち配置・再配置への活用が行われている状況を示している。部門内の職務、職種に構成などを定期的に点検し、受け皿となる職務、職域を共有し、その上で適性や能力発揮状況をみて、部門内再配置に活かしている状況である。C-2については、キャリア開発施策（キャリア面談など）において取得された本人のキャリア志向性など、取り組み意欲や長期的なキャリアイメージをもとにして、今

後身につけるべきスキルや知識、配置のあり方について検討がなされている状況である。ここまでの活用がなされていれば、かなり活用のレベルとしては高いといえる。

DのレベルはB、ライン部門というよりは、それを超えた「経営マター」としての活用の段階である。Cまでのレベルは部門内で完結する範囲で到達することができる。ただし、そのレベルで留まっていては、人材の抱え込み等が生じる要因にもなり、部門間の人材交流などが滞るリスクが発生する。Dレベルにおいては、次世代の経営者等を育成するための部門間のローテーションといったことが、主に汎用的（ゼネラル）なスキル・知識情報を用いてなされている状況を想定している。

進化、発達の段階としては、まずAからBレベル、すなわち、専門的なスキル・知識の体系化や見える化を果たしていきながら、BからC、すなわちOJTや短期的な育成にとどまらない、配置・再配置、キャリア開発等に活かされる状態を想定している。C-1とC-2は、部門ニーズによって、どちらかが先行する、もしくは重点的に取り組まれることが想定される。そして、そういった情報が経営レベルで共有されればDレベルということになる。情報の内容だけでなく、活用度合いも含めて「Check-Action」の対象とすることで、HR情報のマネジメントにおける効果、効用を高めるようなマネジメントの実現に近づけることができる。

情報の収集、整備に血道を上げるだけでなく、活用する側の視点に立って状況対応を行っていくことが求められているのである。言い換えれば、先に示した「集権」と「分権」の結節点が、この状況対応のあり方であるといってよいだろう。めざしたい支援プロセスのあり方に従って、HR情報による支援も行われるべきものなのである。

本節の最後に、他の主要な領域との関係を振り返っておこう。HRM支援とは、読んで字のごとく、「支援」のプロセスであるため、他のすべての領域に対してかかわりがあるといってよい。

図表3-123 「HRMの支援プロセス」と他の主要な領域との関係

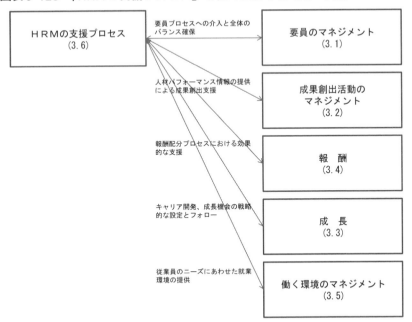

「要員のマネジメント」との関係でいえば、HRMの支援プロセスを通じて異動・配置等の意思決定にかかわるHR情報をどのように提供するかといったことや、部分最適、すなわち部門において行う採用、人事配置と、全社的に行うものとの峻別を行ったり、適切な介入のあり方をいかに設計するかという課題があるだろう。

「成果創出活動のマネジメント」との関係でいえば、経営情報、人材情報の提供を通じて、ラインマネジメントをいかに支援、補完していくかが課題になるだろう。具体的には、方針や経営にかかわる情報を提供して、目標管理制度における運用の精度やレベルを向上したり、方針管理が適切に行われるようにガイドラインを設定したりするなどの支援のあり方が問われてくる。

「報酬」との関係でいえば、報酬にかかわる原資（給与、賞与などの予算）の分配にあたり、どのようにかかわっていくのかという介入のあり方を設計する必要がある。例えばライン部門に原資を丸ごと預けて分配にタッチしないという欧米型のあり方もあれば、評価段階（SABCDなど）の分布率を絶えずすり

合わせて全体での調整を図る、というあり方もあるだろう。これについてはスッキリした解を見出すのが難しいが、なるべく従業員の納得を得られるような合理的な方法を選択する必要がある。
「成長」との関係でいえば、重要な支援の一つとしての成長機会やキャリア開発の機会を、従業員の意欲が高まるかたちで提供し、働きがいの向上に結びつけていくための施策設計、運用が求められている。

そして、「働く環境のマネジメント」との関係でいえば、柔軟な雇用のあり方、福利厚生といった仕組みを直接的に提供するのは、HRMの支援プロセスであろうから、正にその内容に対する妥当性や満足度が問われることになるだろう。

いずれの取り組みも、本節の前半に示した「集権的」に行うか、あるいは「分権的」に行うかという命題に関連していることを感じ取っていただけると思う。二元論的に解が出る単純な話ではないため、問いとしては困難であるが、全体、そして各種施策における状況（事業の状況、ラインマネジメントの状況など）を見極め、介入や支援のあり方を設計する必要があるのではないだろうか。

3.7　HRMの成果と検証

本節では、これまでの一連の領域でHRMについて考え、実行してきたことが、計画どおりに行われたのか、確実に成果につながっているのか、本質的な目的の実現に貢献しているのかといったことについての成果を確認し、検証する実施方法について扱う。

1.　「HRMの成果と検証」の基本的な考え方

(1)　組織が求める二つの成果

HRMの成果と検証のあり方は、HRM課題を実現するためのHRM戦略と各領域がどのような状態をめざしているかによって変わってくる。

ここではまず、HRMがどのような方向性をめざすかによって、成果と検証のあり方をどのように対応させなければならないかについて確認する。

成果の方向性は、主に以下の二つを指す。

> 「組織の規模を拡大したい」時に求められるHRM成果の把握と検証
> 「組織の質的改善を図りたい」時に求められるHRM成果の把握と検証

106～110ページで示した業績構造の考え方を思い出していただきたい。

図表3-124　業績構造の考え方

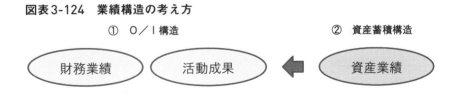

先の事例は営業組織というライン向けのものであったが、HRM領域においても同じ考え方が成立する。組織の規模拡大を念頭に置くなら、当然のこ

とながら「①O/I構造」を重視する活動となるだろうし、その際は、HRMの視点でいえば、一人当たり生産性といった生産性指標が当てはまる。

一方で、規模ではなく、内部プロセスの質を良くしていきたいということであれば、「②資産蓄積構造」、資産業績を重視することになるだろう。人的資産領域などは、規模の拡大とは直接関係がないが、組織の置かれている状況や市場環境によっては重視しなければならないケースもあるだろう。

この二つの方向性をいかにバランスさせて、組織がめざす経営、およびHRMの状況にかなった成果の検証を行うか、ということがポイントになる。

(2) 二つの成果の重み付けの方法を検討する

二つの成果は、往々にして矛盾を来す。資産蓄積のプロセスに目が行けば、O/I構造領域の成果が軽視されるし、逆であれば今度は資産蓄積のプロセスがないがしろにされる。そこで重要となってくるのは、従業員をどのように層別するか、そして各層への将来の期待を明らかにして、この二つの考え方をどのように重み付けしていくか、にある。

> ある企業はHRM変革と称して、管理者層には"規模の拡大"、一般従業員には"質的改善"を求めることとした。

こうしたケースは、現在でもよくみられる。多くの企業で、管理者層は組織の「規模の拡大」を中心にHRM全体を動かす。一般従業員層は組織の「質的改善」を中心にHRMを動かす考え方が導入されている。階層によって期待される役割が異なることはあってしかるべきである。むしろ、期待される役割が異ならなければ層別した意味がない。

しかし、**階層ごとに期待する役割を極端に振ってしまうことは用心しなければならない。人は、役割が変わったからといってこれまでの仕事の進め方をがらりと変えることはできない**。意識を段階的に変えていく、あるいは足りない知識・スキルを補完する教育が必要となるであろう。また目的の異なった人たちで大きな仕事を成し遂げるには、それ相応のチームワークの醸成を要する。そういったベースとなる取り組みを計画的に進めることで、め

ざすHRMが実現することを認識しなければならない。この企業の場合、管理者になるための教育が不足していたこともあって、管理者に任命されたとたん規模の拡大への強い要請に耐えきれない人がメンタル不全をおこしてしまうケースが相次いでしまった。

現在は成果の重み付けを再調整するとともに、教育の充実を図っているが、その時のショックが風土に悪影響を残してしまっている。

(3) 「HRMの成果と検証」は業界によってアプローチが異なる

HRMの成果と検証の目的を考えるにあたって、もう一つ重要な視点がある。それは「業界による違い」である。例えば、サービス業界は、日々の活動の結果を比較的短い時間軸で得る（確認する）ことができる。HRMを展開していった成果も同様に短時間で効果が得られやすい。一方で、製造業、とりわけ上流にある企業では、研究の成果が実用化し組織に収益をもたらすまでに長い時間がかかる。HRMを展開した成果が得られるのも時間がかかることが多い。例えば、新しい研究分野の人材を獲得して配置、育成、活用していくためには長い時間がかかる。製薬業界において創薬を実現するためにかかる時間は十数年といわれており、アプローチの工夫が紹介されたことがあった。

HRMも一度打った手の成果は、検証に同様の時間がかかるのである。**HRMの成果と検証をどのような時間軸で進めていくかを考えることが、その目的を考えるにあたって重要となる。自業界の特性を充分に踏まえた成果把握と検証が必要である。**

(4) 「HRM」という活動の持つ特徴を理解する

一方で、事業上の時間軸だけでなく、HRMそのもの自体が持つ特徴についても考慮していく必要がある。

① 成果が出るまでに時間がかかる

第一に、**HRM自体が「成果が見えるまでに時間のかかるサービス」である**ということである。いわゆる正社員の昇給は、多くの企業で年に一度である。報酬のバランスを変えようとすれば、不利益変更への対応も含め、目的

を実現するまでにゆうに数年間を要する。人材の成長はなおさらである。新人が一人前になるまでの期間、初級管理者から次世代の経営幹部候補を選び出し、育て担うまでの期間を考えるとHRMの成果は数年、いや数十年をかけることもある。

一方で、経営は常に鮮度の高いHR情報を求めている。タレントマネジメントに代表されるように、現在第一線で活動している管理者層の次にどういった候補がいるか、彼らはどのような能力を持ち、どのような期待がかけられるかを知りたい、といった要求がある。こうした日々の変化に対応することも求められる。また、今後の日本国内における労働人口の不足は、人材の獲得競争において自組織の都合を考慮してくれないであろう。

このように成熟化し、先の読めない時代においてHRMの成果を考えるにあたり、どの領域に対して短期的な成果を求めることが必要か、またどの領域は長期的な成果を重視しなければならないかを見極めていくことが重要である。

② 成果がみえにくい

第二に、HRMプロセスの成果は「得られる成果も失う成果もみえにくい」という性質を持っているということである。

例えば、以下の問題への対応を考えてみよう。

これまでのHRMでは「職務価値に応じた賃金バランス」に問題があったといわれる。若い世代がとても大きな経営貢献しているのに賃金においてはかなり後になってからしか報いることができない。いわゆる「年功序列」「S字カーブ」である。この現象に対する対応を、以下のようにしたとする。

パターン1：対応せずに放置する
「私もいつかは…」と、従業員が待ってくれるということを前提に、特に何も策を講じなかったとしよう。ところがその「期待」は組織が存続し続ければ何とかなるであろうという当人たちの予測とセットになっている。仮に、低賃金であることへの潜在的な不安と不満が高まっても、現実に離職されない限り、HRMの成果の検証というフェーズで表面化させることは難しい。

パターン2：若年層の給与を職務に対応させて引き上げる

報酬体系を変えて若手にも高い賃金を払えるようにしたとしよう。パターン1のような不安や不満は理屈上はなくなるはずである。では、高い賃金を得た若手は周囲にわかるように話したり喧伝したりして活動するであろうか。残念ながらその可能性はとても低いであろう。

組織内で自分自身がやりがいを得た仕事に就けたとしても、自らが「就きたい仕事に就けた」と喜びを露わにする人は少ない。逆に就きたくない仕事に就かされた人も、よほどでない限りその怒りや悲しみを表面化させない。共通しているのは他人から訊かれたときに、「満足そうに話すこと」は少なく、「HRMへのさらなる要望・期待を語る」だけである。

どのような措置をとったとしても、それが従業員意識の内実としてどのように変化しているか、ということはかくもみえにくいものである。HRMの成果を測るためには、日々の従業員とのコミュニケーションを注意深く進める、洞察する、主観的な状況の把握も求められるのである。

2．「HRMの成果と検証」の実践

それでは、上記の留意点を参照しながら、HRMにおける成果と検証の実際についてみていこう（図表3-125）。

図表3-125 「HRMの成果と検証」のステップ

```
┌─────────────────────────────────────┐
│ 「HRMにおける成果と検証」の枠組みを設定する │
└─────────────────────────────────────┘
                 ▼
┌─────────────────────────────────────┐
│    成果の指標を設定し、モニタリングする      │
└─────────────────────────────────────┘
```

成果の検証を行っただけで、それが次のアクションへと結びつくきっかけとならなければ、成果の検証にコストをかける意味合いは半減してしまう。したがって、いきなり成果指標を立てるのではなく、「どのように振り返りの

活動をしていくのか」という枠組みの作り方について触れる（第一ステップ）。

そして、なかなか成果指標が設定しにくいといわれるHRM領域の成果指標について、大まかな考え方を示したうえで、いくつかサンプルを示すこととする（第二ステップ）。

(1) HRMにおける成果の検証の枠組みを設定する

まず、成果の測定と検証を行ううえでの枠組みを設定する。具体的には、HRMの各施策が計画どおりに展開されているか、また目的に沿った活動になっているかについて、**計画どおりの進捗確認（PDCA：Plan-Do-Check-Action）と目的に沿った活動確認（PDCL：Plan-Do-Check-Learn）の両面から検証する**進め方を解説する。

① HRM施策のPDCA（Plan-Do-Check-Action）を回す

HRMの成果と検証を行う目的を組織として確認できたら、次に必要となるのがHRMの各施策が確実に実行されたか（されているか）を検証することである。図表3-126はHRM施策の振り返りを目的とした「PDCL/A（マネジメントサイクル）表」である。

図表3-126　PDCL/A表の例

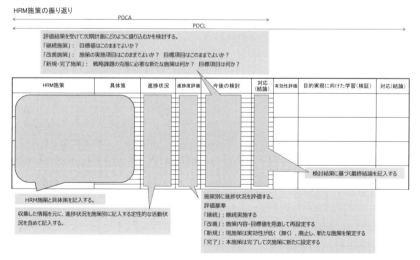

a　HRM施策と具体策を記入する（P）

　HRM施策について計画段階での施策内容・具体策を記入する。記入にあたっては、主な活動領域としてHRMの何を変えることがねらいかを確認できるように、関連する制度名を併記しておくとよい。また、施策ごとの目標や管理項目を明示しておく。

　各種制度の改定・導入の時期にあたっては、目標の多くが「運用をスタートすること」になるだろう。しかし、その後の継続を意図したときには、運用の成果をみることができる管理項目（後述）を設定しておくことが望ましい。どの項目を設定すればよいかは各施策の目的に応じて決めなければならない。

　また、HRMには、獲得から輩出までの一連の流れがある。そして、獲得と輩出、配置と再生といったとても関連性の強い領域が存在する。それぞれに設定している目標が大きな目的と矛盾しないような設定を行う必要がある。

b　進捗度を記入・評価する（D-C）

　各施策の進捗状況を記入する。記入の後に進捗度を自己評価する。評価ごとのポイントを解説する。

◆継続：引き続いて施策を実行していくことで管理項目に上向きの変化が期待できる状況にある場合に設定される。例えば、自己啓発の促進や有給休暇の取得など定期的に促進をアナウンスする（し続ける）ことにより管理項目（自己啓発受講率、有給休暇取得率など）に上向きの変化が期待できる場合など。

◆改善：施策の実施内容や目標あるいは管理項目に見直しが必要な場合に設定される。自己啓発の受講率がアップしているようであるが、参加希望者数が増えない状況にあるとしよう。これは要するに、自己啓発促進施策に対して、社員の中で反応している割合が増えておらず、一人当たりの自己啓発機会の受講回数が増えている状況である。この時に新たに自己啓発利用者（正味）人数といった管理項目を追加して今後進捗把握する、また案内方法を工夫して、自己啓発ガイド（案内）の受領サイン（メール）を受け取ることによって母集団の従業員

に確実に周知されていることを確認するなどの対策を講じる必要がある。そうしたケースにおいて「改善」を評価する。

◆新規：現施策は実効性が薄く（乏しく）、継続が必要ないと思われる場合に設定する。例えば、有給休暇の取得を促進するべく毎月促進メールを全従業員に発信していたがまったく反応もなく、管理項目である有給休暇取得率の改善もみられなかったとしよう。この有給取得促進メールは、前回検証時に「改善」という結果となり、人事スタッフが毎月発信文面に季節の話題などを盛り込むなどの工夫してきた。しかし結果ははかばかしくなかった。そこで「従業員全員にメール発信するという方法の有効性の低さ」「HRスタッフが時間をかけてメールの文書を工夫するマネジメントコスト」の二点により「考え方から変える」ことを前提に「新規」に評価した、というような場合である。

◆完了：現在行っている施策は目的を終えたので、終了する場合に設定する。例えば組織のHRMの方向性が変更となり、自己啓発促進は組織が行うのではなく、自らの意志で主体的に行うこととなった。そのため自己啓発にかかわる情報の発信を担当部門が行うコスト自体をなくしたといった場合に設定する。

c　今後の検討と結論付けを行う（A）

各施策の進捗状況を記入し、評価をした後に今後についての検討を行う。進捗状況の評価との連動性が強いが、評価と今後の検討を分けて記入し、最終的な結論づけを行うことで、HRMの各施策が確実に管理サイクルを循環していることを組織的に確認することが重要である。

◆「継続」施策：「継続」して実施する施策の場合に、検討が必要なことは二点である。第一が継続するためのコストが増加しないか、第二に管理項目が増えすぎないか、ということである。膨大な実施コストがかかっている場合に、たとえ有効であっても施策全体の優先度から施策に変える必要がある可能性がある。また多面的に管理項目を設定することは、かえって大きなコストを持ち出すことにもなりかねない。その場合にも管理項目の改廃を検討する必要がある。

◆「改善」施策：「改善」を検討する場合に必要となる観点は二点である。第一が、これまで実施していたもののルールや手続を変えるだけでよいのか、それとも新たな手続きが加わるのかということである。そのことによって、従業員の施策の活用にかかわる負担が変化することを考慮しなければならない。第二に「改善」によるHR部門の負担である。改善による想定効果と担当部門の負担のバランスを考慮することが必要である。

◆「新規」「完了」施策：「完了」する場合に、考慮する点は、そのことによる他施策への影響の把握である。新しい施策に切り換える場合でも運用システムやこれまでのデータセットの設計などを大きく変更する場合に、切り換えコストが発生する。また、HR情報には、長期的、継続的に取り続けることで価値を発揮するものがある。それが消失するリスクを考慮しなければならない。「新規」施策の場合には、上記の「改善」の場合と同様に、関係者の施策の実施コストや、管理コストに着目しなければならないだろう。

このようにしてHRM施策を具体策ごとに管理していくことが、第一段階としての成果と検証（PDCA）となる。

②　HRM施策のPDCL（Plan-Do-Check-Learn）を回す

次に、HRM施策の進捗状況の管理（PDCA）から、さらに上位の管理を進めることが有効である。各HRM施策が行われたことにより、それらの総和としてHRMがめざす目的の実現に寄与したのか、その有効性を検証する必要がある。有効性の検証を行うことにより、人事部門としてHRM施策のさらなるレベルアップを学習（Learn）することができる。図表3-127に示すのは、進捗状況の管理サイクルを回した後に行う学習サイクルである。

図表3-127　学習サイクルの例

a　有効性を評価する（D-C for L）

◆継続：進捗が順調もしくは改善すれば、HRM施策の目的を果たすために実効的であると判断される場合に設定する。例えば、有給休暇の取得促進は進捗管理上順調に高まっている。そのうえで、組織としての一人当たり生産性も維持・向上されていれば、現場で仕事の進め方が見直されていることが推察される。仮に一人当たりの生産性が部署によってばらつきがある、あるいは有給休暇取得率は向上しているのに時間外業務時間数の向上がみられるようであれば、調査が必要である。このようにHRM施策の上位にある目的を満たしてるかを確認しながら、継続と判定しなければならない。そして次期に向けて目標項目の妥当性や目標値の設定と関連付けて検討を行う。

◆改善：進捗の改善を想定に入れながら、上位目的との関係を考慮して変更余地がある時に判断を設定する。例えば、問題解決スキルなど特定のスキルの自己啓発を促進してきたことを想定してみる。当該スキルにかかわる受講率は促進されているものの、定時昇格時のアセスメント試験では問題解決スキルのポイントに改善がみられない。そうした場合にプログラムの内容が適切なのか、自己啓発という形式でのHRM施策が有効なのかを検証しなければならない。

問題解決スキルといっても世の中に紹介されているものはさまざまある。自組織の文化や職場のスピード感を考慮し、的確な問題解決メソッドもさまざまである。また自己啓発という自主性に依存した手段でアセスメント結果の水準が向上するのかについても検証が必要となる。さらにいえば、アセスメント試験自体が自組織の問題解決スキルにフィットしている内容かについても考慮して評価することが必要である。これらの改善の可能性を検討したうえで、改善策を構想し、これまでの目標項目、目標値から変更する必要性を吟味し、改善を進める。

◆統合：HRM施策を具体策に展開する段階では個々の具体策として独立して実行していたが、進捗状況を評価し検討した結果、目的からみた有効性をより高めるために、施策を合体させた方が有効と考えられる場合に設定する。例えば、近年「統合」と判定するケースとして挙げられるのは、HRMサービスのアウトソーシングにかかわる施策である。EAP（Employee Assistance Programの略で「従業員支援プログラム」）の取り組みをアウトソーシングしている組織は数多くある。しかし、現実に心の病を発生する人に対してサービス利用実態がはかばかしくない際には、どのような検討が必要となるであろう。アウトソーシング先を変えるのも一つかもしれないが、HRM施策の目的からみると、単独の施策として評価することが合理的ではない可能性がある。むしろ社内のスタッフがカウンセリングなどの専門資格を取得して社内でのきめの細かい「未然防止」発想の社内教育の展開し、その中で外部委託窓口を紹介する、といった連続的な施策として「統合」して扱った方がよい可能性もある。

◆新規：各HRM施策自体の進捗は継続、改善の状況にあったとしても、新たな施策群への移行が妥当なケースもある。仮に進捗が順調な施策であっても、上位にあるHRM施策の目的実現に対する有効性が低ければ、停止させて新たな仕組みを構想する必要があるということである。HRMの成果は「見える化」しにくく、また時間がかかることは先に述べた。そういったHRMの特性に甘えて、進捗が順調だからという理由で継続することが良いことかを大所高所から判断しなければならない。一方で、新規に施策を構想する場合に手段の再考のみに陥ることなく、HRMの目的や背景から再考することが重要である。

◆完了:当初のHRM施策の目的を達成した場合に判定する。HRMを取り巻く変化は著しい。今後の見通しを想定した場合にHRM施策は増える一方であろう。その時に、継続を必要としない施策、促進しなくても従業員に定着している施策にかかわる運用コストを断ち切らなければ新規の施策を円滑に進めることは難しい。HRMにかかわる施策、サービスは従業員から表層的に評価されやすい。そのため、ついつい目立つ施策を継続して重要な施策に手がつかないこともあり得る。止める勇気を持って判断することが重要である。

以上のように、HRM施策は具体策が確実に進捗できているかを成果検証し、同時にHRM施策の目的から有効性の観点で成果検証(学習)することで、段階的に目的に近づけていく。そして、HRM施策のPDCA/Lサイクルを回し続けていくことで「より早道」「より近道」を慎重に探索し、HRMにおける競争優位性を高めていくのである。

(2) 管理項目を設定する

(1)において「枠組み」のあり方について解説してきたが、ここでは、そのうえで進捗把握の評価の対象となる「管理項目」のあり方について述べる。

HRM施策が具体的に進捗しているか、HRM施策の目的に沿った成果を生み出している状況にあるかを確認するためには、主要な領域において管理項目による観察・測定を進めておく必要がある。

以下二つの観点から、管理項目や指標を設定する。

① HRMの各領域の観点から設定する

一つの観点は、今まで述べてきたHRMにかかわる主たる活動の領域、支援領域の位置づけである(図表3-128)。HRMの成果・結果も他の経営機能(ライン部門における生産活動など)と同様に、経営全体の成果に一定の貢献を果たすことが求められる。その意味で、経営全体の成果に対して、HRM全体の成果はプロセス的な成果である。

一方、HRM領域の活動の中でも、結果的な管理項目とプロセス的な管理項目が交錯している。少々複雑であるが、大まかな関係性をみていこう。

「HRM戦略の立案」における管理項目は、HRM全体の構想が実現したかというものになり、ほぼHRM全体の最終成果に近い項目となるだろう（例：労働生産性など）。

さらに、要員のマネジメント〜働く環境のマネジメントは、その全体成果をつかさどる主要な活動の構成要素となり、それぞれについて、HRM全体の成果創出に有効に働いたかという観点で管理項目の設定を行う（例：「報酬プロセス」でいえば、人件費という項目はHRM全体の成果の主要な構成要素になる）。さらに、それぞれ活動の中にも、結果的な項目と、個別の施策の進捗というプロセス的な項目が設定される（例：「総賃金」の下位に「各給与項目の総額」という管理項目が展開される、など）。

設定される項目の内容は、HRM戦略の内容や各活動における施策によって異なるが、こうした**「結果」−「プロセス」、「目的」−「手段」の全体構図をある程度思い描いたうえで、管理項目を設定していく**とよいだろう。

図表3-128　管理項目の構造

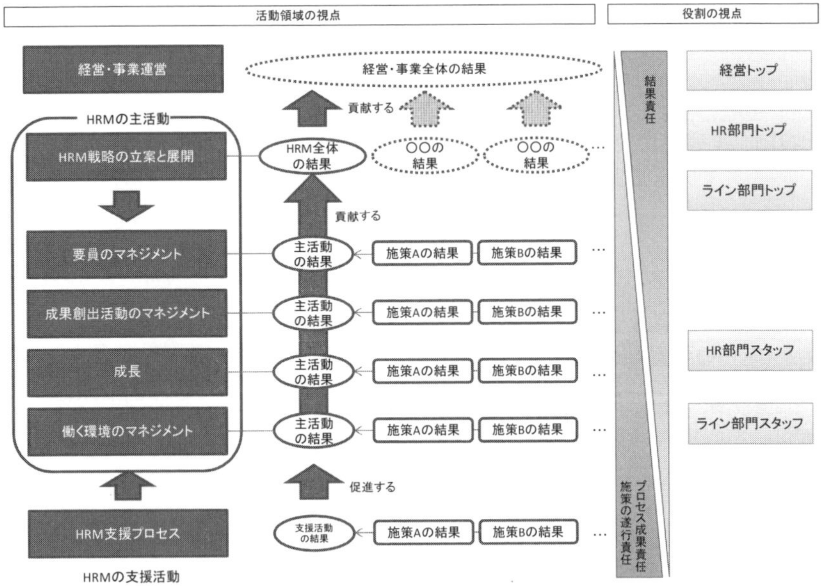

② 役割の観点から設定する

　HRMはその主活動にかかわるさまざまなアクターが存在する。3.6-1で紹介した支援体制を担う人たちがそれに当たる。それぞれの地位や役割に応じて、どのような管理項目にどのような責任を負うかが変わってくる。

　経営トップ、HRトップは、経営の一翼を担うことから、経営の成果（売上・利益など）はもちろん、HRM全体の活動成果すべて（労働生産性など）に責任を負うことになる。またそれに直接貢献する行動を実行に移さなければならない。さらにHRトップは、部門が展開している支援領域の施策やそれが意図する結果に対しても責任を負う。

　ライン部門のトップは、ライン部門における成果創出活動全体の結果に責任を負うとともに、ライン部門が中心となって管理する「HRMにおける成果創出活動のマネジメント」や、「要員のマネジメント」「働く環境のマネジメント」「成長」の結果（例：「働く環境のマネジメント」でいえば、残業時間の削減など）に責任を負うことになる。また、経営トップ同様、それらが促進されるような行動を取らなければならない。

　HRスタッフは、自らが担当する施策の結果やその成果に責任を負う（例：自己啓発の担当者であれば、通信教育受講率など）、また、HRスタッフとしての規律ある行動が求められるだろう。

　ライン部門のスタッフは、一見するとHRMの成果と無関係ではあるが、従業員として参画したり協力しなければならない管理項目は存在する。主に規律的なものが多いが、意識してもらう必要があるだろう（例：セクハラ、パワハラなど）。

実際の指標例は、多岐にわたるため付録として巻末に記載する。実務上の参考としてほしい。

第**4**章

戦略人事の実践事例

1. 個の役割と能力発揮の評価を現場参画で実現する部品メーカーA社

…A社　構想当時　社員数約3,000人

　関東地域にある部品メーカーA社は、創業社長の引退のタイミングに併せて、3カ年計画による「経営基盤強化策」を発表し、以下のような施策を展開することとした。

施策1：資金調達の仕組みを変え、業界内でいち早く自己資本比率の向上を進める
施策2：主要な二事業の統合化を図ると共に、業務改善と組織構造・配置の再整備をかける
施策3：年功型人事を一掃し、個の役割と能力発揮を基軸とした人事制度改定を進める

　HRMに関連する施策として、施策2において、組織再編と並行して、業界ではいち早く「早期退職優遇制度」を導入し計画的に推進することにした。また併せて施策3の人事制度改定を進めていった。施策3の人事制度改定は、大きく六つの具体策で展開することとなった（図表4-1）。

図表4-1　A社戦略人事の六つのポイント

1．資格別要員管理の推進
2．資格と給与ランクの区分
3．移行格付プロセスのオープン化
4．役割（資格）別の評価の実現
5．面談表の活用による面談の徹底
6．HRトータルアプローチによる人事革新プロセス

　組織の再編を進める中で、早期退職優遇推進に伴う人材のアウトソーシン

グの確実な達成と同時に、資格等級別要員比率の管理基準を固め、役割を明確にすることとした。

図表4-2　資格別要員管理の推進

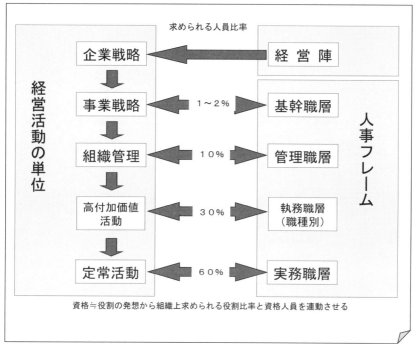

　要員管理（図表4-2）でポイントとなるのは、経営活動の単位と人員の比率の遵守である。A社では現在もこの比率を守り、総枠人件費の管理と共に各役職者の能力発揮と責任の厳正なマネジメントを進めている。
　また、「資格内給与ランク（範囲給）」を導入した。そのことで、同一資格内でのランクの上昇（進級）によってモチベーションの向上に結びつけるとともに、昇給管理を行いやすい状況を実現することとした（図表4-3）。

図表4-3　資格と給与ランクの区分

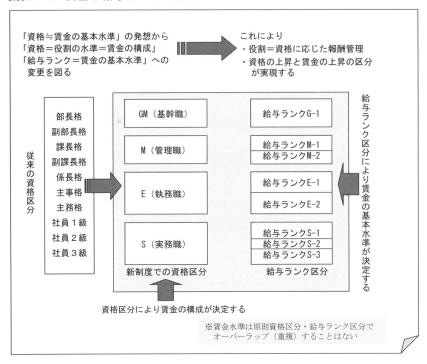

　こうした変革によって、「年功色に対する従業員の意識転換」を促すことに成功した。

　現在では、65歳（今後70歳まで延長を予定）までの雇用延長制度の改定を進め、「会社・個人の双方が選択する役割に基づいた処遇」ということで合意可能な文化を作り上げている。

　これらの大きな枠組みの転換は、社内的な納得が前提条件となる。そのためA社では、移行格付けのプロセスをオープン化して納得度の向上を図ることとした（図表4-4）。

図表4-4 格付けプロセスのオープン化

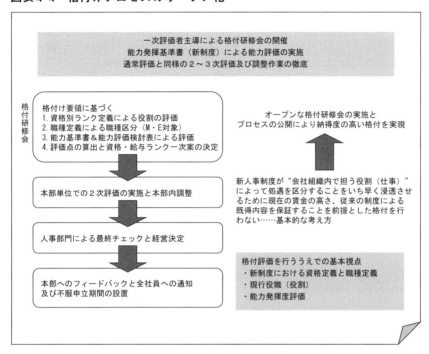

　また、制度改定以降の定着化へのHR部門の粘り強い取り組みは、最終的な制度導入の成否を決めるものとなる。そこで、定着へのカギとなる面談制度に対して、実施状況を定期把握するためのルールを導入した。把握する内容は、導入当初は「面談実施を100％にすること」であったが、現在は **「面談実施による人材のキャリア開発・成長への支援にどれだけ貢献できているか」が焦点となってきている**（図表4-5）。

図表4-5　面談状況の把握

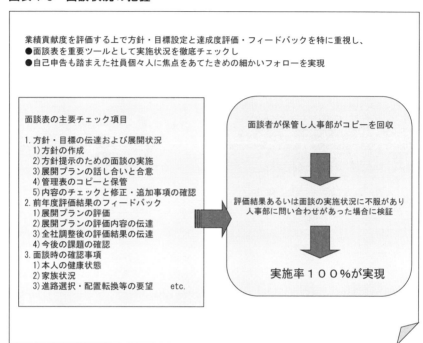

　面談は確実に定着してきており、さらにHR部門が直接行う面談が充実しているため、「一人ひとりの従業員に手厚いA社」としてのイメージが、社内外の企業価値の向上にも大きな影響を与えている。

2. 経営課題をダイレクトに展開し、業界再編の危機を切り抜ける小売業B社

…B社　構想当時　正社員約800人　非正社員約800人

　地域で小売展開を進めていたB社では、本事例におけるHRM再構築に入る5年ほど前に、それまでの「職能資格制度を基盤とした人事制度」の改定を試みたが、経営とHR部門の先行に対してライン幹部・現場の理解が得られず、断念した苦い思いがあった。

　失敗の主たる原因は、「仕組みを変えることを目的としてしまった」ことにあった。その経験から学びを深め、厳しい経営環境を勝ち抜くために「経営戦略の転換に連動したHRMの再構築」を図ることとした（図表4-6）。

図表4-6　B社の経営戦略の変更とHRM課題

【めざす状態：長期ビジョン】
コアのお客様に焦点を当てて、お客様を深く理解し、お客様の立場に立った商品とおもてなしによって、顧客ソリューションを提供することで、「愛され、信頼されるB社」になる。

【人材マネジメントに求められること】
①顧客起点による改善・改革の実行を促す制度づくりをする。
　・一人ひとりの社員が顧客起点による改善・改革を考え、行動することがめざす状態に近づくために欠かせない。
②適材適所を進める。特に、リーダーシップが求められるポジションへの適材適所を進める。
　・誰がリーダーシップをとるかということが改革の実行に大きく影響する。また、個々の力を最大限発揮してもらう上で、適材適所を行うことは重要である。
③年功処遇を抑制し、貢献度に応じた処遇を実現する。
　・貢献度と賃金をバランスさせることで、コスト・パフォーマンスを図るとともに、処遇の公平性（衡平性）を確保する。

【現状】
＜意識・行動＞
自信とお互いの信頼が低い。改善・改革の必要性は認識しているが、指示待ち型で改善行動が見られない。
⇒長期計画の基本方針が現場に浸透していない。マネジメントの仕方、社員の意識・行動がまだ変わっていない。
＜人事制度＞
5年前に新制度を導入したが、実態が付いていっていない（形骸化している、年功運用になっている）／30代後半と40代後半の社員が多く、年功賃金のもとではコストアップが大きくなる。

その企画段階で導かれた「人材マネジメントでめざしたい三つの課題」を、直接的にHRMの各施策に展開していくことで、「仕組みづくり」のためではなく、実践に根ざしたHRM構想を推進した（図表4-7）。

図表4-7　B社のHRM課題の展開

求められること	資格フレーム	評価制度	報酬制度	キャリア・マネジメント（昇進・昇格・異動・配置）	能力開発
顧客起点による改善・改革の実行を促す制度づくりをする。	・顧客ソリューションの提供の仕方やそのための能力の違いによって社員をグループ化する。 ・顧客ソリューションのための期待役割から資格を定義する。	・顧客ソリューションの視点から、成果と成果を生み出すための行動を評価する。 ・業務のPDSと人事評価をリンクさせるとともに、面談の質を向上させる。 ・ロイヤルカスタマーの顧客満足度評価を人事評価に反映する。	・社員、職場の顕著な貢献を表彰する。		・顧客ソリューションのための価値感の共有、実践スキルの習得に集中した育成を行う。 ・社員が幅広く、深い商品知識を習得できるようにする。
適材適所を進める。特に、リーダーシップが求められるポジションへの適材適所を進める。	・顧客ソリューションのための改革をリードするマネジメント職、プロフェッショナル職の資格を設ける。		マネジメント職、プロフェッショナル職に対して魅力ある処遇を行う。	・適材適所とキャリア・マネジメントを実行するためのアセスメントを行う ・重要ポジション（特に、マネジメント職、プロフェッショナル職）の適材登用を厳格に行うとともに、要員管理を行う。 ・FA制度、公募制度による異動を行う。	・マネジメント職、プロフェッショナル職およびその候補者に顧客ソリューションのためのリーダーシップ・スキルを教育する。
年功処遇を抑制し、貢献度に応じた処遇を実現する。		・それぞれの役割に応じて貢献度を公正に評価するための基準と手続きを設定する	・期待役割の遂行度（＝貢献度）に応じた賃金水準にする。 ・社員、準社員、契約社員、パートの賃金を貢献度の視点から再構築する。 ・会社、店の業績と賃金原資を連動させる。	・顧客ソリューションのための期待役割に応えているかどうかを判定して資格をアップダウンさせる。	・顧客ソリューション能力向上のための自己啓発を支援する。

　最も重要なのは、核となる人事フレーム（HRMガイドラインの提示）にあった。

　5年前の反省から導かれたことは、既得権となっている「上位資格等級者」に対して「職務価値と処遇にギャップがあり、解消しなければならないこと」と、その上で「どう経営戦略の実現を図るか」という2点をいかに理解してもらうかであった。

　そこで、二つの視点から人事フレームを検討した。

　一つめは、**「事業を推進するために必要な役割を遂行するという視点から、社内における役割特性によってグループ化する」**ことであった。顧客ソリューションに対する影響の与え方（直接・間接）と活動の仕方（個人・組織）をマトリックス化することで、四つの役割特性を明らかにした（図表4-8）。

二つめは、「**人材の中長期的なキャリア形成や組織内での円滑な活用の観点から区分する**」ことであった。人材を獲得する難易度とスキル経験期間から大きく三つの人材の働き方のタイプをつくりあげたのである。

この二つの人材に対する考え方をベースに、人事フレームを構想した。

図表4-8　B社の人事フレームの考え方

1．人事フレームの設計方針
（1）顧客ソリューションの提供の仕方やそのための能力の違いによって社員をグループ化する。
（2）顧客ソリューションのための期待役割から資格を定義する。
（3）顧客ソリューションのための改革をリードするマネジメント職、プロフェッショナル職の資格を設ける。
（4）顧客ソリューションのための期待役割に応えているかどうかを判定して資格をアップダウンさせる。

2．人事フレームの基本的な考え方
　事業の推進と人材の育成・活用の両面から考える必要がある。

（1）事業を推進するために必要な役割を遂行するという視点から、社内における役割特性によってグループ化する。
　①店長・マネジャー・チーフなど、販売・仕入れ機能において組織をマネジメントして顧客ソリューションを直接的に推進する職
　②店頭販売、外商、バイヤーなど直接、顧客ソリューションを行う職
　③経営管理の部長・課長など、販売・仕入れ以外の機能において組織をマネジメントして顧客ソリューションを間接的に推進する職
　④経営管理や店舗事務、施設業務などの担当者として、顧客ソリューションをバックアップする職

（2）人材の中長期的なキャリア形成や組織内での円滑な活用の観点から区分する。
　A．職務の深堀や多様な経験によって長期的にキャリアアップを図る群（社員）
　B．現在の業務を中心に職務の充実を図る群（準社員、社員混在⇒社員化）
　C．短中期の契約によってテンポラリーに活躍してもらう群（契約社員、パート⇒社員化）

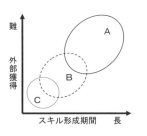

さらに、5年前の反省はこれにとどまるものではなかった。**組織の成熟状況をにらみつつ、構想を実現するために3年間の猶予をもたせた**のである。

図表4-9　B社の移行時の人事フレームと3年後のめざす人事フレームのつながり

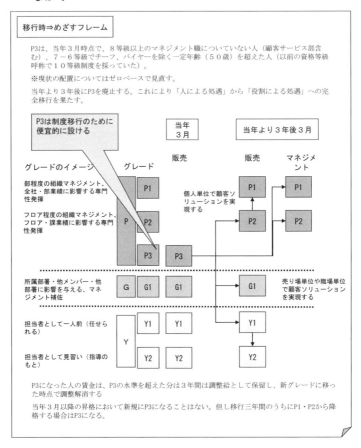

　図表4-9に示したように、**これまでの資格制度において、上位等級（6等級以上）の社員で小売業として明確な役割（および専門性）を持たない人材の処遇を変更していくために、3年間の経過措置期間を設け、移行措置をとることによって、社員一人ひとりの「選択と納得」を促すこととした**のである。

　具体的には、移行後3か年のうちにP3役割（経過措置のため止むをえず設けた等級）の者に対して毎年2日間にわたる教育を推進し、自己のキャリア開発とチャレンジ意欲を醸成しながら、移行開始から3年後にめざす人事フレームへの完全移行（P3の廃止）を実現したのである。

B社のHRM構想には、これ以外にもいくつかの工夫がみられた。それは、成果創出活動のマネジメントを進めるための取り組みである。

 第一に、P1幹部層を中心とした成長支援を行った。長期ビジョン実現に向けて、エリア・店舗ごとの独自性を促進するためにアクションラーニングを活用した教育を推進した。

 第二に、成果創出活動のマネジメントを進める評価制度の仕組みを刷新した。これまでの業績評価の指標体系においてエリア・店舗ごとの必須指標が曖昧になっていた点を精緻化し、B社が最も重要視した「顧客ソリューション」の店舗、売場ごとの実践状況を「チームの状態」として評価に取り入れ、映像[1]を活用して多面評価を行うなど工夫を講じたのである。こうすることで現場社員、チームの実力をより鮮明に観察するとともに、従業員の「見えない努力」を拾い上げ、評価の納得性を高めようとしたのである（図表4-10）。

図表4-10　B社の成果創出活動のマネジメント（評価制度）の構造

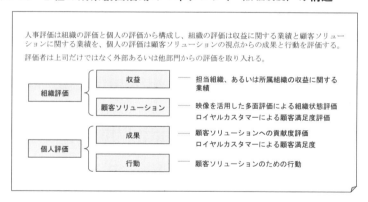

 報酬プロセスに関しても大きく考え方を変えた。役割特性やキャリア形成に基づいた人事フレーム、「成果創出活動のマネジメント」の顧客ソリューションへの焦点化と同様に、これまで「年齢」「役割」「職務」などに細分化していた報酬の基本部分を「役割」に一本化したのである（図表4-11）。

1　売場の状況を映像化することで、評価者が同じ条件で観察・評価する。こうした工夫により方針の展開状況の目線合わせも有効に機能した。この映像技術はJMAMの「S-MAX(サービス感度向上プログラム)」で培ったものを活用している。

図表4-11　B社の基本給・手当の構造

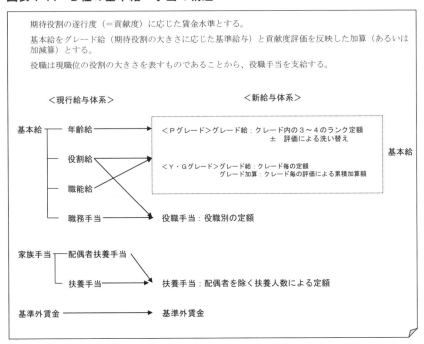

このほかにも、「同一労働同一賃金」の潮流が間近となることを想定した非正社員の正社員化の促進、配置・再生プロセスにおける手続きの明確化、評価の客観性の確保のためのアセスメントや面談の定期的な実施など、詳細な検討を重ねた。そのことにより、3か年の経過を持って、新たなHRMに移行することができたのである。

実は、この構想段階から、B社の市場に全国規模の競合が参入することが予想されていた。しかし、B社は経営戦略の確実な実現に向けて、こうしたHRMを含めた改革を推進し続けることで参入障壁を高め、現在も地域に愛されるポジションを保ち続けている。

3. 国内販売体制の強化をねらって会社再編に連動した実力主義を実現した販売会社C社

…C社　構想当時　三販売会社合計で社員数　約1,200人

輸送機器部品を国内外に展開しているC社では、国内販売体制の強化を図るために、二段階の再編活動を推進した。

第一段階では、資本関係の薄かった販売代理店への買収を仕掛け、9社あった国内販売網を、親会社資本が50％以上にするとともに、3社に統合・整理した。そして、第二段階として、その後2年が経過した段階で国内販売会社をさらに統合し、一つの新しい販売会社として再編した。

そもそも資本関係が薄い会社もあったことから、9社のHRMの仕組みには大きなばらつきがあった。3社に統合・整理していく過程で賃金水準の是正は図ったが、人事基本フレームや評価・報酬の仕組みといった全体の仕組みについては、1社への統合まで先延ばしされることとなった。

そこで、新販売会社では、「これまでの制度の是正・調整」を前提としたHRMの構築から、**「新たな国内販売力の強化を目標とした顧客起点の活動を促進するHRM」の創造を目標として、ゼロベースの再構築を進める**こととなった。C社のHRM戦略のポイントは図表4-12に示す5点である。

図表4-12　C社の戦略人事の五つのポイント

1．新販社のコンセプトを体現する新人事制度の構築
2．各人・各職場の役割を明らかにした人事フレーム
3．役割貢献度に応える賃金
4．結果と業務遂行の両面から業績を捉える人事評価
5．各職種の代表課長クラスの設計段階からの巻き込み

C社という新会社（3社の合併会社）にとって重要なことは、「**どこかの販売会社が主体となるような調整型のHRMでは社内風土の改革にはつながらない**」「**国内販売体制を刷新するという経営戦略を実現するためには、どの販売会社も納得し総合力を発揮できるような、わかりやすく、かつ鮮明なHRMのあり方を創造する**」という命題であった。

　これを実現するために、新たなコンセプトとして、どの会社にも共通していた「役職」を基軸に、階層別の役割を再構築した。具体的には、販売会社らしく結果を重視しながらも、業務遂行（プロセス）の両面から「C社業績定義」を明らかにし、業績評価指標を一覧化するとともに、職種別標準業務基準による評価を推進したのである。

　また「役割を基軸とした」報酬制度への転換を図ることで、年功的な報酬からの脱出を図ることとした（図表4-13）。

図表4-13　各人・各職場の役割を明らかにした人事基本フレーム

		職種系統				評価	
		営業ライン	営業スタッフ	間接スタッフ	物流	業績評価	業務遂行評価
階層別役割（役割グレード）	G職	支社長	部長	部長		年間	
	M職	営業所長	グループ長	グループ長	所長	年間	
	E職	営業担当	営業企画	企画スタッフ	係長	半期	半期
	S職		営業事務	事務スタッフ	物流担当		半期

↓
- 職種系統別役割グレード定義書
- 業績評価項目一覧表
- 業務遂行評価基準
- 給与ランクのアップ・ダウン　昇給　賞与

　これらの各基準・仕組みはHR部門が独善的に設計したわけではない。むしろ各社の各職種からカギとなる課長クラスが集められ、彼らによる主体的な設計によって実現させたのである。こうした制度改定を進めることで国内

の販売力の強化を図ったＣ社は、代理店チャネルに頼ることなく海外展開を強力に推進しており、現在では多くの業界で「必須とされる」部品メーカー（販売）として成長を続けている。

4. 経営企画主導の業績マネジメントに連動して専門職領域を強化したソフトウエアD社

…D社　構想当時　社員数約600人

　地域で業務システムを中心に展開を進めていたD社は、最重要取引先との関係性をより強固なものにするとともに、「ソフトウエアの開発」という「見えにくい」プロジェクト・マネジメントを確実に推進していく目的を持って、「業績開発型経営サイクル」と称して成果創出活動のマネジメントを推進した。
　D社のHRM戦略のポイントは図表4-14に示す六点である。

図表4-14　D社の戦略人事の六つのポイント

1. 業績開発型経営サイクルに目標管理制度をロックイン
2. D社にとっての"業績"の領域定義化
3. 部門年度計画と部門目標の統合
4. 目標管理システムによる公開と効率の促進
5. 実行計画表による目標の進捗管理の徹底
6. 定着化を待ってからの人事制度との連動

　D社はまず、自社が求める業績の構造化を図り、業績を実現するための「経営計画システム」と日常管理を推進する「目標管理制度」、さらに進捗と業績を評価するための「業績評価システム」の三つを、持ち前のソフトウエア技術を活用して自社開発した。

図表4-15　D社の業績開発型経営サイクル

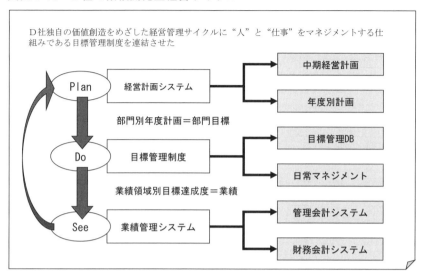

　システムとしてできあがったとしても、やはり重要なことは「動かす」ことである。このシステムを「動かす」ため、D社は経営企画部門と人事部門が「経営企画・人事チーム」を発足させ、強い連携を図ることで実現への道筋をつけた。

　具体的には、経営企画と人事それぞれの持つ業務プロセスを連動させることと同時に、急速にIT化を進めた。ここでD社が重視したのは、「今あるシステム（IT）に合わせて成果創出活動のマネジメントを行う」という発想ではなく、「これからの仕事の進め方（開発・運用）を描いて、その実現のためにシステム（IT）を使う」というものであった。「言われてみれば当たり前」のことと思われるかもしれないが、パッケージ型のITシステムに依存し、結果生産性が悪化していく事例は、枚挙にいとまがない。

　D社は「未来を描き、未来で勝てるため」にITを活用するという、至極当然の仕組みづくりを進めたのである。特に日常のマネジメントを進める目標管理制度では、前述（3.2参照）した展開を進めるうえで生じるさまざまな「考慮すべき点」についても徹底検討を進めた。

図表4-16　D社の目標管理制度

業績
＝目標達成の総合評価
＝「個々の目標達成度×設定度×関与度」の総計

設定度
・分割できる目標の場合：個人が担当する目標の上位目標への影響度と達成の困難度を評価する。
・分割できない目標の場合：部門目標の会社業績への影響度と達成の困難度を評価する。

関与度
・担当する目標への個人の関わり度合いを評価する。

トップ係数
・経営トップからみた部門別の経営貢献度の比率を評価する

負荷バランス度
・部門内での目標配分上の部門貢献度のバランスを評価する

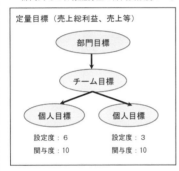

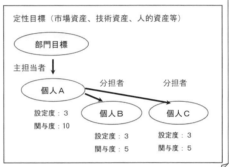

　現在、D社は主要取引先との関係性を高めながらも、公共系システムを軸に、段階的に海外進出を推進している。

第 5 章

これからの戦略人事に
求められるもの・こと

さて、本書も終盤に差しかかってきている。ここまで、HRMにおける「企画」⇒「実行／補完」⇒「結果検証」という流れで、「経営を強くする戦略人事」についての「論点」「課題」を示し、それに対する検討や解決の糸口や例を示してきたつもりである。

ところが、環境・状況は絶えず変化している。その変化に応じて「経営を強くする戦略人事」というテーマにかかわる課題は、今日にも新たに出現する可能性がある。

本章では、「これから」の「より経営に貢献できる人事」を求めて、さらなる課題提起を行うことで「これからの戦略人事に求められる要件」を示していくことにする。

これからの戦略人事に求められる7箇条

> **第1箇条**
> 戦略人事とは経営の支援活動の中で最も「先見」しなければならないマネジメント領域である〈HRM戦略の立案〜要員のマネジメントの課題〉

3.1でも「要員構成」を長期的に予測する重要性について述べた。現状の日本企業においては、解雇規制も堅牢であるため、人材を簡単に輩出することは難しいし、従業員もそのようなことを望んでいない。また、突然「人を増やす」といっても、企業に蓄積されたノウハウが変質するようなリスクを抱えて行うのはよい選択とはいえない。そうした前提だけを捉えても、**「人事」が数十年の長期的スパンに立って物事をみていかなくてはならない**、ということの十分な裏づけとなりうる。

その「要員」をつかさどるHRM全体の構想に影響を及ぼし得る要因を、以下に挙げてみよう。

---

1 経営戦略論において、自社の外の環境を中心として経営戦略を考えるものを「ポジショニング・ベースド・ビュー」と呼ぶのに対して、自社の内部（資源や能力）を中心として経営戦略を考えるものをを「リソース・ベースド・ビュー」と呼ぶ。本稿では、転じてHRMを組み立てるときのベースとなる考え方に援用している。

> □人材（HR）の生み出す「価値」の変化
> ・ITやAIの進化、発展によって、人間の生み出す価値は変わるのだろうか。
> ・その価値の変化と、自社が今まで生み出してきた価値との関係とは。
> □雇用慣行の変化
> ・二度のオイルショックやバブル経済崩壊、リーマンショックを経ても、いまだに色濃い「終身雇用」は今後どうなるのだろうか。
> ・「同一労働・同一賃金」への流れの「終身雇用」的慣行への影響は。
> □事業環境とHRMの連動性の変化
> ・上記雇用慣行の変化に伴って、事業戦略や市場のポジショニングと、HRMの連動性は高まっていくのだろうか。
> ・その時に、我々は再度「ポジショニング」ベース[1]のHRMを再構築する必要性に迫られるのだろうか。
> □グローバル化に向けた変化
> ・事業環境の変化は、経営のグローバル化という流れに沿ってどの程度スピードが高まっていくのだろうか。
> ・それらが自分たちの職場環境に届く射程まで、どのくらいの距離感なのだろうか。

　業種・業態による違いはあるが、これらの問いすべてにすぐに答えが見出せるとは思わない。しかしながら、多くの従業員の職業生活を（当面は）長期にわたって預かる立場にある人事部門として、こうした変化に対する「構え」を持って望むとともに、**仮説の一つや二つくらいは持ちながら、少し「先取り」して進んでいく**ことが求められているのではないだろうか。

> 第2箇条
> 戦略人事は戦略の立案と展開で経営者・管理者・従業員が考え尽くした量と質で成否が決まる〈成果創出～HRMの支援体制の課題〉

　本文中においては、HRMにかかわる「分権」「集権」の問題を取り上げ、それらが制度の実効を左右する大きな要因となるということや、**HRMの支援機能をつかさどるさまざまな「役割」と、そのアクター間の協業や合意がますます重要性を帯びてくる**ということを述べてきた。
　しかし、その「協業」「分業」をいかに図っていくかということについては、まだ有効な解やヒントが出せているとはいえない。従業員の参画やラインの参画ということを、実際にどのように行うべきなのだろうか。
　例えば、4-1において、格付けプロセスのオープン化について紹介した。

しかし、事例のようなオープン化が常に有効かについては、企業による文化、風土的な土壌のありようによって違ってくる可能性もある。

そのような中で、以下のような問いを設定してみよう。

・どのような文化・風土条件において、どのような参画プロセスを設定することが可能か、そして有効か。
・それぞれのアクターがその過程で「主体性を持って考え尽くす」条件はどのようなものなのか。
・利害得失の異なるアクター間で「問題」の認識を共有したり、「合意」に至るプロセスをどのように設計するのか。
・事業のあり方や組織のあり方とフィットする「HRM分権－集権」のバランスとはどのような状態を指すのか。

これらの問いに答えながら、独自のHRMの仕組みの設計や運用を行っていくかが、これからの企業により求められていくことではないだろうか。

第3箇条
戦略人事は「人材のポートフォリオと報酬マネジメントの持続的な同期化が命題となる」〈HRM戦略の立案〜報酬の課題〉

「同一労働・同一賃金をいかに促進するか」ということが、労働政策主導で進められていることはご存知のとおりである。

そのような観点からいえば、2.4で紹介した「人材ポートフォリオ」、そしてその基盤となる「職務価値」、さらにその結果としての「群別管理」「役割ベースの人事制度」といった施策の積み重ねによって、**人が発揮する「職務価値」と「外部労働市場」「（金銭的）報酬」ということの関係性や連動性が強まっていく**と予想される。

一方で、これら一連の改革の結果として、**従業員の幸せが本当に高まっていくのかについては、一定の疑義があることも事実である。**自らの（金銭的）報酬と市場価値が絶えず連動していくということは、常に他者からの観察にさらされ、不安定な状況へと追い込まれていくことにつながる。それは本当に幸せなことなのだろうか。市場価値と金銭的報酬が連動していないという

ことは、「企業」が市場との間に仲立ちし、その影響がダイレクトに及ばない「防波堤」のような役割を果たしていたと言い換えることもできる。

こうした問いに対しては、以下の二つの方向性で考えを進めていく必要があるのではないだろうか。

① **非金銭的報酬へのまなざし**

一つは、3.4でも述べた「非金銭的報酬」への観点を従業員側がどのように持ちうるのかということと関連する。

市場価値と金銭的な報酬が連動するということは、例えば、金銭的報酬の低い人にとっては「責任がない」とか「常に創造的である必要は必ずしもない」という職務の状態が約束されることを意味する。

こうした状態は「（非金銭的）報酬」とどう関係するのだろうか。**「報酬」の概念を拡張していくのなら、市場価値なども報酬の一部となりうる**し、もう少し前向きにいえば、「余暇を楽しむことができる」という報酬も存在しうる。

一方で、こうして報酬の概念を拡張していくことは、企業側が望む成果創出のあり方とは必ずしも一致しない可能性がある。「金銭」を軸として人の活躍をコントロールしようとしてきた企業側としては、一つの脅威となり得る。報酬にかかわる考え方を従業員と組織の間でどう共有するかということが、根本的な問題として横たわっているのである。

② **企業における労働組合や福利厚生、属性的給与の位置づけ**

一方で、いくら非金銭的な報酬の概念が拡張したとしても、あまりにも金銭的報酬の水準が低ければ、結局「金銭的報酬」が欲求の中心となる。非金銭的報酬が機能するためには、最低限の報酬があることが必要条件となる。

そのような金銭的報酬を支えてきたのが、企業内では「年齢給」「勤続給」といった給与や「福利厚生」といったサポート、雇用を守る「労働組合」といった、広い意味での厚生経済である。この領域は、市場価値とは無関係に、「会社の意思」として設定される。

こうした企業別の「防波堤」は今後「用なし」となるのか、やはり一定の意味を持ちうるのかについては、注視していく必要がある。

以上①②のような議論を踏まえ、「人材ポートフォリオ」と「報酬」の連動をいかに図るのかを検討する必要がある。なお、その際の「報酬」が単なる金銭的報酬を指していないことはいうまでもない。

> **第4箇条**
> 戦略人事は個人と組織の閾値(いきち)を探索し続けながら、働き方の改革を促進する使命を持つ〈HRM支援体制・成長の課題〉

　企業において「個人の自立・自律」が叫ばれ始めたのは、1990年代はじめのバブル崩壊と、その後の経済停滞と無関係ではない。1.2でも述べたように、成果主義人事の広がりとともに、その時代から「従業員」「ライン部門」の参画を視野に入れたHRMが始まったといえるだろう。
　本書においても、そのことを基点として「キャリアマップを示す」(2.4)「自己申告の機会を設置する」(3.6)、「必要な人に必要な仕事機会を与える」(3.1)の必要性について述べてきた。無論、一定に効果を見込んで解説や事例紹介を行っている。
　ところが、こうした**情報提供や基準づくり、機会提供は本当に「個の自立・自律」を促すのだろうか**。むしろ、HR部門がそうした働きかけを熱心にすればするほど、従業員にとっては「自ら動かなくとも何かが与えられるように、組織の側が動いてくれる」「この基準に沿ってやれば、何とかなる」という、ねらいと逆行した思いを起こさせるきっかけになりはしないだろうか。
　また、そもそも自立・自律している人材は、こうした支援がなくとも、勝手に動く。読者の所属する企業の中にもそうした人材は何人か思いつくことであろう。仮に、一定数そうした人材がいて、HRM施策と関係なく自立・自律するのであれば、施策には意味がないということになってしまう。
　キャリア自立・自律を促進する施策の有効性は、いわば、こうした社員の「準備状態」「受け入れ状態」によって、生かされも殺されもする可能性があるということである。言い換えれば、以下の不等号について検討することが必要となる。

> A. キャリア自立・自律に向けた施策を導入した場合の自立・自律意識向上の歩留まり
> B. キャリア自立・自律に向けた施策を導入しなかった場合の潜在的な従業員を見逃す損失
> C. キャリア自立・自律施策の導入・運用コスト
> D. キャリア自立・自律に向けた施策を入れた場合に高まる組織依存度とそれによる損失
>
> といった施策の得失を考えた場合に、A＞B、A＞C、A＞D

　つまり、このような状況が成立する「準備状態」かどうかを判断する必要があるということである。私たちは、この準備状態の有無にかかわる状況の見極めを**「組織と個人の問題の閾値」、すなわち何か問題的な状況が起きた場合には、それを個人の責とするか、組織の責とするか**の感覚的な境目と呼ぶことにした。他責的、組織の責に帰する傾向の強い組織においては、当然このような不等号は成立しない。

　この「閾値」をどのように認識するか、そして、その見立てをベースとして、本人の自立的・自律的な働き方の選択にかかわるHRM施策をどう活かすかが問われているのである。

> 第5箇条
> 戦略人事は経営に必要な中核人材（リーダー）をあらゆる情報によりマネジメントすることで貢献する〈要員のマネジメント・成長・HRMの支援体制の課題〉

　経営に必要な中核人材＝いわゆるビジネスリーダーに対する発掘、育成ニーズについては、何も今に始まったことではない。特に不況をきっかけとして、強力に構造改革（リストラクチャリング）や、M&Aなどを主導できる人材を欲していたことが主たるニーズであったように思われる。

　このようなニーズはいまだに根強いものがあると感じるが、私たちの経験からは、また別の意味で「リーダー」に対するニーズが発生しているのではないかと考えている。図表5-1をみてほしい。

図表5-1　意思決定階層の変化

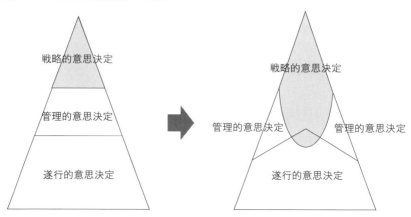

　経営戦略や意思決定における研究者であったアンゾフは、意思決定の階層モデルとして、「戦略的意思決定」「管理的意思決定」「遂行的意思決定」の三層を想定した。「戦略的意思決定」とは、企業の外部問題に関する意思決定で、製品ミックスや市場の選択など市場環境への適応に焦点化された意思決定であり、「管理的意思決定」とは、戦略的意思決定を受けて方針を定めたり、実行計画を立案するための意思決定、「遂行的意思決定」とは、反復的に行われる職務に対する個別の判断やそれらの監視といった領域の意思決定である。

　この意思決定の考え方は、「トップ層－部長・課長（管理職）層－一般社員層」といったヒエラルキーへのフィット感も高いため、汎用的にさまざまなシーンで使われており、意思決定の一面の真実を表していると考える。

　一方、このような考え方は、1960年代の大量生産時代に考案されたものであり、そうした時代背景と関連がないとはいえないだろう。いわゆるヒエラルキー構造が整然と成り立つ組織において、より適合性が高いのである。では、2010年代においてはどうなのだろうか。

- ITやAIといった技術の発達は、こうした意思決定構造にどのような影響を与えるのか
- 複雑でスピードの早い環境変化に際して、意思決定構造を三層も想定することは、効率的、効果的なのか

無論、業種・業態による違いはあれど、いわゆる「管理的意思決定」をAIが最適化したり、複雑でスピードの早い状況に対して「管理的意思決定」を経由せず、直接オペレーションをマネジメントできるようになれば、「管理的意思決定」の意味合いは、相対的に希薄になりはしないだろうか（図表5-1の右側のイメージ）。

そう考えていくと、**今後の意思決定の階層は、ビジネスリーダー人材の層と、現場に近いところで複雑な状況に「人」ならではの意思決定を行う階層へと「二層化」が進んでいく**とは考えられないだろうか。

このことは、2.2で示したHRM戦略の立案や3.4で示した人材ポートフォリオのあり方、そして同じく3.1、3.3で示したビジネスリーダー層の異動配置による経験学習のデザインのあり方に、即影響を及ぼす。

ITの発達と意思決定のあり方の変化が、今後の中核人材、リーダー人材の育成にどのような波紋を投げかけるのか、注視していく必要がある。

第6箇条
戦略人事は、企業と社会をつなぐ中核的な役割を果たし、企業の持続的成長に貢献する〈HRM支援体制の課題〉

「ブラック企業」などという表現が使われるようになって久しい。SNSやICTの発達によって、今までは社内に隠されていたような企業の労働実態が明るみに出るようになってきた。「短期的な利益だけをその場しのぎ的に追求しても、企業に明日はない」という考え方は着実に浸透してきている。「いかに持続的に存続する環境を整えるか」ということを考えなければならない。

言い換えれば、企業は良くも悪くも「開かれた」存在になってきているということである。企業価値を経済合理性・環境適合性・社会適合性の三つから捉えるとするならば、「環境適合性」「社会適合性」とHRMとの関係強化の要求が強まってきているといえるのではないだろうか。こうした課題をクリアするためには、企業内で展開されている諸施策を実行〜検証するだけではなく、大きな枠組みを持ってHRM全体の成果を俯瞰する視点と方法を身につけることが大切である。

特にHRMと関連するステークホルダーとしては、図表5-2のようなものが挙げられる。

図表5-2　HRMと関連するステークホルダー

顧客・市場	「経済合理性」「環境適合性」とも相まって、これまでも、そしてこれからも重視されていく領域であろう。顧客・市場との約束を反故にすることは、市場からの退場を意味する。一方で、特にBtoCの市場においては、「顧客＝社会」である場合もあるので、影響のありようについて一層注意する必要がある。
従業員	「ブラック企業」への注目、もしくは「働き方改革」への取り組みなどから、従業員が安心して働くことのできる環境づくりを確保することが求められてきている。「社員の満足」について「顧客満足」と同等かそれ以上の扱いとして考えていく必要性が出てきている。
企業別労働組合	従業員の雇用を守る企業内の「組合」も組織率が低下するなどして、「労使協調」への移行が進んだ。その結果、「ブラック企業」の防波堤としての役割機能は相対的に退行しているように思われる。ただし、働き方改革という雇用にかかわる変革が進む昨今においては、新たな役割を担うことが期待される。
産業別労働組合	電機連合などの産業別の組合組織は、今日的に企業別労働組合の受け皿として機能しているように思われる。個別企業の利害に直接かかわらないポジションから企業統治に影響を及ぼすことのできる存在である。

図表5-2に挙げたもの以外にも、企業統治やCSRに影響を及ぼしうるステークホルダーは存在するだろう。**企業の存続のための環境の枠組みを大きく捉え、その中でどのように持続可能な関係を築いていくか**という思考が問われているのではないだろうか

第7箇条
戦略人事を担うスタッフは常に主体的に、そして多様な思考をまとめ上げていくことで"すべきこと"を周囲に知らしめる〈HRM支援体制の課題〉

最後に、HRM支援体制の一翼を担う「HR（人事）部門」の果たすべき役割

について触れよう。「多様化の時代」といわれるように、顧客のニーズ、従業員の働き方・働き手の意欲、得意・不得意なこと、ジェンダー、さまざまなことの多様性にきちんと向き合い、扱っていく姿勢を示さなくてはならない時代である。

HR部門は、そうしたものを包摂して仕組みやルールへと導き、不満を取り除いたり、満足度を高めたり、引いては生産性や付加価値を高めていく存在でなければならない。言い換えれば、**これからのHR部門は、そうした多様で複雑な状況、環境に対応し、従業員という対象に、いわば「使える」ユーザーインターフェースを提供する存在である必要**があるだろう。

例えば、スマートフォンのユーザーインターフェースは「タッチパネル」であるが、優秀なものほど、その裏で動いている複雑な機構を覆い隠しながら、適度にユーザー側にカスタマイズの余地を残して「自分専用」感を演出することに成功している。

過去の日本企業においては、「就社」というボタンを一発押せば、「終身雇用」「年功主義」「企業別労働組合」がセットで立ち上がるというわかりやすいものであった。しかし、もうそのような「ラクラクフォン」のような時代は過ぎ去ろうとしている。ユーザーたる従業員も、いろいろな入力の仕方を工夫するし、その裏で動く機構も一層複雑になってきている。まさにその結節点にいるのが人事部門なのである。

そのためには、常にユーザー(従業員)のニーズと、HRMにかかわる構造と力学(機構)とをつぶさに観察し、主体的に把握し、「すべきこと」を主張として発信していかなくてはならない。

これはかなりの難題である。私たち筆者らもHR部門のみなさんとともに探索していくべきテーマであろう。HRMにかかわるすべての人が、この「インターフェース」開発を通じてユーザー(従業員、ライン部門、経営トップ)と対話するプロセスを大事にして、日々改善していかなければならないだろう。

今は、そのための**「主体性」がかつてないほどに重要となる時代**なのではないのだろうか。

【付録】

「HRMの成果と検証」における管理項目INDEX

■ 1. 領域別管理項目

　ここでは、各領域における主要な管理項目を紹介する。

　本書では、HRMフレームワークとして、HRM戦略の立案と展開、HRM主活動領域、二つのHRM支援領域に分けて議論を進めてきた。ここではこの領域別にHRMの有効性を定期観測するのに効果的な管理項目の例を解説する。なお、表中の管理項目の順番は優先順位を示すものではない。領域ごとの本書の主張を考慮したものである。

(1) HRM戦略の立案と展開

　HRM戦略の背景・目的は、経営課題の実現への貢献である。

　ここでは、最終的に経営課題にHRMの活動がトータルとして貢献したか、という視点を中心に指標の例を示す。

　なお、HRM戦略の課題ごとの管理項目は、HRM主活動、HRM支援活動に掲げる管理項目例が参考になるであろう。

No.	管理項目例	解説
1	営業利益／HRコスト	HRにかかわる総コストを、事業活動の最終成果である営業利益との対比でみる管理の指標として有効といえる。 ※ここでいう「HRコスト」とは、人件費のほかに獲得・輩出、配置・再生、成長にかかわる総コスト、すなわちHRMにかかわるすべてのコストを示す。
2	売上高／HRコスト	HRにかかわる総コストが売上高に対してどの程度の比率であるかをみる。
3	売上高／人件費	HRMにかかわるコストの中で人件費が売上高に対してどの程度の比率であるかをみる。外部指標として同業界、世間の水準を参照することができる。
4	労働分配率	HRMにかかわるコストの中で、人件費について付加価値額に対してどの程度の比率であるかをみる。外部指標として同業界、世間の水準を参照することができる。
5	労働生産性	従業員一人当たりが働いて生み出す付加価値額である。国の経済活動の効率をみる指標として活用されることもある。参考指標として、このほかに一人当たり売上高、一人当たり営業利益額といった指標も活用できる。
6	人時生産性	従業員一人当りの単位時間当たりの生産性の比率である。生産性は売上高、付加価値額でみることが一般的である。

(2) HRMガイドラインの提示

　HRMのガイドラインとして示しているものの有効性や、その内容における充足、満足の状況を測定する。指標の中には、HRM主活動の指標と重複するものもあるが、HRMガイドラインの成果としてみるか、HRM主活動の成果としてみるかについては、適宜すみ分けを図るとよいだろう。

No.	管理項目例	解説
1	人材ポートフォリオ別要員計画充足度	さまざまな軸で作成された人材ポートフォリオについて、必要とする要員数の充足状況をみる。例えば、生産要員、開発要員といった職種別の充足度やビジネスリーダー候補者充足度といった期待人材プール別に把握する場合などがある。 特に、将来に向けた経営課題の実現に必要とされる人材の中で、獲得・開発が難しい（時間がかかる）人材の充足状況を把握し対応を考える必要がある。 また、計画に対する充足という視点でみると、人員獲得・開発計画の遵守度をみることで全体の充足状況を把握することも有効である。
2	法令・企業倫理規定に関する従業員の遵守度	労働関連法令の遵守度をはじめとしたHRMを推進するうえでの法令・商慣習上の倫理を遵守する度合いをみる。従業員意識調査やコンプライアンス意識調査などのアンケート調査結果から得られる。また、従業員からの申し入れなどの件数から把握する。
3	従業員の人事規程遵守度	法令・企業倫理規定に関する遵守度と同様に、就業規則をはじめとした人事諸規定の遵守度合いをみる。労働時間や働き方にかかわる諸規定などの遵守も含まれる。従業員意識調査やコンプライアンス意識調査などのアンケート調査結果から得られる。また、労働時間のデータなどからも把握が可能である。
4	HRMビジョンの浸透率	HRMガイドラインの中でも、HRMビジョンを経営ビジョンの一部として重点的に扱い、発信した場合には、それに対する認知、理解、共感の度合い等を把握する。従業員意識調査やコンプライアンス意識調査などのアンケート調査結果から得られる。
5	人事諸施策実行率	HRMをより効果的にしていくための諸施策の運用状況をみる。FA制度や公募制、各種休暇取得制度など組織はより働きやすく高い生産性を実現するための人事諸施策を構想・設計する。しかし実行が伴っていなければその効果は求められない。各施策の利用者数や利用件数などを把握する。
6	従業員満足度	管理者層、一般従業員層のHRM施策満足度を含めて、従業員が働く上でどの程度満足しているかをみる。働きがいや生きがいとのつながり、組織内での自分の存在感や中心性、仕事と私事の充実度合い、仕事を通じた自分自身の有能感などを把握する。従業員意識調査やコンプライアンス意識調査などのアンケート調査結果から得られる。

(3) 獲得と輩出

HRMの主活動の中で獲得と輩出プロセスは、いわば「入り口と出口」に当たる。ここで管理しなければならないのは人材の鮮度を客観的に把握することと、プロセスコストの妥当性である。

No.	管理項目例	解説
1	採用源別応募・採用率	採用媒体などの採用のためのチャネル別に応募状況、あるいは採用活動を通じた採用実現までの歩留まりをみる。
2	採用コストの有効率	採用活動をプロセス分解して、応募段階、選考段階でどの程度有効にコストが使われているかをみる。特に採用者の定着率との関係でかける投資コストの判断を行うのに有効である。
3	採用者一人当たりの募集コスト	採用計画の実行にかかるコストを採用者数で割り出し、採用者一人当たりにかけたコストをみる。労働市場の状況によって変動するが、上記の採用コストの有効率と併せてみることで、獲得プロセス全体の検証に活用することが有効である。
4	採用一定年数以内の離職率	採用者の定着度合いをみる。採用後の一定年数を設定して、採用数と在職者数の比率で判断する。新卒／中途別、入社年次別、職種別などでみることで獲得プロセスにおける有効性を検証する。
5	勤続年数	従業員の採用から現時点までの勤続年数をみる。多くは平均化して平均勤続年数としてみる。また採用時期別、職位・職種別といった視点で勤続年数の変化をみることで、獲得・輩出プロセスの検証を行う。
6	再雇用者定着率	再雇用制度を取り入れている場合に、定年者に対して再雇用を希望する従業員の比率をみる。さらに再雇用者がどの程度勤続しているかについて一般従業員とは別に勤続年数をみることで、再雇用者の輩出状況を検証する。
7	年代別退職者数	従業員の年代を区分して、退職者の頻度をみる。勤続年数に限らずある一定年代での退職状況を把握することでHRMの運用と輩出との関係を検証する。

（4） 配置と再生

獲得した人材を有効に活用するための第一段階としての配置プロセスは、成果創出に向けた従業員の納得度を考慮した管理項目が中心となる。

これは役割を一度外れた人材を再生（再配置）する際も同様である。

No.	管理項目例	解説
1	従業員の職務満足度	従業員の満足度のうち、職務に対する満足状況をみる。主に職務に対する自分自身の適性や仕事環境（労働条件・勤務地などを含む）の充実度合いを把握する。 個別の状況は自己申告といった書式で取得できる。また、従業員意識調査やコンプライアンス意識調査などのアンケート調査結果からも集合データが得られる。
2	標準人員充足率	各職場の適正な配置を確認するためにみる。職場ごとに時間帯別の標準人員を設定し、その充足状況をみる。時間帯別に限らず、週間・旬間・月間・季節間・年間といった標準のばらつきをみることによって配置プロセスの無駄を省くために把握する。
3	管理職資格者比率	全従業員に占める管理職資格者の比率をみる。ここでいう「管理職」は、一般的に時間外手当適用除外者をさすことが多い（組織によっては時間外適用者の管理・監督者を含めて管理者比率としてみることもある）。組織管理の単位設定や意思決定の迅速さをみる上で、全従業員に占める管理者・管理職資格者の比率を確認する。工場などを持っている企業で管理職比率として6％前後、サービス業では10～15％が目安となっていることが多い。（ただし、業種によって異なる）
4	分野別人員マップ充足度	HRMガイドラインの提示における要員計画充足度に関連してみる項目である。HRMガイドラインに対してより詳細な分野別（固有技術や技能など）の要員の充足度をみる。職務給体系に変化している業界や企業では、この分野別人員マップによるHRMの推進が有効と思われる。
5	管理職再任用人数	管理職資格者が再任用される人員数や比率をみる。この管理項目は管理職資格から降格したり、役職からポストオフする制度があり、運用されていることが前提となる。再任用される人員数や毎年の任用数のうち再任数の程度を比率化してみる。この項目から管理職資格者の人材の流動性をみることができる。実質的に再任されない組織では、降格・ポストオフは再任の望みのないものとなる。昇格や抜擢配置・任用を慎重に行う必要がある。
6	昇格制度にかかわる各種比率	【自薦率・他薦率】昇格推薦の仕組みがある組織では、昇格希望者あるいは実際に昇格した人材の自薦率や他薦率をみる。自薦率や他薦率は昇格に対する従業員からみた魅力を把握するのに有効である。 【昇格率・降格率】昇格及び降格の候補者から実際に昇格（昇格率）した人数や、当該資格等級人員から降格した人数（降格率）をみる。昇格率や降格率の妥当な数値は資格等級によって異なるのが一般的である。等級に応じた昇格率（降格率）を設定することが有効である。

(5) 成果創出活動のマネジメント

　成果創出活動のマネジメント管理項目として重要となるのが、事業活動における成果とHRM上の成果との関連である。事業活動とHRM上のオペレーションに重複が増えると従業員の不満や活動の品質低下を招く。

　いかに事業活動に即した成果創出の支援を図るかがポイントとなる。

No.	管理項目例	解説
1	評価基準の従業員の理解度	管理者層、一般従業員層のHRM施策の理解度の一つとしてみる。組織が求める働き方について、従業員がどの程度把握・納得しているのかをみる。特に、組織の理念や方針と評価項目・基準の考え方の整合性の認識をみることは企業価値の向上を図る上で重要となる。 従業員意識調査やコンプライアンス意識調査などのアンケート調査結果から得られる。
2	評価プロセスの従業員の理解度	管理者層、一般従業員層のHR施策の理解度の一つとしてみる。評価を行うプロセス（手続や評価の決定方法）について、従業員がどの程度把握・納得しているのかをみる。従業員意識調査やコンプライアンス意識調査などのアンケート調査結果から得られる。
3	部門業績と個人業績の相関性	組織全体の業績と部門別の業績の状況と個人ごとの業績に関する評価の関係をみる。組織業績と部門業績の関係は、多くの場合経営計画により評価される。また相関性が高い。しかしHRMにおける部門業績と個人業績の関係は制度の特性（個々人への方針展開や目標設定プロセス、評価段階や評価方法など）によって相関が変化することがあるため、着目する必要がある。 仮に全体業績と個人業績を連動させるような制度を採用している際には、設計のねらいどおりの相関関係にあるか、着目する必要がある。
4	目標・評価にかかわるガイドライン別妥当性	上記の部門業績と個人業績の相関性とも関連するが、目標達成度・評価の結果の分布状況をみることで、目標設定や評価段階の決定について目安となるガイドラインが遵守されているか、職場業務の現実に即している内容であるかをみる。この妥当性が保たれていない場合は目標設定方法、評価項目、評価段階を見直す必要がある。
5	成果創出にかかわる仕組みの運用度	成果創出に向けた活動は事業推進における主活動・支援活動が主体である。各活動において進捗管理などに活用される各種計画・進捗管理・報告に関する仕組みがHRMにおける成果創出活動のマネジメント（評価制度）の運用力を向上させるために有効に働いているかをみる。 HRMにおける成果創出活動を支援するプロセス（代表的には目標管理制度）のみで個々人の業績を精密に把握することは難しい。むしろ各部門で行っているマネジメント活動から得られる情報を効果的に活用することでHRMの精度向上を図る必要があることを前提にしている。 各ライン部門の成果創出活動のマネジメントツールを確認したり、活用状況をヒアリングするなどして把握する。

No.	管理項目例	解説
6	評価者の評価スキルに対する満足度	成果創出活動をマネジメントする管理者が同時に評価者となる場合が大半であるが、管理者の評価者としての評価スキルについての満足状況をみる。一般従業員からの要求で検討されることが多く、この納得度向上のための施策として評価者訓練が考えられる。 従業員意識調査やコンプライアンス意識調査などのアンケート調査結果から得られる。
7	評価結果の納得度	管理者層、一般従業員層のHRM施策の満足度の一つとしてみる。評価制度のトータルとしての満足状況を把握する指標である。 従業員意識調査やコンプライアンス意識調査などのアンケート調査結果から得られる。

(6) 成長

人材の成長がなされているかを把握する指標である。なお、ここで示す教育(訓練)は、研修や勉強会といった集合教育に限ることなく、職場内でのOJTや従業員個別の自己啓発など、一切の成長にかかわる施策を総称している。

No.	管理項目例	解説
1	一人当たり教育訓練費	従業員の教育訓練にかかる総費用を従業員数で除して割り出す。従業員の教育訓練に対してどの程度のコストをかけているかをみる。この管理項目は多くの教育訓練にかかわる雑誌や機関が定期的に調査・報告を行っている。全従業員で均一にどれだけかけているかをみるとともに、従業員を層別化して教育訓練コストの配分状況をみることもある。
2	期待人材充足度	人材マップ要員計画充足度(ビジネスリーダーなどの充足)や分野別人材マップ充足度に関連する管理項目である。要員の定義が役職者や専門性の認定基準など明確にされている場合には、人材マップ化しやすいが、期待人材像は一般的に定性的な表現になりやすい。そのため基準が曖昧になるので、把握は従業員意識調査やコンプライアンス意識調査などのアンケート調査や、HR部門によるトップ、ライン部門の幹部、あるいは一般従業員に対するインタビューなどにより把握する。
3	年間教育受講者数	ある一定期間に計画した教育の計画受講人数をみる。多くは年度単位で行う。延べ人数と実質受講人数に分けて把握することが多い。上述した「一人あたり教育訓練費」と組み合わせて管理することで、教育訓練にかけるコストがどういった層に重点化されているかを計画段階で把握できる。
4	教育受講率	「年間教育受講者数」が計画段階の管理項目であるのに対して、実行段階で把握する管理項目である。計画した教育受講者数に対してどれだけの人数が実際に受講したかをみる。主にカフェテリア型といった自己啓発を主体とした教育訓練の実施状況をみるのに有効である。

No.	管理項目例	解説
5	教育（研修）満足度	「層別教育受講率」が実施段階の管理項目であるのに対してチェック段階での管理項目といえる。HR部門が主導して行った研修プログラムに参加した受講者の満足状況を把握する。多くの場合で研修実施後の受講者・受講者の関係者（上司や部下、あるいは講師）へのアンケートなどにより把握することが多い。また組織全体の教育満足度は従業員意識調査やコンプライアンス意識調査などのアンケート調査によって把握することが多い。 また踏み込んで効果測定などを行う場合は、理解度テストなどを導入して習得状況をみることもある。
6	技能等検定計画達成度	組織が事業活動を進めるうえで必須もしくは推奨する技能等の検定基準について、教育計画に対しての合格者をみる。 社外基準による公的資格や検定制度の認定者数と比較する場合は達成状況がより明確になる。しかし社内で作成された検定などの場合には、教育受講以外の認定に必要な要素も併せて明確にしておくことで認定の透明性を図ることができる。
7	自己啓発実施率・実施状況	教育受講率があらかじめHR部門が準備した教育訓練への参加状況をみるのに対し、本項目は、従業員があくまで主体的に社外セミナーや教育機会を発見・受講する傾向を調査する。これは組織が計画した内容でないためHR部門として管理することが難しい（管理する必要がないかもしれない）。 しかし、定期的な従業員アンケートやインタビューなどにより従業員の働きがいや満足度を検討する上で情報把握しておきたい事項である。
8	教育当たり費用遵守度	教育訓練において計画したコストがどれだけ遵守されているかをみる。近年、サクセションプラン、ビジネスリーダー養成、組織の強みにつながる専門性の強化など、予算による計画管理では実現が難しい教育テーマの必要性が増している。その場合に予算管理を優先し過ぎるあまり、充分な成果を得られない場合がある。こういった予算管理が難しい教育テーマを発見する際の基本情報として活用するのが望まれる。
9	教育当たり継続率	教育ごとの実施継続をみる。教育訓練は計画段階で大きく二つに性格付けされる。一つは目的別、テーマ別の教育であり、この場合には対象者全員が受講すれば目的を達したことになるので、継続する必要はない。もう一つは「定期的に教育対象者が現れるのでその都度実施する必要がある」教育である。この場合には、趣旨と同様に教育を定期的に行うことが望まれる。主に新任（役職・資格）者教育などが代表的である。主要な階層別の教育が継続していると、組織内において教育受講が風土として定着してHRMの成果に好影響を与えることが多い。

(7) 報酬

　報酬プロセスは、経営指標とHRMが最も密接に関連する活動である。そのため、経営指標がそのまま報酬プロセスの評価に活用されることが多い。しかしHRMの成果を検証するうえでは、さらに細分化した分析による管理が必要となる。

No.	管理項目例	解説
1	平均賃金	人事労務用語としては「労働法上休業手当や解雇予告手当などの算定の基礎となる賃金」、すなわち、基準内賃金である。業界比較の中で「従業員に対する魅力度の向上」の視点で管理項目として活用される。そして、HRMにおいては、層別による賃金の妥当性などをみるうえで算出することが多い。
2	全社人件費予算遵守率	予算計画における人件費がどの程度遵守されたかをみる。職場マネジメントにおいて適正にHRMが機能しているかをコスト面からみる際に活用される。また、生産性に関する管理項目と併せてみることが有効である。関連指標として全社時間外コスト計画遵守度が挙げられる。
3	変動人件費率	総人件費の中で事業活動によって変動費として扱える金額の比率をみる。人件費を変動費化することは、短期的には組織の収益性を高めることにつながる。 しかし、人件費をコントロールすることは法令上に制約がある。急激な制度変更は働く環境や従業員の意識に大きな変化をもたらすとともに、結果として企業価値に大きな影響を与える可能性があることを考慮しなければならない。
4	一人当たりHRMコスト	HRMにかかわる一人当たりのコストを算出するものである。一人当たりの教育訓練費や福利厚生費、時間外手当などを算出することで、業界・業種内での水準比較の参考指標として用いる。
5	ベンチマーキング賃金水準	業界・業種、職種・役職など競合関係との比較を目的としたベンチマーキング活動を進めるにあたって賃金水準を調査する。賃金水準は企業価値の向上あるいは競合関係にある企業間での人材の獲得に有効に機能する。 賃金水準のほかにHRMにかかわる諸条件を比較することも有効である。
6	総賃金対変動賃金比率	総賃金に占める変動賃金の比率をみる。従業員に実際に支払われる賃金には大きく固定部分（基本給や諸手当など）と変動部分（賞与や時間外手当、インセンティブ）があるが、賞与も固定部分と変動部分に分かれるなど、運用もさまざまである。実質的な変動、固定の項目を見極め、変動部分の比率をみることで、従業員の志向性とのフィット、ギャップを検討する。例えば、経営活動は上述の変動人件費率を高め柔軟性を高めたい一方で、従業員はどのような意識でいるのかなどを注視する必要がある。

No.	管理項目例	解説
7	高評価者の報酬満足度	成果創出活動のマネジメントにおいて導かれた評価結果のうち、高評価を得た人材に絞った報酬に対する満足状況をみる。高評価者は組織活動の中心である可能性が高く、高評価者の報酬に対する満足度は人材の流出を防ぐとともに獲得におけるパブリシティ効果が期待できる重要な事項である。 高評価者に絞ったアンケート調査やインタビュー調査結果から得られる。
8	従業員の報酬満足度	管理者層、一般従業員層のHRM施策の報酬にかかわる総合的な満足度としてみる。報酬水準・配分基準や報酬の支払い方法などについてどれだけ納得が得られているかをみる。 従業員意識調査やコンプライアンス意識調査などのアンケート調査結果から得られる。

(8) 働く環境のマネジメント

HRMの主活動を構成する中で基盤となる位置づけにある活動である。従業員が高い意欲を持って業務遂行にあたってもらうためには、着実に遂行していくことが求められるプロセスである。

No.	管理項目例	解説
1	総労働時間	人事労務用語として「1年間の労働時間の合計」を指す。1か月間の総労働時間、労働日数などと共に休日などの取り決めと併せて、法令に基づいて就業規則・給与規程等で定められている。HRMにおいては、さまざまな施策の実現に向けて効果的に労働時間を活用するための管理項目として活用することが望まれる。
2	有給休暇消化率	従業員の有給休暇の消化状況をみる。職位や職種、年代などのさまざまな層別でみることで、有給休暇促進を図る場合の管理項目として活用することが望ましい。
3	福利厚生の活用度	従業員がどの程度福利厚生制度を活用しているかをみる。近年福利厚生制度をカフェテリア化している組織が多いが、利用の促進に対して実際の利用状況を管理するものである。利用件数をみる場合もあれば、利用金額をみる場合もある。
4	各種人事施策利用度	HRMガイドラインの管理項目で示した「人事諸施策実行率」とねらいは同じである。本領域における人事施策には、EAPに関連するハラスメント相談窓口の利用状況や、福利厚生、医療機関の利用などが挙げられる。これらの人事施策は委託先の切り換えコストが低いため、より効果的な利用が図られるようにすることが有効である。 ※各種ハラスメント窓口等の利用度の把握にあたっては、単純に「少なければよい」と判断を下さないことである。HRスタッフは実際の職場状況を観察し、実情に応じた相談件数が上げられているかを把握しなければならない。
5	法令などに定めのある働く環境整備推進度	各種法令により定められていたり、促進することが求められている働く環境のマネジメントに関する諸施策の整備・施行状況をみる。 今日的には、女性活躍推進、育児・介護休業取得にかかわる制度などが挙げられる。
6	環境整備施策の実行目標達成度	上述の働く環境整備推進度を踏まえて、その施策がどれだけ利用されているかについてみる。
7	管理者層、一般従業員層のHRM施策満足度	HRMガイドラインの管理項目である「従業員満足度」に包含される項目である。ここで示しているHRM施策は働く環境のマネジメントに対する諸制度の満足度を把握することである。 従業員意識調査やコンプライアンス意識調査などのアンケート調査結果から得られる。しかし、ハラスメントなどのアンケート調査では表層化しにくい施策については、職場観察や従業員のインタビューなどを組み合わせて満足状況を把握することが望ましい。
8	欠勤者数	有給休暇制度などを超えて、欠勤した者の人数や、欠勤件数をみる。働く環境のマネジメントにおいて表面化しない問題・課題の探索に活用することが望ましい。
9	休職者数	従業員の休職者数やある一定期間における休職者の取得回数や休職総日数をみる。上述の欠勤者数同様に、働く環境のマネジメントにおいて表面化しない問題・課題の探索に活用することが望ましい。

(9) HR情報

HR情報のマネジメントは、HRMにおいて情報は特別な扱いを必要とする機密性の高い情報も含まれている。情報マネジメントの成果を検証するうえで自組織独自の指標を設定することも求められる。

No.	管理項目例	解説
1	タレント情報充足度	HR情報の中で配置・再生および成果創出活動の領域に活用される人材のキャリア・スキルなどの情報（タレント情報）についての充足度をみる。そもそも目標にしている人材にかかわる情報の取得、活用に対する実践状況を把握する。HR部門の計画に対する実施率などで定性的に把握する。
2	ライン部門からの要請対応レスポンスタイム	事業活動を推進する部門からの要請事項や、人材活用に関する活動の推進部門からの要請に対して、HR情報のマネジメントがどれだけ早く・効果的に対応できているかをみる。従業員からの要請には早いレスポンスが求められる。一方で利用部門へのレスポンスは早さと共に情報の利便性（No.3参照）も求められる。 HR情報は個人情報が含まれているため、レスポンスに関してセキュリティが担保されていることは前提条件である。
3	HR情報に関する利便性評価	事業活動を進めるうえで要請される（活用が許される範囲の）HR諸情報の加工・分析や活用にかかわる使いやすさについての従業員の満足度合いをみる。HR情報を必要とする対象者に特定したアンケート調査やヒアリング調査などにより得られる。
4	HR情報に関する従業員満足度	組織におけるHR情報の取り扱い状況や整備状況、および機密環境についての従業員の満足状況をみる。 従業員意識調査やコンプライアンス意識調査などのアンケート調査結果から得られる。
5	HR情報に関する照会件数	諸HR情報についての紹介状況をみる。照会件数はHR情報に関する活用の基盤となる情報であり、増やす・減らすといった目標を定めることが目的ではない。むしろ照会件数の変化と経営・事業活動や職場運営の変化との関係性を把握し、改善に結びつける指標として活用することが有効である。
6	HR情報利用件数当たりのHR情報システムコスト	HR情報の利用にあたってのHR情報システムコストの状況をみる。 ※TFP(Total Factor Productivity(全要素生産性)とは、生産要素以外で付加価値増加に寄与する部分であり、具体的には技術の進歩、労働者のスキル向上、経営効率や組織運営効率の改善などを表す）においては、情報技術投資とHRが経済成長に与える影響が大きくなってきている。一方で、IT投資によってHR情報マネジメントのコストは向上するが、充分に活用されている状況とは言い切れない。組織内においてHR情報も他の経営活動情報同様に利用度（利用件数）を高めることでTFPの向上に活かしていくことが求められている。
7	事業活動とHR情報の同期度合い	事業活動にかかわる諸情報とHR活動にかかわる諸情報の同期度合いをみる。目標管理制度など業績評価を行っている組織において事業活動範囲での成果情報のスピードやきめの細かさがHR情報と同期していなければ、無駄なモニタリングコストが発生する。また、情報活用におけるタイムラグや効率性の阻害はHRMの効果を薄めることにつながる。

(10) HRM支援とBP活用

現場組織がHRMを推進する支援の状況と、ビジネスパートナー(BP：外注先)の活用に関する管理項目を示す。

No.	管理項目例	解説
1	従業員一人当たりのHR費用	従業員一人当たりのHRを進めるうえでの総費用(人件費、HR部門のコスト、ITコストなど)の割合をみる。従業員へのサービス機能としてのHRは経営的視点からみると効率を重視した低コストでの運用が求められる。後述する「HR部門人員一人当たり従業員数」が関連する管理項目が代表的管理項目となる。一方で経営がめざす組織や職場づくりを実現するうえで健全に活用するコストは充実させなければならない。
2	HR部門人員一人当たり従業員数	HRMにおける従業員サービスの効率性をみる。全従業員数をHR部門人員数で除することによってカバー率を算出する。本社間接部門や事業間接部門の人員増減状況に拡大して把握することもある。 HRMにかかわるサービスについて効率化しても従業員の満足度が下がらない施策は徹底した効率化すべきである。しかし、満足度が変化する施策は、BPの評価・活用を含め改善の検討に用いることが有効である。
3	従業員のHR部門に対する信頼度	HR部門の人員が従業員からどの程度信頼されているかをみる。HR部門の人員は所属している期間にかかわらず、従業員が知りえないHR諸情報にアクセスできるなどの特性がある。そのため従業員からひときわ高い信頼性が求められる。従業員意識調査やコンプライアンス意識調査などのアンケート調査を行うこともあれば、インタビュー調査などを行うことで検証する場合もある。
4	HRM施策にかかわるBP費	HRMにかかわる諸施策のBP活用(外注)費の状況をみる。具体的には計画遵守度、経年での変化などをみる。HRMは価値連鎖(バリューチェーン)において主活動ではなく、支援活動に位置づけられる。しかし業種、業態によっては、事業活動の重要な一部を担うことも想定される。そのため外注費のみを管理するだけではなく、事業活動においてHRMにかかわるBP活用がなされているか注視することも求められる。
5	BP先別従業員満足度	HRMにかかわる諸施策のBP先ごとの従業員の満足度をみる。従業員意識調査やコンプライアンス意識調査などのアンケート調査やインタビュー調査などを行うことで検証する。また施策によっては個別にアンケート調査を実施することで把握する(教育訓練の外部講師の満足度など)。

2. HRMにおける役割から求められる管理項目一覧

　HRMは組織を構成する全員がそれぞれの役割を果たしてこそ最大の成果を生み出す。ここでは、これまでに述べた管理項目以外に、特にそれぞれの役割に求めたいHRMにおける管理項目を例示する。

(1) 経営トップに求めたいHRM管理項目

　経営トップは、経営活動の指標とされる労働生産性や労働分配率、総労働時間など主要指標の結果に対して責任を持つ。そうした定量的な項目に加えて、以下の定性的な管理項目に対して着目していただきたい。こうした管理項目は、従業員意識調査やコンプライアンス意識調査などのアンケート調査やインタビュー調査などを行うことで把握・検証することができる。

No.	管理項目例	解説
1	理念・ビジョンに対する従業員の理解度	組織の礎となる経営理念や、経営の方向性を示したビジョン・方針に対して従業員がどの程度理解し、納得しているかをみる。
2	経営からの人材にかかわるメッセージの一貫性や明確性	経営目的実現に向けて経営トップとして人材に対しての基本的な考え方や姿勢が一貫したものであるか、あるいは明確であるかをみる。
3	望ましい組織文化の実現度	経営活動を進めるうえで、組織の風土や文化・慣習が望ましい状態に近づいているかをみる。
4	後継者の充足度	経営陣の次世代を担う人材（後継者）が今後の経営を充分に行える能力を持ちえているかをみる。これは経営陣に限らず、主要な職位や専門性を担う人材に対しても経営トップとして充足状況を把握し、必要な施策の展開を図っていくことが有効となる。

　経営トップに求めたいHRMの管理項目は、経営トップからみると周囲に確かめにくい事項が多い。しかし、だからこそ、経営トップ自らがこれらの管理項目に着目し、必要なHRM施策に対して指示することが組織の持続性に大きな影響を与える。そのような観点で、HR部門は管理項目の状況を率直かつ確実に報告する必要がある。

(2) HRトップに求めたいHRM管理項目

　HRトップは、経営トップ同様に経営活動におけるHRMの責任者として、経営トップの管理項目すべてに責任を負う。そのうえで、特に従業員の満足度と経営業績の両方の向上を実現していくための効果的な管理項目の設定とマネジメントが求められる。具体的には、HRM領域別に挙げている指標のうち、最終指標に近いものを中心として結果責任を負う。

(3) ライン部門トップに求めたいHRM管理項目

　主に事業活動を担うライン部門のトップは、HRMを有効活用し自部門を最大限に機能させることが重要となる。そのための参考指標として求めたいHRM管理項目を以下に示す。

No.	管理項目例	解説
1	部門従業員の生産性	部門従業員の生産性をみる。部門特性によって生産性指標は特定する必要がある。例えば売上高、総労働時間、部門貢献利益、部門総人件費などを参考に設定する。
2	部門従業員の活性度	部門従業員の業務遂行に対する積極性や充実度合いをみる。従業員意識調査やコンプライアンス意識調査などのアンケート調査情報を活用する場合もあれば、部門内での面談などにより検証する。
3	部門従業員のHRMへの参画度	部門従業員がHRMの各施策に対してどの程度参画・利用しているかをみる。HRMの諸施策は部門業務の繁閑時期によって従業員の参画意識が変化する。閑散期にのみ積極的で繁忙期になると参画性が低下するようでは、HRM施策に対する従業員の満足度に悪影響を及ぼすリスクがある。ライン部門トップとして日常の職場観察を行い、各種アンケート調査結果などと照らして検証することが有効である。
4	部門従業員の成長度	部門従業員が業務遂行を通して、もしくはHRM施策の活用により成長している度合いをみる。ライン部門トップは自部門の特性に応じた人材マップ（部門版）を作成し、部門の成果創出活動を主体的にマネジメントすることが求められる。その活動においては、部下である従業員の成長を人材マップの充足や、担える業務範囲の拡大を通じて部門としての組織能力を向上させていくことが求められる。 各部門のトップがこういった部門従業員の成長を支援し、成長の管理を進めることで組織全体のHRMにおける育成的な配置・再生プロセスや成果創出活動のマネジメントの円滑化を図り、経営業績の向上に結び付けていくことが求められる。
5	部門従業員のHRMルールの遵守度	部門従業員が定められたHRM諸施策のルールを遵守している状況をみる。ライン部門トップの勝手なふるまいで、全社として遵守しなければならないHRMの基盤を崩すことのないようにしなければならない（HRMの諸施策の完遂の鍵はライン部門トップの権限の持ちようや協力のありようが大きく関係している）。

ライン部門のトップとして管理項目をマネジメントしていくうえで重要となる役割は、**HRMの諸施策についてライン部門の視点に立って「改善提案」を推進することである**。HRMは最大限現場の活動に即した諸施策の構築と遂行をめざすものであるが、現場の実情を完全に把握するには限界がある。そのため、ライン部門トップは、部下従業員の日常の活動を観察し、自分の考えを持ってHRMの改善提案を進めることが必要となる。ライン部門トップがHRMの諸施策に対して何の考えもなく鵜呑みにする、逆に自部門の活動を優先するあまり粗雑に扱うことが及ぼす悪影響を認識する必要がある。

(4) 一般従業員に求めたいHRM管理項目

一般従業員は、HRMを利活用することで生活と仕事両面の充実を図ることがHRMにおける役割である。その一方で、一般従業員は、HRMが経営活動において最大に機能し、経営業績の向上に貢献できるように、HRM諸施策が定めたルールや基準について、確実に遵守しなければならない責務がある。この両面を一般従業員が担うことでHRMの大いなる効果が期待できる。なお、一般従業員にも、ライン部門トップ同様にHRM諸施策への改善提案を行うことは求めたい事項といえる。

No.	管理項目例	解説
1	生活と仕事の充足度	従業員として生活と仕事の充実状況をみる。 一般従業員の状況を従業員意識調査やコンプライアンス意識調査などのアンケート調査情報で確認する。
2	HRMルールの遵守度	従業員としてHRMの諸施策について、考え方に理解を示し、ルールや基準に従った運用を進めているかどうかをみる。 組織の従業員の状況を従業員意識調査やコンプライアンス意識調査などのアンケート調査情報で確認する。

(5) HRスタッフに求めたいHRM管理項目

HRスタッフは、担当するHRMの諸施策にかかわる管理項目、すなわち、HRMの各領域で挙げた諸施策にかかわる管理項目の進捗に責任を負う。そのうえで、特に従業員の満足度と経営業績の両方の向上を実現していくための効果的な管理項目を主体的に設定し、それらをマネジメントすることが求められる。

一方で、**経営の諸機能において、HRMはとりわけHRトップとHRスタッフの信頼関係の強さが成功の要因だといえる。なぜなら、HRMはなかなか技術（再現性のあるノウハウ）になりえることが難しい「人」を対象とするマネジメントだからである。**管理項目の進捗だけでなく、「人（HRスタッフ）がHRMというマネジメントシステムを活用して、（組織の構成員たる）人に最大限の成果を創出するように導く」というHRMの使命を充分に理解・認識して日々の活動を進めることが重要である。

　以上、アクターごとにそれぞれの役割に応じた管理項目を紹介した。
　重要なことは、それぞれの役割にそって、マネジメントする管理項目が「目的に沿ったものか」という意識を常に持って検証することである。経営トップをはじめHRトップとライン部門トップ、一般従業員とHRスタッフが健全に相互牽制を図り、HRMの成果創出に向けて充分に語り合うことで、HRMはより精度の高いマネジメントシステムとなり得るのである。

おわりに

　本書の第5章にまとめた「これからの戦略人事に求められるもの・こと」は、それぞれ「問い」を多く含んだ内容となっている。まだまだ「戦略人事」をめぐって考えなければならないことが尽きる気配はない。今後、それらの問いに一定の見通しをつけたり、さらに考え進めるための視点や視座を引き続き提供し続けることが、筆者たちの使命であると感じている。

　筆者である3名は、そうした問いに答えるべく、人事制度の設計・運用にとどまらず、組織開発、次世代経営人材の養成といった形で担当分野を広げているところである。

　時代は刻々と変化している。いつの日かまた、さらなる「戦略人事」の推進に向けて、読者のみなさんに有効と受け止めてもらえるような発信ができれば望外の喜びである。

執筆者一同

加藤　宏未（かとう　ひろみ）〔2、3.1、3.6-2、5、全体監修担当〕
株式会社日本能率協会マネジメントセンター　シニアHRMコンサルタント
■経歴
- 1997年 慶応義塾大学文学部卒業。法政大学大学院修士課程（経営学専攻）修了、MBA取得。
- 株式会社日本能率協会マネジメントセンターに入社し、企業内教育・コンサルティングプログラムの企画営業に従事。コンサルタント転換後、企業のHRMにかかわる制度・仕組みの構築、従業員意識調査の開発、CS向上・組織開発プロジェクトなどに携わり、現在に至る。

■資格・スキル
経営学修士、経営品質協議会認定セルフアセッサー、日本経営品質賞2006～2007年度審査員

■著書・文献・論文
『図解でわかる部門の仕事 人材開発部』（共著、日本能率協会マネジメントセンター）

田崎　洋（たざき　よう）〔1、3.2、3.6-1、3.7、4担当〕
株式会社日本能率協会マネジメントセンター　チーフHRMコンサルタント
■経歴
- 1986年 成城大学法学部卒業。
- 社団法人日本能率協会に入職し、教育コンサルティングの企画営業に従事。分社により株式会社日本能率協会マネジメントセンターへ転籍。1996年コンサルタント転換後、コンサルティング部門の責任者を経る。企業のHRMにかかわる制度・仕組み構築、CS経営の推進、次世代経営人材養成などに携わり、現在に至る

■資格・スキル
経営品質協議会認定セルフアセッサー、日本経営品質賞2000年～2007年度審査員、国際公認経営コンサルティング協議会認定CMC、全日本能率連盟認定エキスパート・マネジメント・インストラクター、パーソネルアナリスト（組織人事監査協会）

■著書・文献・論文
『図解でわかる部門の仕事 人材開発部』（共著、日本能率協会マネジメントセンター）

金子　誠二（かねこ　せいじ）〔3.3、3.4、3.5担当〕
株式会社日本能率協会マネジメントセンター　パートナー・コンサルタント
■経歴
- 1982年 九州大学経済学部卒業。
- 株式会社日立製作所の人事勤労部門で、人事管理・労務管理・企業内教育に従事。株式会社日本能率協会マネジメントセンターを経て、2015年よりパートナー・コンサルタントとして独立、企業のHRMにかかわる制度・仕組みの構築などに携わり、現在に至る。

■資格・スキル
職務分析士（日本コンサルタント協会）、パーソネルアナリスト（組織人事監査協会）、NLPプラクティショナー、日本経営品質賞2007年度審査員

■著書・文献・論文
『図解でわかる部門の仕事 人材開発部』、通信教育「目標管理の進め方コース」「人事考課基本コース」（いずれも共著、日本能率協会マネジメントセンター）、『ビジネス・キャリア検定試験テキスト　人事・人材開発2級』（共著、社会保険研究所）

経営を強くする戦略人事

2018年4月10日	初版第1刷発行
2021年8月30日	第2刷発行

著　者──加藤宏未・田崎 洋・金子誠二
　　　　©2018 Hiromi Kato , Yoh Tazaki , Seiji Kaneko
発行者──長谷川 隆
発行所──日本能率協会マネジメントセンター
〒103-6009　東京都中央区日本橋2-7-1 東京日本橋タワー
TEL　03 (6362) 4339 (編集) ／03 (6362) 4558 (販売)
FAX　03 (3272) 8128 (編集) ／03 (3272) 8127 (販売)
https://www.jmam.co.jp/

装丁・本文フォーマット──小口翔平＋山之口正和 (tobufune)
本　文　Ｄ Ｔ Ｐ──株式会社明昌堂
印刷・製本──三松堂株式会社

本書の内容の一部または全部を無断で複写複製（コピー）することは、法律で認められた場合を除き、著作者および出版者の権利の侵害となりますので、あらかじめ小社あて許諾を求めてください。

ISBN 978-4-8207-2656-2　C2034
落丁・乱丁はおとりかえします。
PRINTED IN JAPAN

JMAMの本

経営を強くする戦略経理
前田康二郎・高橋和徳・近藤 仁著
A5判並製224頁

『戦略経理』とは、会社の経営戦略に、数字を活用した戦略を組み込むことで、「戦略的経理思考」を経営陣や現場が理解するということ。そして、「経理自身の戦略」。自分のスキル、キャリアを「戦略的」に積み上げ、会社に存在感を示すということ。これからの経理に求められるすべての「戦略」がわかります。

経営を強くする戦略経営企画
株式会社日本総合研究所著
A5判並製224頁

海外展開、新規事業立ち上げなど、新たな収益源を確保するため、そして迅速な経営判断のために、経営企画には常に変化への適応が求められています。中期経営計画、新規事業戦略、M&Aをはじめ、不確実性の時代を生き抜く経営企画として本当に知っておくべきことが、この1冊ですべてわかります。

経営を強くする戦略総務
豊田健一著
A5判並製248頁

企業を変える部署として、総務自身が戦略性を持ち、企業のコア業務として存在していくのが「戦略総務」という考え方。社内活性化、モチベーションの向上、効率性・創造性の向上…総務自身が戦略性を持って社員の働き方を変革し、生産性を高めていく「戦略総務」の視点・スキルを実践的に解説します。